Sächsische Geschichte in Daten

Günter Naumann

Sächsische Geschichte in Daten

Koehler & Amelang

Die Deutsche Bibliothek – CIP-Einheitsaufnahme
Naumann, Günter:
Sächsische Geschichte in Daten /
Günter Naumann. – 2. Aufl. –
München ; Berlin :
Koehler & Amelang, 1994

ISBN 3-7338-0070-2

2., überarbeitete Auflage

Einbandabbildung: Kursächsisches Wappen, Foto: Sächsische Landesbibliothek Dresden, Abt. Deutsche Fotothek
Gestaltung: Horst Albrecht
Gesamtherstellung: Interdruck Leipzig GmbH

EINLEITUNG

Seit dem 3. Oktober 1990 gibt es wieder einen Freistaat Sachsen.

Damit wird sächsische Geschichte aktuell, denn nur wer sich in die Traditionen seines Landes eingebunden weiß, hat jenen Idealismus, der für einen Neubeginn unabdingbar ist.

Es ist das Anliegen dieses Buches, dem Leser an Hand von chronologisch geordneten Ereignissen aus den Bereichen Politik, Verwaltung, Rechtsprechung, Wirtschaft, Kirche und Kultur einen Überblick zur geschichtlichen Entwicklung Sachsens zu vermitteln. Diese Daten stellen eine Auswahl dar, die geeignet ist, die wesentlichen Entwicklungslinien darzustellen. Zum besseren Verständnis von Zusammenhängen wird manches ausführlicher beschrieben oder durch thesenhafte Zusammenfassungen ergänzt. Diese Zusammenstellung dürfte deshalb nicht nur als Nachschlagewerk geeignet sein, sondern auch für Interessierte, die schnell einen Überblick über die sächsische Geschichte erhalten möchten, eine willkommene Hilfe darstellen.

Ab 1867 ist vor allem die politische Geschichte Sachsens im Zusammenhang mit der Geschichte des Norddeutschen Bundes, des Deutschen Kaiserreiches und der Weimarer Republik zu sehen und ist in zunehmendem Maße nicht mehr typisch sächsisch. Dem entspricht der abnehmende Umfang der Darstellung ab dem letzten Drittel des 19. Jahrhunderts.

Territorial gesehen, bezieht sich die detailliertere Beschreibung auf ein Gebiet, das etwa der Ausdehnung des jetzigen

Freistaates Sachsen entspricht und flächenmäßig auch etwa mit dem ehemaligen Königreich Sachsen der Albertinischen Wettiner identisch ist. Dementsprechend sind die thüringischen Herzogtümer der Ernestiner nur im Zusammenhang mit der Außenpolitik der Albertiner Gegenstand der Betrachtung.

Bei der Formulierung wird die Zeitform der »Gegenwart« verwendet. Sie steht symbolisch dafür, daß Geschichte stets lebendig ist und bis in unsere Zeit hineinwirkt.

Das Manuskript zu diesem Buch entstand als Konspekt zu Vortragsreihen über sächsische Geschichte und berücksichtigt die Standardliteratur. Für Hinweise auf notwendige Korrekturen und Ergänzungen ist der Autor dankbar.

Meißen, den 31. Dezember 1990 Dr. Günter Naumann

VORWORT ZUR 2. AUFLAGE

Autor und Verlag bedanken sich für die freundliche Aufnahme dieser Datensammlung zur sächsischen Geschichte durch ein breites geschichtsinteressiertes Publikum aus allen Teilen der Bundesrepublik Deutschland.
Die Überarbeitung der zweiten Auflage beschränkt sich auf Berichtigungen und eine auf Kerndaten reduzierte Aktualisierung von 1990 bis 1993.

Meißen, den 26. August 1994 Dr. Günter Naumann

um 600–929

Die Zeit der slawischen Besiedlung

Nachdem im Verlaufe der Völkerwanderung die germanischen Hermunduren das Land verlassen hatten, **wanderten um 600 die slawischen Sorben aus dem böhmischen Raum, von Süden kommend, in das Elbtal um das heutige Dresden ein und breiteten sich von dort über das Gebiet zwischen der Elbe und der Saale aus. Die Einwanderung der Sorben in das Gebiet um das heutige Bautzen vollzog sich aus östlicher Richtung.**

Die Ansiedlung der **sorbischen Kleinstämme** erfolgte vor allem in den für eine landwirtschaftliche Nutzung besonders geeigneten **Offenlandschaften** mit ihren fruchtbaren Böden, zum Beispiel im Gebiet um Bautzen *(Gau Milska)*, östlich von Bautzen an der Neiße *(Gau Zagost)*, im Elbtalkessel zwischen Pirna und Gauernitz bei Meißen *(Gau Nisan)*, im Gebiet um das heutige Lommatzsch *(Gau Daleminze)* und im Leipziger Raum *(Gau Chutizi)*. Die Sorben siedelten wahrscheinlich im **Familienverband** in **Weilern** mit zwei bis fünf Gehöften. Zufluchtstätten in Kriegszeiten waren kleinere, mit Ringwällen umgebene **Burganlagen** und größere Stammesburgen, z. B. die Fluchtburg der Daleminzer in Gana. Über den **Zusammenschluß zu kleineren Stämmen** scheint die gesellschaftliche Organisation in der kurzen Zeitspanne von der Landnahme bis zur Eroberung der Ostgebiete durch die Deutschen nicht hinausgekommen zu sein. **Die Sorben lebten von der Landwirtschaft, von der Viehzucht, vom Fischfang und von der Bienenzucht. Die Jagd spielte eine untergeordnete Rolle.**

Schriftliche Nachrichten über die Sorben sind uns nur in

geringem Umfang von ihren westlichen Nachbarn, den Franken, überliefert. Unser Wissen über die Zeit der slawischen Besiedlung gründet sich hauptsächlich auf Bodenfunde und siedlungskundliches sowie namenkundliches Material.

Die slawischen Gebiete lagen vor der Ostgrenze des Frankenreiches und damit im Interessenbereich der fränkischen Herrscher, die schon bald mit ihren Eroberungszügen gegen die Slawen begannen.

805 / 806 Der Frankenkönig **Karl der Große (768–814) besiegt die Daleminzer** und andere Stämme der Sorben und zwingt sie zu **Tributzahlungen** und zur **Heerfolge** (Stellung von Truppenkontingenten). Die Slawen behalten jedoch ihre Selbständigkeit. – In der Folgezeit kommt es zu weiteren Kämpfen zwischen Franken und Slawen, wobei Slawenstämme bisweilen auf Seiten der Franken stehen (z. B. die Obodriten). Die **Rivalitäten zwischen** den einzelnen **slawischen Stämmen** verhindern die Herausbildung eines starken Staates der Elbslawen und **erleichtern das Vordringen der Deutschen.**

905 / 906 **Im Auftrage des Sachsenherzogs Otto unternimmt sein Sohn Heinrich, ab 912 Herzog der Sachsen und ab 919 als Heinrich I. deutscher König, Feldzüge gegen den Slawenstamm der Daleminzer.** – Der deutsche Volksstamm der Sachsen (Name abgeleitet aus dem althochdeutschen Wort für »Schwertgenossen«) war erst in den Sachsenkriegen (772–804) von den Franken unter Karl dem Großen in schweren Kämpfen unterworfen und anschließend zum Christentum bekehrt worden. Nach dem Zerfall des Frankenreiches bildete sich Ende des 9. Jh. im nordwestlichen Deutschland (Westfalen, Ostfalen, Engern) unter Führung des Fürstengeschlechts der Liudolfinger das Stammesherzogtum Sachsen heraus. Unter den deutschen Königen aus dem Hause der Liudolfinger (Hein-

rich I., Otto I. usw.) erfolgte die Unterwerfung der Elbslawen und die Eingliederung der eroberten Gebiete in das Reich.

906 Die **Einfälle der Ungarn** in deutsche Gebiete **häufen sich**. Die Ungarn benutzen die slawischen Siedlungsgebiete als Operationsbasis und werden von den Slawen unterstützt.

919 Der Sachsenherzog Heinrich aus dem Hause der Liudolfinger wird als **Heinrich I.** (919–936) zum **deutschen König** gewählt, festigt das Reich nach innen und beginnt zur Sicherung der Ostgrenze mit der **planmäßigen Unterwerfung der Elbslawen**. Damit soll den Ungarn die Operationsbasis für ihre Einfälle in deutsches Gebiet entzogen werden. Gleichermaßen stärkt Heinrich seine Hausmacht durch Landgewinn, denn nach germanischem Recht ist das eroberte Land Königsland.

um 926 Heinrich I. schließt mit den Ungarn gegen Freilassung eines ihrer Anführer und Tributzahlungen an die Ungarn einen 9jährigen **Waffenstillstand**. König Heinrich veranlaßt die **Befestigung von Burgen** (z. B. Quedlinburg, Merseburg), in die Besatzungen gelegt werden, und führt eine **Heeresreform** durch (Aufbau einer **schweren Panzerreiterei**).

929–1123

Die Markenzeit

Mit dem Feldzug des deutschen Königs Heinrichs I. gegen die Slawen und mit der **929** erfolgten **Gründung der Burg Meißen** im eroberten Gebiet trat die deutsche Ostexpansion in ein neues Stadium: Die unterworfenen Gebiete werden jetzt nicht nur in die Abhängigkeit des Königs gebracht, sondern besetzt und später in **Markgrafschaften** gegliedert. **Die Markgrafschaft war erobertes Reichsland unter der Militärdiktatur eines vom König eingesetzten Markgrafen.** Die militärische Sicherung des Landes erfolgte von **Hauptburgen** (z. B. Meißen) aus, in welche deutsche Besatzungen gelegt wurden. Den Hauptburgen unterstanden die **Burgwarde**, Befestigungen, welche dichtmaschig über das ganze Land verteilt waren und sich vielfach am Standort slawischer Fluchtburgen befanden. Neben den militärischen Aufgaben wurden in Zusammenarbeit mit den slawischen Dorfältesten, den Supanen, von dort aus noch Verwaltungsaufgaben wahrgenommen. Später wurden die **Burgwardorte vielfach Standorte** der **ersten Kirchen außerhalb der Hauptburgen**. Eine deutsche Besiedlung des Landes fand noch nicht statt.

Die planmäßige Missionstätigkeit unter den slawischen Bewohnern begann mit den Bistumsgründungen 968. Die Bekehrung der Slawen zum Christentum war Voraussetzung für die Eingliederung der eroberten Gebiete in den deutschen Reichskirchenstaat Ottos I., denn nach damaligem Verständnis begründete erst die Religionsgemeinschaft eine Volksgemeinschaft.

Die Existenz der Mark Meißen wurde 200 Jahre lang durch die Böhmen und die Polen ernsthaft bedroht. Erst

1031 konnte die Mark Meißen in ihrem Bestand als gesichert angesehen werden. Die Markenzeit war in jeder Beziehung eine Zeit des schweren Anfangs.

Das Land war noch immer fast ausschließlich von Sorben besiedelt. Diesen standen nur wenige deutsche Ritter und Geistliche gegenüber. Die slawische Bevölkerung scheint sich jedoch mit der deutschen Oberherrschaft abgefunden zu haben. – Im Schutze der Burgen entstanden vereinzelt frühstädtische Marktsiedlungen. – Die Bekehrung der Sorben zum christlichen Glauben ging schleppend voran.

Die Herrschaftsstrukturen veränderten sich: **Bischof und Burggraf traten als reichsunmittelbare Fürsten neben den Markgrafen** und **bauten** innerhalb der Markgrafschaft **eigene Herrschaften** aus Gebieten **auf**, die sie vom König oder vom Markgrafen als Lehen oder für besondere Verdienste zu vollem Eigentum (sog. Allodialbesitz) erhalten hatten. **An diese Entwicklung fanden weitere tatkräftige Adlige Anschluß** (z. B. Wiprecht von Groitzsch), so daß **ab dem 11. Jh. eine Aufsplitterung des ehemals einheitlichen Herrschaftsgebietes der Markgrafschaft** einsetzte. Andererseits gelang es jedoch auch dem **Markgrafen**, eine selbständigere Stellung zu gewinnen. War er zu Beginn der Markenzeit nur mit Königsgut belehnter königlicher Amtsträger, so setzte sich jetzt die **Erblichkeit** seiner Reichslehen und seines Amtes durch.

928 / 929 **Feldzug** König **Heinrichs I. gegen die Slawen:** Im Winter 928/929 Sieg über die **Heveller** und Eroberung ihrer Feste Brennabor (Brandenburg). Auf seinem daran anschließenden Zug nach Süden **erobert er wohl im Frühjahr 929 die Stammesburg der Daleminzer, Gana,** läßt die wehrfähige Besatzung töten und führt die Frauen und Kinder in die Gefangenschaft. – Die Volksburg Gana lag am Jahna-Bach beim heutigen Dorfe Hof Krs. Oschatz. – Heinrich zieht **weiter nach Böhmen**, unterwirft Herzog Wenzel I., der tributpflichtig und lehnsabhängig wird.

929 König **Heinrich I. begründet** nach Unterwerfung der Daleminzer als Operationsbasis gegen die Slawen auf einem Bergsporn an der Elbe, dem heutigen Meißner Burgberg, ein befestigtes Militärlager, aus dem sich die **Burg Meißen** entwickelt. Diese wird spätestens bis zum Jahre 968 Markgrafensitz.

932 Von der Burg Meißen aus bringen königliche Truppen die Milzener (Slawenstamm um Bautzen) unter die Botmäßigkeit König Heinrichs I. – Der König zieht danach gegen die Lusizer (Slawenstamm in der Lausitz) und zerstört ihre Feste Liubusua (wohl bei Luckau gelegen).

933 **Einfall der Ungarn:**
König Heinrich I. besiegt diese bei Riade (heute unbekannt, wahrscheinlich am Zusammenfluß von Helme und Unstrut gelegen).

936 König Heinrich I. stirbt. Ihm folgt sein Sohn **König Otto I. der Große** (936–973), **Kaiser ab 962**.

936 Feldzug des sächsischen Grafen Hermann Billung im Auftrage König Ottos I. gegen die Redarier (Slawenstamm südöstlich des Müritzsees). – **Hermann Billung** wird als **Markgraf** über die Redarier, Obodriten, Wagrier und Dänen eingesetzt. **Damit beginnt die Einrichtung von Markgrafenschaften in den eroberten slawischen Gebieten.**

936 Einfall der Böhmen unter ihrem Herzog Boleslaw I. in die eroberten deutschen Ostgebiete. Erst 950 erkennt der Böhmenherzog die Lehnshoheit König Ottos I. an.

937 Graf **Gero** wird durch König Otto I. als **Markgraf** an der mittleren Elbe und Saale über die Slawenstämme der Wilzen und Sorben eingesetzt. Gero führt die **Er-**

oberungspolitik Ottos I. **gegen die Elbslawen** energisch und skrupellos weiter:
Kampf gegen die aufständischen Obodriten 938/939, gegen die Heveller 939 (Einnahme Brandenburgs), gegen die Ukranen 954, gegen die Obodriten 955.

950 Sieg König Ottos I. über den Böhmenherzog Boleslaw I. Damit ist die Bedrohung des Gebietes der späteren Mark Meißen durch die Böhmen zunächst abgewendet.
Von Regensburg aus erfolgt um diese Zeit durch den Mönch Boso aus dem Regensburger Kathedralkloster St. Emmenam der erste sicher nachweisbare Missionsversuch in das Sorbenland zwischen Saale und Elbe. Spuren seines Wirkens sind u. a. in der Gegend um Zeitz nachweisbar.

955 König **Otto I. besiegt die Ungarn** auf dem **Lechfeld**. Damit **Ende der Ungarneinfälle**.

955 Sieg König Ottos I. und Markgraf Geros über die Obodriten und die Wilzen an der Raxa (= Recknitz, Wasserlauf im östl. Mecklenburg).

963 Markgraf Gero unterwirft die Lusizer (Slawenstamm in der Lausitz).

965 **Markgraf Gero tritt zurück** und stirbt noch im selben Jahre. – **Seine umfangreiche Mark wird durch Kaiser Otto I. wie folgt aufgeteilt:**
Gebiet der späteren **Nordmark** (= Kernlande der späteren Mark Brandenburg) zwischen Elbe und Peene im Norden und der Lausitz im Süden; die **sächsische Ostmark** (= Stammlande der Wettiner) zwischen unterer Saale und Elbe, dazu die Niederlausitz; ein **Gebiet an der unteren Elbe und der mittleren Saale** (die Gaue Serimunt, Neletici, Siusli); wohl auch schon **die Markgrafschaften Meißen, Merseburg und Zeitz**. Zu Lebzei-

ten Ottos I. bleibt diese Aufteilung unverändert. Erst **später faßt man diese sechs Bezirke** in drei **zusammen**:
Nordmark, Ostmark und Mark Meißen.

967 / 968 Die um diese Zeit von dem Mönch **Widukind von Corvey** geschriebene und bis 973 fortgesetzte **Sachsengeschichte**, die er der Tochter Ottos I., Mathilde, widmet, enthält die erste schriftliche Überlieferung über die unser Gebiet betreffenden geschichtlichen Ereignisse.

968 Kaiser Otto I. stiftet das Erzbistum Magdeburg und die nachgeordneten sorbenländischen Bistümer Zeitz, Merseburg und Meißen. Bischofssitze werden die gleichnamigen Burgen. – In der Stiftungsurkunde werden die Markgrafen Wiegbert, Günther und Wigger von Kaiser Otto I. verpflichtet, für die Bistümer zu sorgen. Daraus kann geschlossen werden, daß die Markgrafschaften Zeitz, Merseburg und Meißen 968 bereits bestehen. Welcher Markgraf mit welcher Markgrafschaft belehnt ist, geht aus dieser Urkunde nicht hervor. Mit der Bistumsgründung und der damit verbundenen **Intensivierung der Missionstätigkeit** beginnt zielgerichtet die Eingliederung der eroberten slawischen Gebiete in den **Reichskirchenstaat** Kaiser **Ottos I.** – Dem **Aufbau der Kirchenorganisation** kommt die bereits vorhandene militärische und verwaltungsmäßige Organisation der Marken (Burgwardorganisation) zugute, indem die ersten Kirchen außerhalb der Hauptburgen vor allem in den Burgwarden errichtet werden. **Diese ersten Kirchgemeinden (Urpfarreien) sind deshalb territorial etwa mit den Burgwardbezirken identisch.** – Nicht so sehr die Burgen und Burgwarde als vielmehr die in ihrem Schutz gegründeten Kirchen schaffen im Verlaufe der nachfolgenden deutschen Besiedlung die Basis für das friedliche Zusammenleben der deutschen Siedler mit den slawischen

Einwohnern und ihre Verschmelzung zum obersächsischen Volksstamm. – Um diese Zeit besteht im wesentlichen nur die Besatzung der Hauptburgen aus Deutschen, dazu kommen einige deutsche Geistliche. **In den Gebieten, die später zu Sachsen gehören, mögen etwa 20 000 Slawen gewohnt haben.** – Die Bekehrung der Slawen zum Christentum gelingt zunächst gewiß erst in sehr äußerlicher Form und geht schleppend voran.

981 **Auflösung des Bistums Merseburg** und Aufteilung der Diözese zugunsten des Erzbistums Magdeburg und der Bistümer Zeitz und Meißen auf Betreiben des Merseburger Bischofs Giselher, der nur durch die Auflösung seines Bistums Erzbischof von Magdeburg werden kann.

983 **Slawenaufstand** unter Ausnutzung der Niederlage Kaiser Ottos II. (973–983) 982 in Italien. – Zerstörung der Bischofssitze Brandenburg und Havelberg durch die Lutizen. – Die Slawen östlich der Elbe (die Lutizen, Obodriten und Heveller) erobern sich ihre Freiheit für die folgenden 150 Jahre zurück.

983 Erste urkundliche Belege eines aufkommenden Fernhandels:
Im Zusammenhang mit dem Burgward Boritz wird ein Zoll erwähnt, den die Kaufleute, welche zwischen Belgern und Meißen die Elbe überschreiten, zahlen müssen. – Erwähnung eines Hafens bei Meißen. – Schon von 968 liegt ein Reisebericht des jüdischen Händlers Ibrahim Ibn Jacub über das markmeißnische Gebiet vor.

984 Einfall der Böhmen unter dem Heerführer Wagio im Dienste Herzog Boleslaws II. **in die Mark Meißen** und **Eroberung der Burg Meißen**. Die Böhmen waren durch den Gegenspieler Ottos III. (983–1002), Heinrich von Bayern (Heinrich der Zänker), ins Land gerufen worden.

985 **Ekkehard I. wird Markgraf von Meißen.** Er erobert die Mark Meißen zurück. Der Böhmenherzog unterwirft sich der Lehnshoheit Ekkehards I.

– – – Markgraf Ekkehard I. stellt gutnachbarliche Beziehungen zu Polen her, dessen nationalstaatliche Entwicklung für die Mark Meißen gefährlich werden könnte. Diese Verständigung wird durch dynastische Heiratspolitik unterstützt:
Ekkehard verheiratet seinen Bruder mit der Schwester und seinen Sohn mit einer Tochter des Polenherzogs Boleslaw Chrobry.

– – – Markgraf **Ekkehard I.** erhält von Kaiser Otto III. für seine treuen Dienste (u. a. Teilnahme an Ottos Italienfeldzug 997) **als erster Markgraf von Meißen das Münzrecht** (erste Münzprägung zwischen 985 und 1002).

– – – Die slawischen Milzener um Bautzen, Kerngebiet der späteren Oberlausitz, erkennen die deutsche Herrschaft an.

995 Die Niederlausitz wird in kirchlicher Hinsicht dem Bistum Meißen unterstellt.

1002 Markgraf Ekkehard I. strebt nach dem Tode Kaiser Ottos III. nach der Königswürde und wird von der Gegenpartei ermordet (30. April).

1002–1031 Einfälle der Polen.

1002 Der **Polenherzog Boleslaw Chrobry** (der Kühne, 992–1025) **erobert** die Burg **Meißen**.

1004 **Wiederherstellung des Bistums Merseburg** nach dem Tode Bischof Giselhers, jedoch Gebietsverluste gegenüber dem Besitzstand von 981.

1009–1018 Amtszeit des Bischofs **Thietmar von Merseburg**, der in seiner berühmten **Chronik** aus eigenem Erleben die zeitgeschichtlichen Ereignisse im Saale- und mittleren Elbegebiet in vielen Einzelheiten schildert. – Auch in der Folgezeit sind literarische Arbeiten nur im Rahmen der Kirche bezeugt. Ob sich die Aktivitäten der Minnesänger des 12. und 13. Jh. auch auf den meißnisch-lausitzischen Raum beziehen, ist nicht sicher erwiesen.

1015 Erneut **polnischer Angriff auf die Burg Meißen** durch Mieszko, den Sohn Herzog Boleslaws, der abgewehrt und schließlich wegen eines herannahenden Elbehochwassers abgebrochen wird.

1018 Im **Frieden von Bautzen** müssen den Polen die Niederlausitz und das Land um Bautzen, welche diese schon 1002 erobert hatten, überlassen werden.

1028 **Die Verlegung des Bischofssitzes des Bistums Zeitz von Zeitz nach Naumburg** wird beschlossen und 1032 ausgeführt. Ein Grund dafür dürfte die strategisch exponierte und damit gefährdete Lage von Zeitz sein. Andererseits haben die Ekkehardiner (Markgrafen von Meißen von 985 bis 1046) vermutlich ein persönliches Interesse an der Verlegung des Bischofssitzes in ihre Stammlande um Großjena.

1029 Die Kämpfe mit den Polen flammen wieder auf.

1031 Der **Friedensvertrag von Bautzen beendet die Auseinandersetzungen mit den Polen.** Infolge innerer Auseinandersetzungen stellt Polen in der Folgezeit für die Mark Meißen keine Gefahr mehr dar. – **Fast genau**

hundert Jahre nach der Besitzergreifung wird jetzt die Mark Meißen nicht mehr von auswärtigen Mächten beansprucht und in ihrer Existenz bedroht.

1034 Markgraf Ekkehard II. (1031–1046) erhält die **Ostmark (Niederlausitz)**; 1046 fällt sie an den Wettiner Dedi, in der Zeit des Investiturstreites 1076 an den Böhmenherzog Wratislaw II. und 1081 an den Wettiner Heinrich I. von Eilenburg, 1117 an Wiprecht von Groitzsch. 1123 bemächtigt sich Albrecht der Bär der Niederlausitz, 1136 kommt sie an den Markgrafen Konrad den Großen von Meißen und bleibt mit einer kurzen Unterbrechung bis 1301/04 im Besitz der Wettiner.

1040 / 41 Nochmals Kämpfe mit dem Böhmenherzog Bretislaw.

1046 In der schriftlichen Überlieferung wird erstmals in einer Urkunde im Zusammenhang mit dem Tode des Markgrafen Ekkehard II. **von der Mark Meißen (»marchia Misnensis«) gesprochen.**

1046 Das **Land um Bautzen und Görlitz** gelangt aus königlichem Besitz an den Wettiner Dedi und 1076 an den Böhmenherzog Wratislaw II., der **Bautzen 1084 an seinen Schwiegersohn Wiprecht von Groitzsch** gibt, welches dort bis 1135 verbleibt, 1135 wieder an Böhmen fällt, 1143 bis 1156 an den Markgrafen Konrad von Meißen kommt und 1158 als Reichslehen an Böhmen gegeben wird. Das **Land Görlitz** war von 1076 an in böhmischer Hand geblieben.

1046–1062 Graf Wilhelm von Weimar-Orlamünde ist Markgraf von Meißen.

1062–1067 Graf Otto von Weimar-Orlamünde ist Markgraf von Meißen.

1067–1068 Ekbert I. aus dem Hause der Grafen von Braunschweig (der Brunonen) ist Markgraf von Meißen.

1068 **Ekbert II.** von Braunschweig wird **Markgraf von Meißen (1068–1088).** – Indem der noch minderjährige Sohn Ekberts I. die Mark Meißen erhält, wird dokumentiert, **daß sich die Erblichkeit der Lehen durchzusetzen beginnt.**
In die Amtszeit Ekberts II. fällt die Zuspitzung des Investiturstreites (1077 Gang König Heinrichs IV. nach Canossa). Seine Politik zwischen Feindschaft und Aussöhnung gegenüber König Heinrich IV. (1056–1106, ab 1084 Kaiser) macht ihn zu einem schwer kalkulierbaren Machtfaktor und führt zu kriegerischen Wirren.

1068 **Einsetzung eines Burggrafen in der Mark Meißen** durch König Heinrich IV. (Markgraf Ekbert II. steht um diese Zeit noch im Kindesalter):
Auch in der Mark Meißen gibt es nunmehr drei voneinander unabhängige, unmittelbar dem König unterstellte Reichsfürsten als Inhaber der öffentlichen Gewalt, die auf dem Meißner Burgberg ihren Sitz haben. Diese Gewaltenteilung spiegelt sich noch heute in der Bebauung des Meißner Burgberges wider. – Der Burggraf vertritt als reichsunmittelbarer Fürst die militärischen und verwaltungsmäßigen Interessen des Königs gegenüber dem Markgrafen, der – obgleich ursprünglich ebenfalls nur königlicher Amtsträger – immer mehr Selbständigkeit erlangt hatte.

1075 **König Heinrich IV. erscheint mit einem Heere in Meißen,** trifft sich hier mit dem Böhmenherzog Wratislaw II. und überträgt diesem die Mark Meißen als Lehen. Wratislaw hatte den König im Kampf gegen die aufständischen Adligen im sächsisch-thüringischen Raum, unter denen sich auch Markgraf Ekbert II. von Meißen an führender Stelle befand, unterstützt. – Der

Meißner **Bischof Benno** (Bischof in Meißen von 1066 bis 1106) wird wegen seiner schwankenden Haltung gegenüber dem König gefangengenommen und aus Meißen abgeführt. Dieser Vorfall wird von Papst Gregor VII. im Investiturstreit gegen König Heinrich IV. verwendet.

1076 Markgraf Ekbert II. erobert die Mark Meißen zurück.

1076–1081 Die Mark Meißen kommt als Reichslehen an Böhmen.

1081 Ekbert II. ist wieder im Besitz der Mark Meißen.

1086 Markgraf Ekbert II. wird von Kaiser Heinrich IV. geächtet. – Die Mark Meißen kommt erneut an Böhmen.

1088 Markgraf **Ekbert II.** wird durch ein Fürstengericht als Markgraf von Meißen abgesetzt. – Diese Absetzung wird am 1. Febr. 1089 auf einem Hoftag in Regensburg bekräftigt. Ekbert wird 1090 auf der Flucht erschlagen.

1089 Der Wettiner Heinrich I. von Eilenburg, schon seit 1081 Markgraf der Ostmark (später Niederlausitz genannt), wird durch Kaiser Heinrich IV. wahrscheinlich auf einem Hoftag in Regensburg mit der **Mark Meißen belehnt** (1089–1103 Markgraf von Meißen). – **Damit beginnt die Herrschaft des Fürstengeschlechts der Wettiner im sächsisch-thüringischen Raum**, die in ununterbrochener Erbfolge im Mannesstamm bis 1918 währen sollte. – Die Wettiner sind vermutlich mainfränkischer Herkunft. Im Harzgau (zwischen Halberstadt und Goslar) sind sie erstmals im 9. Jh. sicher nachweisbar. Sie rückten schon im 10. Jh. nach Osten vor und setzten sich in den Burgwarden Wettin, Löbejün, Zörbig und Brehna fest. Schon im 10. Jh. war ein Wettiner namens Rikdag kurzzeitig Markgraf von Meißen (983 erstmals als Markgraf erwähnt, 985 verstorben).

1096 **Benediktinerkloster Pegau** als erstes Kloster östlich der Saale geweiht. Gestiftet wird es von **Wiprecht von Groitzsch** (um 1050–1124), einer tatkräftigen und vorausschauenden Herrscherpersönlichkeit im markmeißnischen Raum. Er baut um 1100 zwischen Saale und Elbe eine vielschichtige und weitverstreute Herrschaft auf, die in Konkurrenz zu den Wettinern ebenfalls Aussicht auf Bestand und Weiterentwicklung zur Landesherrschaft hat.

um 1100 Ersterwähnung der Kreuzkirche nahe der Elbe im heutigen Dresden. Sie ist Ausgangspunkt einer ausgedehnten Missionstätigkeit unter der slawischen Bevölkerung.

1105 Graf **Wiprecht von Groitzsch** siedelt in der bis dahin noch bewaldeten Gegend um Lausick mainfränkische Bauern an. Dies ist der **erste urkundliche Beleg für die Besiedlung des Landes östlich der Saale durch planmäßig angeworbene deutsche Bauern (bäuerliche Kolonisation).**

1114 Gründung eines Kanonikerstifts in Wurzen durch den Bischof von Meißen, der damit seinen Einfluß im Randgebiet der Mark festigen will.

1119 Ein Fernhandelsmarkt in Torgau wird urkundlich erwähnt.

1119/1148 Innerhalb dieses Zeitraumes wird das Benediktinerinnen-Kloster Riesa gegründet.

Die bäuerliche Besiedlung

Diese Periode sächsischer Geschichte war gekennzeichnet durch die **wirtschaftliche Erschließung des Landes**. Die **Besiedlung durch Bauern aus dem altdeutschen Raum** setzte bald nach 1100 ein, überschritt um 1150 die Mulde und war in der Mark Meißen um 1220 im wesentlichen abgeschlossen. Die bäuerliche Kolonisation der beiden Lausitzen erfolgte etwa 50 Jahre später. **Durch die Rodung großer Waldgebiete wurde die Naturlandschaft zur Kulturlandschaft umgestaltet. Nach 1150 dürften etwa 200 000 Menschen eingewandert sein und etwa 4 000 neue Dörfer gegründet haben.** Für die Zeit um 1300 wird die Bevölkerung auf 320 000 Deutsche und 80 000 Slawen geschätzt. Die in der Folgezeit stattfindende Verschmelzung der verschiedenen ethnischen Gruppen zum obersächsischen Volksstamm erfolgte auf friedlichem Wege.

Gleichlaufend mit der bäuerlichen Besiedlung entwickelten sich ab der zweiten Hälfte des 12. Jh. aus frühstädtischen Marktsiedlungen, die schon um das Jahr 1000 vielerorts nachweisbar sind, **die Städte**. Dazu gehören Meißen, Leipzig, Chemnitz, Zwickau, Freiberg, Bautzen, Pegau, Geithain, Rochlitz und Leisnig. Obgleich jede Stadtgründung zweifellos mit einem Rechtsakt verbunden war, sind uns die entsprechenden Urkunden nicht überliefert.

Zahlreiche Klöster entstanden. Diese waren nicht nur Träger der Kultur in dem weitgehend unerschlossenen Land, sondern sie unterstützten auch wirksam die bäuerliche Kolonisation. **Der Silberbergbau im Erzgebirge begann,** ein wirtschaftliches Ereignis, welches die wirtschaftliche, politische und kulturelle Entwicklung im sächsischen Raum in den nächsten Jahrhunderten nachhaltig beeinflussen sollte.

Die politische Entwicklung war durch die **weitere Differenzierung der herrschaftlichen Ordnung** gekennzeichnet. Die **Aufsplitterung des ursprünglich einheitlichen Herrschaftsgebietes** durch das Emporkommen adliger Herren machte weitere Fortschritte. Vor allem in den Rodungsgebieten wurden reichsunmittelbare Herrschaften begründet. Der mächtigste unter den aufstrebenden Territorialgewalten war Graf Wiprecht von Groitzsch, der zum Wettlauf mit den markgräflichen Wettinern um die Landesherrschaft antrat.

1123 Konrad der Große wird zum Begründer der wettinischen Macht in der Mark Meißen (Markgraf von 1123 / 1125 bis 1156):
Heinrich II. von Eilenburg (Markgraf von 1103 / 04 bis 1123), nachgeborener Sohn (geb. 1103 oder 1104) des Markgrafen Heinrich I. von Eilenburg, stand bis 1117 unter der Vormundschaft seiner Mutter. Indem der noch nicht regierungsfähige Heinrich II. die Mark Meißen erhielt, wird dokumentiert, daß das Erbrecht das Lehnsrecht schon weitgehend verdrängt hatte. 1123 stirbt Heinrich II. durch Gift. **Kaiser Heinrich V. belehnt seinen treuen Gefolgsmann, den Grafen Wiprecht von Groitzsch, 1123 mit der Mark Meißen und der Ostmark.** Konrad (der Große), ein Neffe Markgraf Heinrichs I. von Eilenburg, 1121 / 22 Gefangener Heinrichs II., verbündet sich mit der Fürstenopposition gegen den Kaiser. Dazu gehören Lothar von Süpplingenburg (Sachsenherzog seit 1106, seit 1125 deutscher König) und Graf Albrecht von Ballenstedt (»der Bär«). Die Fürstenopposition erobert die Mark Meißen. Der willensstarke und zielstrebige **Konrad kann sich in der Mark Meißen behaupten. – Graf Wiprecht von Groitzsch stirbt am 24. Mai 1124 in seinem Kloster Pegau.** – Die förmliche Belehnung des Markgrafen Konrad erfolgt erst 1125 durch König Lothar. – Konrad war schon vorher unangefochten im Besitz seiner wet-

tinischen Eigengüter: z. B. erbte er vor 1116 von seinem Vetter Dietrich die Grafschaft Brehna, 1123 von Markgraf Heinrich II. die Herrschaft Eilenburg und 1124 von seinem Vetter Wilhelm die Grafschaft Camburg. **In den folgenden Jahren gelingt es Markgraf Konrad aufgrund seiner Freundschaft zu König Lothar** (seit 1133 Kaiser) und durch das Wohlwollen des Königs Konrad III., **sein Herrschaftsgebiet bedeutend zu vergrößern**. Markgraf Konrad unterstützt diese Könige auf ihren Feldzügen gegen Böhmen (1126) und Polen (1140, 1146).

1124 Markgraf Konrad **gründet auf dem Petersberg bei Halle ein Augustiner-Chorherrenstift,** dessen 1146 geweihte Klosterkirche vier Generationen der **Wettiner als Grablege dient** (vorherige Grablege: Kloster Gerbstedt bei Hettstedt). – Die Chronik des Klosters auf dem Petersberg ist eine wichtige Geschichtsquelle.

1130 Aus diesem Jahr dadiert die älteste erhalten gebliebene Urkunde eines Markgrafen von Meißen.

1133 Das Kloster Bürgel bei Jena wird durch Heinrich von der Lausitz (Sohn des Wiprecht von Groitzsch) gestiftet.

1136 **Nach dem Aussterben der Linie Groitzsch** (1135 stirbt Heinrich von der Lausitz, Sohn des Wiprecht von Groitzsch) **erhält Markgraf Konrad** von Kaiser Lothar die **Eigengüter dieser Linie** im Raum der Saale, der Weißen Elster und der Zwickauer Mulde und wird mit der **Ostmark** (Markgrafschaft Niederlausitz) belehnt.

1136 / 37 Markgraf Konrad begleitet Kaiser Lothar auf dessen zweitem Italienzug.

1140 **Ersterwähnung eines Archidiakonats** im Bistum Naumburg. 1186 folgt das Bistum Merseburg und 1201 das Bistum Meißen. – **Die verwaltungsmäßige Gliederung der Bistümer in Archidiakonate ist infolge der Zunahme der Bevölkerung (deutsche Kolonisation) notwendig geworden.**

1143 Dem 1136 gegründeten Kloster Chemnitz wird vom König ein Fernhandelsmarkt verliehen.

1143 König Konrad III. übergibt dem **Markgrafen Konrad** die **Grafschaft Rochlitz als Eigengut** (Allod) und verleiht ihm die **Vogtei über das Kloster Chemnitz.** Später gewinnt Konrad auch noch die Vogtei über die Klöster Bosau und Pegau.

vor 1144 **Markgraf Konrad erhält** aus dem ehemaligen Besitz des Wiprecht von Groitzsch noch das **Milzenerland mit Budissin** (Bautzen), **Nisan** (Kleingau zwischen den heutigen Orten Pirna und Gauernitz bei Meißen) und **Zagost** (Kleingau an der Neiße östlich von Bautzen). – Das Milzenerland, die spätere Oberlausitz, wird schon 1158 durch Kaiser Friedrich Barbarossa als Reichslehen an Böhmen gegeben und verbleibt dort bis 1635. – Zagost geht 1158 verloren.

1145 / 46 Markgraf Konrad unternimmt eine Pilgerfahrt nach Jerusalem.

1147 **Markgraf Konrad nimmt am Kreuzzug gegen die heidnischen Ostseewenden teil,** welcher erfolglos vor der pommerschen Burg Demmin scheitert. – Die Teilnahme an diesem Kreuzzug befreit den Markgrafen von der Beteiligung an einem Kreuzzug ins Heilige Land.

1154 **In Kühren bei Wurzen siedelt Bischof Gerung von Meißen flämische Bauern an.**

Um 1150 setzt in verstärktem Maße die planmäßige Ansiedlung von deutschen Bauern (Thüringer, Niedersachsen, Franken aus dem Maingebiet, aber auch Flamen u. a.) im Raum zwischen Saale und Elbe ein. – Charakteristisch sind die großen Angerdörfer des Niederlandes mit ihren planmäßigen Gewannfluren und die langgestreckten Waldhufendörfer des Gebirges und des Vorlandes. – **Nur von zwei Dörfern sind uns aus dieser Zeit urkundliche Belege erhalten geblieben** (Kühren 1154 und Taubenheim bei Meißen 1186; für Taubenheim werden ausdrücklich Franken als Siedler genannt). – Auch Slawen haben an dieser Rodungs- und Siedlungstätigkeit ihren Anteil, allerdings weniger im Gebirge. – **Indem die deutschen Siedler die persönliche Freiheit und erbliche Besitzrechte an Flur und Hof erhalten, wird ein freier Bauernstand begründet, der in Sachsen auch in späteren Jahrhunderten von der Leibeigenschaft verschont bleibt.** – Im Verlaufe der weiteren Entwicklung formt sich aus der Verschmelzung der Deutschen und Slawen der obersächsische Volksstamm und in seinem Rahmen ein einheitlicher Bauernstand als tragende Schicht des neuen Sozialgefüges. Der Bürgerstand tritt ihm zur Seite. Die politische Leitung liegt nach wie vor beim Adel. Auch die Städte unterstehen adligen Stadtherren.

1154 / 55 Chronik des Klosters Pegau.

1156 Konrad der Große teilt sein Territorium unter seine fünf Söhne auf und tritt als Laienbruder in sein Familienkloster auf dem Petersberg bei Halle ein.
Damit beginnt die Geschichte der sächsischen Landesteilungen: Konrad behandelt die ihm zu Lehen überlassenen königlichen Territorien wie sein persönliches Eigentum, denn eine Zustimmung seines Lehnsherrn, des deutschen Königs, liegt für diese Landesteilung nicht vor. **Die Mark Meißen kann seit dieser Zeit als erbliches Eigentum der Wettiner betrachtet werden,**

obgleich die deutschen Könige noch mehrfach ihre Rechte auf dieses Territorium geltend machen. – **Konrads Söhne werden bei dieser Landesteilung wie folgt bedacht:**

Otto erhält die *Mark Meißen* (als Otto der Reiche 1156–1190 **Markgraf von Meißen**) und die *Grafschaft Camburg.*

Dietrich erhält die Markgrafschaft in der Niederlausitz *(Ostmark)* und die *Herrschaft Eilenburg.* Er ist der Erbauer der Burg Landsberg und stirbt 1185 ohne Nachkommen. Besitz fällt an die Linie Groitzsch.

Heinrich erhält die *Grafschaft Wettin.* Diese Linie stirbt 1217 aus. Ihr Besitz kommt an die Linie von Brehna. Diese verkauft 1288 die Grafschaft Wettin an das Erzstift Magdeburg.

Dedo V. der Feiste erhält die *Grafschaft Groitzsch–Rochlitz*; nach dem Tode seines Bruders Dietrich noch die Ostmark. Diese Linie stirbt 1210 aus. Ihr Besitz fällt an Markgraf Dietrich den Bedrängten.

Friedrich erhält die *Grafschaft Brehna.* Diese wird 1290 nach dem Aussterben der Linie durch König Rudolf von Habsburg als eröffnetes Reichslehen an das Herzogtum Sachsen–Wittenberg gegeben.

Außer den Reichslehen (Mark Meißen und der Mark Niederlausitz) handelt es sich bei den aufgeteilten Territorien um wettinische Eigengüter. Über letztere darf der Markgraf frei verfügen.

1157 Markgraf Konrad der Große stirbt am 5. Febr. in seinem Kloster auf dem Petersberg bei Halle und wird dort beigesetzt.

1158 **Kaiser Friedrich I. Barbarossa** übereignet dem Reich als Ersatz für die an Heinrich den Löwen abgetretenen Reichsgüter u. a. die Burgen Leisnig und Colditz und die Feste Lausick und vereinigt sie mit dem alten Reichsgebiet um Altenburg. Damit wird der Grundstock zum **Reichsgebiet Pleißenland** gelegt.

1161 Ersterwähnung des Weinanbaus in der Mark Meißen: Markgraf Otto der Reiche übereignet der in der Meißner Burg gelegenen Egidienkapelle einen Weinberg, den der Kapellan des Burggrafen Hermann, Sifrid, angelegt hat. Die Lage dieses Weinberges ist nicht angegeben. – Im Jahre 1195 erwirbt das Kloster Alt-Zella das Dorf Zadel bei Meißen, wo wahrscheinlich damals bereits Weinbau betrieben wird, denn für 1218 ist dort urkundlich ein im Ertrag stehender Weinberg bezeugt.

1162 Stiftung des Zisterzienser-Klosters Altzella an der Mulde bei Nossen durch Markgraf Otto den Reichen als Hauskloster und neue Grablege der Wettiner. Ottos energische Gemahlin Hedwig, die Tochter Albrechts des Bären, soll die Gründung des Klosters veranlaßt haben. – Kaiser Friedrich I. Barbarossa macht das Kloster zu einer freien Abtei und bestätigt ihm die Schenkung von 800 Hufen Land im Raum zwischen Roßwein, Nossen, Freiberg und Hainichen durch Markgraf Otto, der es laut urkundlicher Überlieferung auf seine Kosten hatte roden lassen. Die bäuerliche Kolonisation ist um diese Zeit in diesem Gebiet schon voll im Gange und wird durch den auf landwirtschaftliche Produktion ausgerichteten Zisterzienserorden vorangetrieben.
Erst 1175 zieht der Konvent in das Kloster ein.

1165 Dietrich, Sohn des Markgrafen Konrad, stiftet das Kloster Doberlug in der Niederlausitz.

um 1165 Markgraf Otto der Reiche **verleiht Leipzig das Stadtrecht.** Otto nutzt seinen Streubesitz im Leipziger Raum, um mehrere ältere Ortskerne, die unterschiedlichen Herren unterstehen, unter seiner Oberherrschaft zu einer befestigten Stadt zusammenzuschließen. – Damit **beginnt die zielgerichtete Förderung der Städte durch die Markgrafen von Meißen bestimmtere For-**

men anzunehmen. Durch die Verleihung des Stadtrechts werden die Städte dem Einfluß des Landadels entzogen und in die markgräfliche Landesverwaltung einbezogen. Die Städte unterstehen markgräflichen Verwaltern, den Vögten. Stadtherr ist der Markgraf. – Markgraf Otto fördert die Gründung weiterer Städte. Für Grimma trifft das mit großer Wahrscheinlichkeit zu (Sicherung des Übergangs über die Mulde).

1168 **Erste Silberfunde in der Mark Meißen bei Christiansdorf** auf dem Grund und Boden des kurz zuvor gestifteten Klosters Altzella. Markgraf Otto nötigt das Kloster noch vor 1170 gegen Gebietsausgleich zur Abtretung des fündigen Geländes. – **Christiansdorf wird zur Keimzelle der zunächst bedeutendsten Stadt Sachsens, der Bergstadt Freiberg.** – Beginn des Zuzugs niedersächsischer Bergleute aus Goslar. – Schon 1210 ist aus Christiansdorf, einer schnell emporwachsenden Bergarbeitersiedlung (Sächsstadt) mit einem markgräflichen Herrenhof, eine Burgsiedlung entstanden. Bereits 1168 / 1188 erhält diese städtische Siedlung Freiberg das Stadtrecht. 1218 kommt die Stadtentstehung zu einem vorläufigen Abschluß. Von Freiberg ist uns das älteste Stadtsiegel Sachsens erhalten (1227). – Markgraf Otto erklärt die zugezogenen Bergleute zu freien Eigenlehnern, unabhängig von grundherrlichem Zwang (Freiberg = freier Berg). Die Bergleute erhalten vom Markgrafen, dem Inhaber des Bergregals (königliches Bergrecht, das dem Markgrafen übertragen worden war) das Schürfrecht gegen Ablieferung des zehnten Teils der Ausbeute. Außerdem beansprucht er das Vorkaufsrecht für den restlichen Teil der Silbererzausbeute. – **Diese Silberfunde machen in der Folgezeit die Markgrafen von Meißen zu den wohlhabendsten Fürsten des Reiches und fördern über Jahrhunderte die wirtschaftliche, politische und kulturelle Entwicklung der wettinischen Lande.**

nach 1170 **Chemnitz, Zwickau und Altenburg erhalten durch Kaiser Friedrich I. Barbarossa das Stadtrecht. Diese Städte werden mit ihren Reichsburgen zu Mittelpunkten des Reichsterritoriums im Pleißenland, das der Kaiser ab 1158 als Gegengewicht zu den immer stärker werdenden Territorialgewalten planmäßig erweitert und ausbaut.**

1174 Die Stiftung des **Augustiner-Chorherrenstiftes Zschillen** (nach der Reformation in Wechselburg umbenannt) wird beurkundet. Die Gründung erfolgte bereits vor 1168 durch Dedo den Feisten, einen Sohn des Markgrafen Konrad. – Die Stiftskirche gehört zu den bedeutendsten romanischen Bauwerken Obersachsens.

1185 Erstes **Landding urkundlich belegt.**
Zwischen 1185 und 1259 sind 15 Landdinge urkundlich überliefert. Diese fanden für die Mark Meißen am Collmberg bei Oschatz (letztmalig für 1259 belegt), für die Ostmark in Delitzsch und für die Grafschaft Groitzsch in Schkölen bei Naumburg statt. – **Landdinge waren große Landesversammlungen unter Vorsitz des Markgrafen,** bei denen die Angelegenheiten der Burggrafen, der Edelfreien, der Reichsministerialen und der markgräflichen Ministerialen verhandelt wurden. Bischöfe und andere hochgestellte Kleriker besuchten gelegentlich die Landdinge. – **Verhandelt wurden Rechtsstreitigkeiten** wie freiwillige und streitige Gerichtsbarkeit, jedoch keine Straffälle. Letztere wurden an beliebigem Orte vor dem Markgrafen verhandelt. – **Es ging aber bei den Landdingen auch um Landesverwaltung und Landespolitik.** – Für die Mehrheit der Bewohner des Altsiedellandes waren die als Schöffengerichte wirkenden Burggrafengerichte (Burggrafendinge) zuständig. Schöffen könnten die Dorfvorsteher gewesen sein. – Für die Bewohner des durch die deutsche Kolonisation erschlossenen Neusiedellandes

waren weder die Landdinge noch die Burggrafendinge zuständig. Gerichtsherren waren hier die Grundherren, oder die bäuerlichen Gemeinden besaßen eigene Schöffengerichte. – **Mitte des 13. Jh. werden die Landdinge durch die markgräflichen Hofgerichte unter Vorsitz des Markgrafen oder eines hohen Hofbeamten und die Burggrafendinge durch die Vogtgerichte unter Vorsitz markgräflicher Vögte abgelöst.** Schon unter der Regierung des Markgrafen Heinrich des Erlauchten werden die Landdinge am Collmberg nicht mehr einberufen. – Dem Gerichtswesen liegt um diese Zeit noch das Personalitätsprinzip zugrunde, bei dem für bestimmte Personengruppen bestimmte Gerichte zuständig sind. Das Territorialitätsprinzip in der Rechtsprechung setzt sich erst später durch.

1186 Das im Verlaufe der **bäuerlichen Kolonisation** von fränkischen Siedlern gegründete Dorf **Taubenheim bei Meißen** wird urkundlich erwähnt. – **Die bäuerliche Kolonisation erreicht in der Regierungszeit des Markgrafen Otto in der Mark Meißen ihren Höhepunkt. Das betrifft ebenfalls die damit im Zusammenhang stehende Gründung von Städten.**

1188 Albrecht, der älteste Sohn des Markgrafen Otto, setzt seinen Vater auf der Burg Döben bei Grimma gefangen, weil seine Mutter versucht hatte, die Erbfolge zugunsten seines jüngeren Bruders Dietrich zu verändern. Markgraf Otto wird erst durch das Einschreiten des Kaisers wieder freigelassen.

1190 **Albrecht der Stolze,** ältester Sohn des Markgrafen Otto des Reichen, wird **Markgraf von Meißen** (1190–1195). – Sein Bruder, Graf Dietrich von Weißenfels (seit 1197 Markgraf von Meißen), zieht sich auf sein Erbgut in Weißenfels zurück. Ständige Auseinandersetzungen zwischen den Brüdern. – Markgraf Albrecht stellt sich gegen Kaiser Heinrich VI.

vor 1192 **Zisterzienser-Kloster Buch** durch den Burggrafen von Leisnig gestiftet.

1195 **Albrecht der Stolze stirbt kinderlos** durch Gift. Kaiser Heinrich VI. **zieht die Mark Meißen als erledigtes Reichslehen ein,** vereinigt sie mit seinem Reichsterritorium um Altenburg und läßt sie von einem königlichen Amtsträger von Altenburg aus verwalten. **Damit versucht erneut ein deutscher König, seine Rechte gegenüber den immer selbständiger regierenden Wettinern durchzusetzen.**

1195 Dietrich (seit 1197 Markgraf Dietrich von Meißen) gründet das **Augustiner-Chorherrenstift Camburg,** das er 1210 nach Eisenberg verlegt.

1196 **Erstmals wird ein Notar der wettinischen Kanzlei genannt.** Als Notare verwendet man die markgräflichen Kapläne. Die Urkunden werden in der Regel an den Orten ausgefertigt, an denen sich der Markgraf gerade aufhält. Meist werden auch nur an die von den Urkundenempfängern vorgeschriebenen Urkunden die markgräflichen Siegel angehängt. – **Die Schriftlichkeit spielt um diese Zeit erst eine untergeordnete Rolle.**

1197 Kaiser Heinrich VI. stirbt.
Dietrich der Bedrängte, der Bruder Albrechts des Stolzen, befindet sich zu dieser Zeit im Heiligen Land und nimmt an der Gründung des Deutschen Ritterordens zu Akkon teil. Auf die Nachricht vom Tode des Kaisers kehrt er sofort in die Heimat zurück und **erkämpft sich die Herrschaft in der Mark Meißen.** Unterstützt wird er dabei von seinem Schwiegervater, dem politisch unzuverlässigen Landgrafen Hermann von Thüringen (bekannt als Schirmherr des »Sängerkrieges« auf der Wartburg), dem Weißenfelser Grafen Meinher von Werben (wird zum Dank dafür Burggraf von Mei-

ßen), den ritterlichen Vasallen und den Städten in der Mark Meißen.

1198 **Markgraf Dietrich der Bedrängte (1197–1221)** wird durch König Philipp von Schwaben (1198–1208), dessen Anhänger er ist, **mit der Mark Meißen belehnt** (spätestens bis 28. Mai 1199). Seine Regierungszeit ist durch folgende Aktivitäten gekennzeichnet:
Durch geschicktes Taktieren gewinnt Markgraf Dietrich die unter Albrecht verlorengegangenen Positionen wieder zurück und baut sie weiter aus, insbesondere richtet sich seine Politik gegen die aufstrebenden Territorialgewalten in der eigenen Mark (z. B. gegen die Bischöfe und Burggrafen). Weiterhin sichert er seine Mark gegen die Landgrafschaft Thüringen (er kann sich z.B. in Camburg beiderseits der Saale halten) und sucht sich gegen das Vordringen der Reichsgewalt aus dem Pleißenland zu schützen (erhält z.B. 1206 von König Philipp die königlichen Befugnisse über die Stadt Zwickau).
Die Siedlungsbewegung, und damit die bäuerliche Rodung, ist zumindest westlich der Elbe im wesentlichen abgeschlossen (die Verteilung von Wald und Offenland hat sich bis in unsere Zeit kaum noch verändert). Es kommt jetzt vor allem darauf an, eine Verwaltungsorganisation aufzubauen. **Markgraf Dietrich organisiert eine straffe Landesverwaltung** (Gliederung des Landes in Verwaltungsbezirke, die **Vogteien**. In den Händen der Vögte liegen die militärische Gewalt, die Gerichtsbarkeit und schwerpunktmäßig die Finanzverwaltung; Mittelpunkte der Vogteibezirke sind markgräfliche Schlösser). – **Der Begriff der Vogtei als markgräfliche Verwaltungseinheit wird hier erstmals genannt. Mit der Einrichtung der Vogteien ist erstmals im meißnischen Territorium unter der Zentralverwaltung eine landesherrliche Lokalverwaltung aufgebaut worden. – Die sich anbahnende Verwaltungsreform (Vogteiverfassung) zielt auf die Ausschaltung**

der Burggrafen. Aus den Verwaltungsbezirken der Vögte, den Distrikten oder Pflegen, entwickeln sich im 14. / 15. Jh. die Ämter als untere territoriale Einheiten der landesherrlichen Verwaltung.
Markgraf Dietrich schafft außerdem durch die **Gründung und Erweiterung von Städten und Märkten** sowie durch die Erweiterung des Verkehrsnetzes die Grundlagen für die wirtschaftliche Erschließung des Landes.

1205 Markgraf Dietrich gründet das Augustiner-Chorherrenstift St. Afra in Meißen.

1206 Ersterwähnung von Dresden. – 1216 wird Dresden als »civitas« bezeichnet. Erst damit **ist eine Stadt im vollen Rechtssinne vorauszusetzen.**

1210 Belehnung Dietrichs mit der Ostmark (Mark Lausitz) durch König Otto von Braunschweig (1198–1215, bis 1208 Gegenkönig Philipps von Schwaben) nach dem Aussterben der wettinischen Nebenlinie Groitzsch. Aus deren Besitz erhält er außerdem die Grafschaften Landsberg, Eilenburg und Groitzsch–Rochlitz. Für die Belehnung mit der Ostmark hat er dem König 10 000 Mark Silber (2 340 kg) zu zahlen. **Dies ist ein Beispiel dafür, daß es den Markgrafen von Meißen infolge des Freiberger Silberbergbaus möglich ist, Herrschaftsrechte zu kaufen.**

1210–1218 **Erweiterung der Stadt Freiberg** um den Stadtteil am Neumarkt. – **In diese Zeit fällt wahrscheinlich auch die Erweiterung von Grimma** (Zweck ist der Ausbau des Muldeübergangs in Konkurrenz zum bischöflichen Mulde-Übergang bei Wurzen) und von Großenhain.

1213 Dietrich gründet das Augustiner-Chorherrenstift zu St. Thomas in Leipzig.

1213 **Markgraf Dietrich schließt sich König Friedrich II.** (1212–1250), dem Enkel des Stauferkaisers Friedrich I. Barbarossa, **an**, der ihn später bei seinem Streit mit der Stadt Leipzig unterstützt.

1215 Teilung der Naumburgischen Besitzungen zwischen Oschatz, Strehla und dem Grenzwald zu Böhmen zwischen dem Stift Naumburg und der Markgrafschaft Meißen.

1217 Markgraf Dietrich bringt mit Unterstützung König Friedrichs II. Leipzig wieder in seine Gewalt, läßt die Mauern schleifen und errichtet drei Zwingburgen (Vorläufer der Pleißenburg, Befestigungen am Grimmaischen und am Ranstädter Tor). Noch 1216 hatte er den Leipzigern im Ergebnis eines Bürgeraufstandes ihre Rechte bestätigen müssen.

1217 / 18 Minnesänger Heinrich von Mohrungen im Dienste des Markgrafen Dietrich (u. a. in Leipzig).

1220 Das Benediktinerinnen-Nonnenkloster zum Heiligen Kreuz bei Meißen wird durch Markgraf Dietrich den Bedrängten mit Grundbesitz und Pfandrechten ausgestattet. – Es war nach 1197 von Dietrich gestiftet und in der Unterburg am Fuße des Meißner Burgberges angesiedelt worden. Mit dem Bau des neuen Klosters vor den Toren Meißens dürfte 1217 begonnen worden sein.

1220 Erneut Aufstand der Leipziger Bürgerschaft, unterstützt durch ritterliche Dienstleute (Ministerialen) des Markgrafen.

um 1220 **Niederschrift des »Sachsenspiegels«**, auf dem die ersten Sammlungen von Rechtsvorschriften der Städte, die **Stadtrechtsbücher**, aufbauen.

1221–1482

Die Ausbildung und Festigung des wettinischen Territorialstaates

Gegenüber den tiefgreifenden Veränderungen in der relativ kurzen Zeitspanne der bäuerlichen Besiedlung verlief in der jetzt anschließenden Periode die Entwicklung wieder in ruhigeren Bahnen. Rückschläge, wie das Wüstwerden von Dörfern im Zusammenhang mit der Agrarkrise des 14. und 15. Jh. und die Pestverluste unter der Bevölkerung nach 1350, gehören ebenso zum Bild dieser Zeit.

Auf wirtschaftlichem Gebiet **entfaltete sich der Bergbau, vor allem der Silberbergbau, im Erzgebirge** und trug wesentlich dazu bei, daß sich allmählich die **Geldwirtschaft** gegenüber der Naturalwirtschaft durchzusetzen begann und auch beträchtliche Mittel für die Kultur zur Verfügung standen. **Romanische Kirchenbauten und gotische Dome** sind Ausdruck dieser Entwicklung. **In politischer Hinsicht kam es trotz zahlreicher Landesteilungen und massiver Vorstöße des deutschen Königtums gegen die eigenstaatlichen Bestrebungen der Wettiner zur Ausbildung und Festigung eines wettinischen Territorialstaates, welcher 1482 seine größte Ausdehnung erreichte:**

Das wettinische Herrschaftsgebiet reichte als weitgehend geschlossener Flächenstaat von Werra und Main im Westen bis über die Elbe im Osten, vom Erzgebirge im Süden bis in die Berliner Gegend im Norden. Damit war der von Erzgebirge, Thüringer Wald, Harz und Fläming eingegrenzte und von den Flußgebieten der Saale und der mittleren Elbe ausgefüllte Naturraum, über den wettinisches Herrschaftsstreben niemals hinausgegriffen hat, letztmalig unter einheitlicher wettinischer Herrschaft zusammengefaßt. – Obgleich das Land noch von Streubesitz adliger Herrschaften durchsetzt war, **verloren** diese **kleineren Territorialgewalten immer mehr an Bedeutung** und wurden nach und nach ausgeschaltet; das betraf unter anderen auch die Burggrafen von Meißen.

Die Verwaltung auf der Basis der Ämter hatte sich durchgesetzt, und der Aufbau einer zentralen Landesverwaltung wurde in Angriff genommen. Die Schriftlichkeit in der Verwaltung setzte sich durch.

Dem Landesherren trat in Form der **Landstände** erstmals eine Landesvertretung des Adels, der Geistlichkeit und der Städte gegenüber, welche die Macht des Landesherren in zunehmendem Maße einschränkte.

Viele **Städte** erlangten durch Geldzahlungen an ihre adligen Stadtherren stufenweise die **Selbstverwaltung** (Bürgermeister – Rat – niedere Gerichtsbarkeit über »Schulde und Gulde« – Hochgerichtsbarkeit über »Hals und Hand«). Soziale Spannungen führten zu innerstädtischen Kämpfen (Zunftkämpfe).

Auf dem Lande wurde mit der Einführung der **Patrimonialgerichtsbarkeit** der Einfluß der adligen Grundherren gestärkt.

1221 **Dietrich der Bedrängte stirbt** durch Gift.
Für seinen dreijährigen Sohn Heinrich (formell schon jetzt Markgraf von Meißen und der Ostmark) wird sein Onkel mütterlicherseits, der **Landgraf Ludwig IV.** (»der Heilige«) **von Thüringen** (Gemahl der »heiligen Elisabeth«) **zum Vormund bestellt,** der im wesentlichen die Interessen seines Mündels vertritt. 1223–1225 kommt es trotzdem zu kriegerischen Verwicklungen zwischen Jutta (Mutter Heinrichs; inzwischen seit 1223 mit Graf Poppo von Henneberg verheiratet) und Ludwig IV. – Landgraf Ludwig IV. stirbt 1227 auf dem Wege ins Heilige Land (Kreuzzug). Neuer Vormund Heinrichs wird Herzog Albrecht I. von Sachsen (bis etwa 1229).

1223 Benediktinerinnen-Kloster Staucha bei Lommatzsch durch den Burggrafen von Meißen gestiftet, 1330 nach Döbeln verlegt.

1226 Dominikaner-Kloster in Leipzig gegründet.

vor 1228 Augustiner-Chorherrenstift Crimmitschau von den Reichsministerialen von Crimmitschau gestiftet.

1230 Markgraf Heinrich (später »der Erlauchte«) wird volljährig und übernimmt unangefochten sein Herrscheramt als Markgraf von Meißen und der Ostmark, ohne daß eine förmliche Belehnung durch Kaiser Friedrich II. erfolgt wäre. – In seiner Jugend tritt er als Minnesänger (in der Manessischen Liederhandschrift sind sechs Minnelieder erhalten geblieben nebst einem Bildnis Heinrichs) und Komponist von Kirchengesängen in Erscheinung. – **Markgraf Heinrich war zweifellos nicht nur durch sein Wirken, sondern auch durch seinen Charakter einer der bedeutendsten wettinischen Fürsten.** – Die wesentlichsten Aktivitäten in seiner Regierungszeit (1221–1230–1288) lassen sich wie folgt zusammenfassen: **Erwerb der Landgrafschaft Thüringen und der Pfalzgrafschaft Sachsen.** Das wettinische Territorium erreicht damit seine bisher größte Ausdehnung. – **Fortsetzung der Verwaltungsreform** (Einrichtung von Vogteien). – **Besondere Förderung der Städte:**

Freiberg: Stadt und Bergrecht werden bestätigt, sichtlicher Aufschwung; Bergwerksertrag steigt. – *Pirna:* tritt als Bürgersiedlung hervor und erhält das Stadtrecht. – *Dresden:* entwickelt sich, erhält Vorrechte (z. B. den Marktzoll 1271). Bau einer Elbbrücke 1275. Markgraf Heinrich hält sich seit 1270 fast nur noch in Dresden und Tharandt auf. – *Leipzig:* erhält eigene Gerichtsbarkeit (1263) und das Münzrecht (1273). Der Schutz der Handelsreisenden wird zugesichert (auch in Kriegszeiten). – *Guben:* erhält 1235 Stadtrecht. – **Heinrich för-**

dert die kulturelle Entwicklung. In seine Regierungszeit fällt z. B. der Baubeginn der Dome von Meißen (1260), Naumburg und Freiberg, deren Bauherren allerdings die Bischöfe sind.

1230 »Goldene Pforte« (Musterbeispiel eines romanischen Stufenportals) als Westportal der Freiberger Marienkirche geschaffen; später Wiederverwendung im Dom.

1230 Stiftung des Klosters Mühlberg durch die Herren von Eilenburg.

um 1230 **Erste Zinngewinnung bei Graupen (Krupka).**

1233 Benediktiner-Nonnenkloster Geringswalde gegründet.

1233 **Erste urkundliche Erwähnung des Freiberger Bergrechts.**

1233 Zisterzienser-Nonnenkloster Dörschnitz bei Lommatzsch gegründet.

1234 Zisterzienser-Nonnenkloster Marienthal/Neiße von der böhmischen Königin Kunigunde gestiftet.

1235 Zisterzienserkloster Grünhain bezogen.

1236 Dominikanerkloster Freiberg gegründet.

1237 Teilnahme Heinrichs am Kreuzzug gegen die heidnischen Pruzzen (Preußen). Grausame Kriegführung.

vor 1240 Nonnenkloster der Augustiner-Eremiten in Großenhain gegründet. – **Im 12. Jh. gibt es im sächsischen Raum etwa 80 Klöster.**

um 1240 Beginn der Zinngewinnung bei Ehrenfriedersdorf und Geyer.

1240 Die Eroberung brandenburgischen Gebietes von der Niederlausitz aus mißlingt.

1241 Regelung der Rechtsansprüche bei Errichtung eines Bergwerks auf dem Gebiet des Klosters Altzella durch den Vertrag von Krummhennersdorf.

1241 Erzgebirgisches Zinn bricht auf dem Metallmarkt von Köln das englische Zinnmonopol.

1241 Nonnenkloster Sornzig von den edelfreien Herren von Mügeln gestiftet.

1242 Markgraf Heinrich setzt die Wahl seines Halbbruders Dietrich zum Bischof von Naumburg durch (Bischofsweihe durch den Papst 1245).

1243 Eventualbelehnung des Markgrafen Heinrich mit der Landgrafschaft Thüringen durch Kaiser Friedrich II. (Eventualbelehnung = Zusage der Belehnung mit der Landgrafschaft Thüringen nach Aussterben des thüringischen Landgrafenhauses). **Bei der aus diesem Anlaß ausgefertigten Urkunde handelt es sich um die erste von den Wettinern empfangene rechtserhebliche Urkunde, die uns erhalten blieb.**

1243 Altzellaer Annalen (fortgesetzt bis 1422).

1244 Erste Erwähnung einer Freiberger Münzstätte.

1247 Der Thüringer Landgraf Heinrich Raspe (seit 1246 deutscher Gegenkönig zu dem Staufer Friedrich II.) stirbt kinderlos. **Damit wird die Eventualbelehnung des Markgrafen Heinrich mit der Landgrafschaft Thüringen wirksam.** Markgraf Heinrich der Erlauchte führt seit dieser Zeit noch die Titel eines Landgrafen von Thüringen und eines Pfalzgrafen von Sachsen. Da noch Ansprüche für einen Enkel (Heinrich das Kind von Hessen) des 1227 verstorbenen Landgrafen Ludwigs IV. geltend gemacht werden und sich auch die Grafen und Herren von Thüringen Heinrich dem Erlauchten nicht unterwerfen wollen, entbrennen in der Folgezeit heftige Kämpfe um Thüringen, vor allem um die Wartburg.

1248 Zisterzienser-Nonnenkloster Marienstern bei Kamenz von den Reichsministerialen von Kamenz gestiftet.

1248 Magdalenerinnen-Kloster Freiberg gestiftet.

1249 Verständigung Heinrichs des Erlauchten mit den thüringischen Grafen und Herren sowie mit Sophie von Brabant (Tochter Ludwigs IV. und Mutter Heinrichs von Hessen) im **Vertrag von Weißenfels: Markgraf Heinrich behauptet die Landgrafschaft Thüringen und die Pfalzgrafschaft Sachsen** (Reichsfürstentum mit nur geringen Besitzungen an der unteren Unstrut westlich von Naumburg), **während der Besitz westlich der Werra an Heinrich von Hessen fällt.**

1250 Markgraf Heinrich beruft als neuer Herrscher der Landgrafschaft Thüringen ein Landding in Mittelhausen bei Erfurt für die gesamte thüringische Landesvertretung ein.

1250 Bischof Konrad von Meißen macht gegenüber dem Markgrafen mittels z. T. gefälschter Urkunden beträchtliche Gebietsansprüche geltend und kann diese durchsetzen. Als geistliche Kampfmittel setzt der Bischof die Exkommunikation gegen den Markgrafen Heinrich und das Interdikt ein. Das Bistum Meißen kann jetzt seine Besitzungen um Mügeln, Stolpen und Wurzen zu Stiftsterritorien ausbauen.

1251 Erwerbung von Sayda und Purschenstein auf dem Erzgebirgskamm.

1253 Die **Oberlausitz** kommt als Pfand für die Mitgift einer böhmischen Königstochter an den Markgrafen Otto von Brandenburg.

1254 Heinrichs ältester Sohn Albrecht **(später als Albrecht der Entartete Markgraf von Meißen)** wird 1253 oder 1254 mit einer Tochter Kaiser Friedrichs II., Margarethe, verheiratet **(Verlöbnis bereits 1245). Es ist die bisher dynastisch bedeutsamste Heirat im Hause Wettin.** Als Pfand für die zur Eheschließung fällige Mitgift von 10 000 Mark Silber hatte Markgraf Heinrich bereits anläßlich der Verlobung vom Kaiser das **Pleißenland um Altenburg, Zwickau und Chemnitz erhalten.** Dieses Pfand wird nicht eingelöst. So nimmt Markgraf Heinrich im Pleißenland bereits 1253 herrschaftliche Rechte wahr. **Damit beginnt der Zerfall des aus dem Pleißenland, dem Vogtland und dem Egerland bestehenden Reichsterritoriums.**

1254 **Vertrag von Grimma:** Markgraf Heinrich setzt seine Lehnsherrschaft über die Vögte von Weida, Gera und Plauen durch.

1254 **Erste Stadtschule in Sachsen urkundlich belegt:** Beim Thomaskloster in Leipzig gibt es neben der eigentlichen Klosterschule eine »äußere« Schule, in der Bürgersöhne unterrichtet werden.
Weitere Stadtschulen sind ab dieser Zeit nachzuweisen in Zwickau (1291), Dresden (1300), Lößnitz (1304), Zittau (1310), Reichenbach im Vogtland (1315), Pirna (1317), Plauen (1319), Bautzen (1331), Großenhain (1342), Grimma (1357 bereits mit Nennung eines Schulmeisters), Löbau (1359), Oschatz (1367), Görlitz (1369), Reichenbach in der Oberlausitz (1382 mit einer Schulordnung), Freiberg (1382), Wolkenstein (1385),

Waldenburg (1390), Bischofswerda (1392), Dippoldiswalde (1394), Leisnig (1397), Chemnitz (1399).

1255 Errichtung des Bergschöppenstuhls in Freiberg.

1256 Albrecht (»der Entartete«) urkundet erstmals (21. März) als Landgraf von Thüringen und Pfalzgraf von Sachsen.

1259 Markgraf Heinrich sichert sich vertraglich weitgehende Befugnisse über das Bistum Naumburg.

1259 Albrecht (»der Entartete«) ist vorübergehend bis 1261 Markgraf von Landsberg. Albrechts jüngerer Bruder Dietrich übt in dieser Zeit als Landgraf von Thüringen dort die volle Herrschergewalt aus.

1261 Erster Landvogt in Bautzen nachweisbar: Die auswärtigen Herrscher setzen in der **Oberlausitz Landvögte** ein, welche die Burggrafen (bis 1245 auf der Bautzener Burg nachweisbar) in der Verwaltung des Landes ablösten. Neben dem Bautzener ist ab 1268 auch ein Görlitzer Landvogt nachweisbar. – Die Vögte sind gleichzeitig oberste Gerichtsherren. – Der Name Oberlausitz wird erst im 15. Jh. üblich.

1263 Endgültiges **Ende der Kämpfe um Thüringen** (Sieg Heinrichs über den Herzog von Braunschweig, Albrecht, bei Beesenstedt bei Wettin); Friedensschluß erst 1264. – **Markgraf Heinrich vereinigt jetzt vier Reichsfürstentümer** (Fahnlehen) **in seiner Hand** (Markgrafschaft Meißen, Ostmark, Landgrafschaft Thüringen, Pfalzgrafschaft Sachsen). – **Siegesfeier mit einem glanzvollen Turnier in Nordhausen.** Turniere sind Höhepunkte der höfisch-ritterlichen Kultur und werden durch den kunstsinnigen und prachtliebenden Heinrich besonders gepflegt. Das trägt ihm noch zu Lebzeiten den Beinamen »illustris« (der Prächtige) ein.

Weitere berühmte Turniere richtet Heinrich in Meißen (1265) und in Merseburg (1268) aus.
Heinrich der Erlauchte teilt sein eben erst vereinigtes Herrschaftsgebiet auf, nachdem er schon vorher seine Söhne mit Herrscherpflichten in einzelnen Teilen seines Landes betraut hatte:
Heinrich der Erlauchte *bleibt Markgraf von Meißen und der Ostmark*. In den übrigen Gebieten überträgt Heinrich die Oberhoheit an seine Söhne Albrecht und Dietrich. – **Albrecht** (der Entartete) erhält die *Landgrafschaft Thüringen* und die *Pfalz Sachsen* sowie das *Pleißenland*. – **Dietrich** (von Landsberg) erhält die ohne Zustimmung des Königs (Interregnum! Nachträgliche Bestätigung 1277 durch König Rudolf) neugebildete *Mark Landsberg* (Gebiet zwischen Saale und Mulde nördlich und südlich von Leipzig; gebildet aus dem Westteil der Ostmark und Teilen der Mark Meißen). Die Mark Landsberg wird 1291 an den Markgrafen Albrecht von Brandenburg verkauft, kommt 1328 als Heiratsgut an Braunschweig und wird 1347 von den Wettinern zurückgekauft.

1265 Für die Mark Meißen wird durch den Markgrafen Heinrich eine **Judenordnung** erlassen, welche die Lebensbedingungen der Juden im günstigen Sinne regelt (rechtliche Gleichstellung von Juden und Christen; sachliche Regelung von Streitigkeiten bei Geld- und Pfandgeschäften; Verhinderungen von Feindseligkeiten). – **Diese Ordnung ist Ausdruck dafür, daß man die Juden in einer Zeit, in der das Geld eine immer größere Rolle spielt, wegen ihrer Geldgeschäfte, die den Christen noch verboten sind, braucht.**

1265 Verkauf von Freiberger Silber nach Troyes in Frankreich und Sienna in Mittelitalien.

1266 Silberbergbau bei Dippoldiswalde.

1266 Dominikaner-Kloster Plauen gestiftet.

1266 Durch den häufigen Aufenthalt des Markgrafen Heinrich im meißnischen Raum werden die Anfänge einer noch ganz an die fürstliche Hofhaltung und die Person des Fürsten gebundenen Zentralverwaltung gefördert: Ein Pronotar tritt an die Spitze der landesherrlichen Kanzlei. Einige Jahre später ist das Amt eines Hofmeisters nachweisbar.

1268 Friedrich (später Markgraf von Meißen, genannt Friedrich der Freidige oder Friedrich der Gebissene), **Sohn Albrechts des Entarteten und Enkel Heinrichs des Erlauchten, hat Aussicht auf den römisch-deutschen Kaiserthron:** Nach der Hinrichtung des letzten Staufers Konradin 1268 in Neapel bietet die italienische Partei der Ghibellinen Friedrich den Kaiserthron an, denn Friedrich ist durch die Ehe Albrechts des Entarteten mit der Kaisertochter Margarethe ein Enkel des Staufer-Kaisers Friedrichs II. – Die Kyffhäusersage, der Traum von der Erneuerung des staufischen Kaisergedankens, bezog sich ursprünglich nicht auf Kaiser Friedrich I. Barbarossa, sondern auf diesen Wettiner Friedrich.

1268 Zisterzienser-Kloster Neuzelle in der Niederlausitz als Tochterkloster von Altzella durch Heinrich den Erlauchten gestiftet (Gründungsurkunde vom 12. Okt).

1268 Clarissen-Kloster Seußlitz von Markgraf Heinrich im Gedenken an seine 1268 verstorbene Gemahlin Agnes gestiftet. – Es ist das erste Kloster des weiblichen Zweiges des Franziskanerordens im meißnischen Gebiet.

1270 Albrecht der Entartete verstößt seine Gemahlin Margarethe (Tochter Kaiser Friedrichs II.) zugunsten seiner Geliebten Kunigunde von Eisenberg (ministerialischen Standes). – Margarethe muß fliehen und soll ihren

Sohn Friedrich beim Abschied in die Wange gebissen haben, der deshalb später noch den Beinamen »der Gebissene« erhält. Margarethe stirbt wenige Wochen später in Frankfurt/Main. – **Die Anwartschaft Friedrichs des Freidigen auf den Kaiserthron zerschlägt sich.** – Markgraf Albrecht der Entartete, der diesen Beinamen bezeichnenderweise schon zu seinen Lebzeiten erhält, verkauft und verpfändet später einen Teil seines Landes nach dem anderen. Durch permanente Familienstreitigkeiten in die Defensive gedrängt, unterliegt er schließlich dem Druck der deutschen Könige, die um diese Zeit einen weiteren Versuch unternehmen, ihr verlorengegangenes Reichsterritorium im mitteldeutschen Raum wiederzugewinnen.

1273 Leipzig erhält das Münzrecht.

1275 **Ersterwähnung einer Elbbrücke bei Dresden**, die 1287 ausdrücklich als steinern bezeichnet wird.

1283 Die Kramer in Freiberg schließen sich zu einer Innung zusammen. Damit wird **im sächsischen Raum erstmals eine Innung erwähnt.** – In den Städten wurde mit ihrer Gründung die geburtsrechtliche durch eine genossenschaftliche Gliederung abgelöst. Ausdruck dieser genossenschaftlichen Organisation sind die Innungen (Zünfte) als gewerbliche, der Selbstverwaltung dienende Zweckverbände der Meister der einzelnen Gewerbe. Sie sind aber gleichzeitig soziale Einrichtungen und religiöse Gemeinschaften, die ein reiches Brauchtum ausbilden. Die Herausbildung der Innungen ist von großer Bedeutung für die innerstädtische Entwicklung. 1353 ist die Schuhmacherinnung von Penig und für 1391 die Oschatzer Tuchmacherinnung belegt. Nach 1400 nehmen die urkundlichen Belege für Innungen zu.

1285 Der Rat zu Dresden erwirkt eine Urkunde des Markgrafen, in der es verboten wird, die sog. Herrenhöfe in der Stadt an Personen zu verkaufen, die das Stadtrecht nicht anerkennen. Damit beginnt der Abbau adliger Sonderrechte in der Stadt.

1287 Kloster der Augustiner-Eremiten in Grimma gestiftet.

1288 Heinrich der Erlauchte stirbt. Der Kampf um sein Erbe entbrennt:
Die Söhne Albrechts, **Friedrich der Freidige** und **Diezmann**, kämpfen mit den Bischöfen von Naumburg und Merseburg gegen **Friedrich Tuta** (Sohn des 1285 verstorbenen Markgrafen Dietrich von Landsberg) um das wettinische Erbe. – Ergebnis:
Albrecht d. Entartete und **Friedrich Tuta** werden *gemeinsam Inhaber der Mark Meißen*; **Diezmann** erhält die *Ostmark* (Belehnung erst 1290 durch König Rudolf I. von Habsburg); **Friedrich Clem** (jüngster Sohn Heinrichs des Erlauchten aus seiner dritten Ehe mit einer Frau ministerialischer Herkunft) erhält *Dresden* (nennt sich »Herr von Dresden«, stirbt 1316). Dieses Territorium kommt 1316 an Friedrich den Freidigen. – **Friedrich der Freidige** geht trotz der 1285 vom Vater versprochenen Mitregentschaft in Thüringen leer aus. Er besitzt nur die Vogtei über die *meißnischen Städte Döbeln, Mitweida, Oederan, Rochlitz, Roßwein und Waldheim*, die ihm sein Großvater, Markgraf Heinrich, 1286 für 2000 Mark Silber verpfändet hatte.

1288 Die Grafschaft Wettin wird an das Erzstift Magdeburg veräußert.

1288 Friedrich der Freidige setzt seinen Vater Albrecht in der Burg Rochlitz gefangen und erhält jetzt seinen Anteil an Freiberg und den Bergwerken sowie Torgau, Großenhain u. a. – Als Pfand für die Einhaltung dieses Vertrages kommt Altenburg an Friedrich.

1289 **Albrecht** der Entartete **verkauft seinen Anteil an der Mark Meißen an Friedrich Tuta**, letzterer kauft auch von Friedrich Clem noch Dresden. Friedrich Tuta beschafft sich die Kaufsumme durch Beschlagnahme des in Meißen eingesammelten Kreuzzugszehnten.

1289 **Der deutsche König Rudolf I. von Habsburg (1273–1291) greift ein:**
Nachdem er 1287 eine Landfriedensordnung (wirksamstes Rechtsmittel des Königs zur Aufrechterhaltung des Landfriedens; Verstöße wurden streng geahndet) erlassen hatte, hält sich König Rudolf von 1289–1290 in Thüringen auf, um die Einhaltung des Landfriedens zu überwachen. 66 Raubritterburgen werden zerstört, die Raubritter zum Tode verurteilt und hingerichtet. – **Die wettinischen Lande geraten in den folgenden Jahren in eine Existenzkrise, weil der deutsche König versucht, wettinische Gebiete zur Stärkung seiner Hausmacht dem Reichsland einzugliedern.**

1290 **König Rudolf nimmt das Pleißenland gegen Erstattung der Pfandsumme wieder an das Reich zurück** und unterstellt es königlicher Verwaltung. Zum Landrichter des Pleißenlandes ernennt er den Vogt Heinrich von Plauen.

1290 Friedrich der Freidige und Diezmann zwingen ihren Vater Albrecht, der weiterhin mit dem Familienbesitz unverantwortlich umgeht, im Vertrag von Eisenach zu der Zusage, ohne ihre Zustimmung keine Besitzungen zu verkaufen, zu verpfänden oder zu verleihen.

1290 Die Nebenlinie der Wettiner, Brehna, stirbt aus. König Rudolf gibt deren Land an seinen Enkel Rudolf von Sachsen (Herzogtum Sachsen-Wittenberg). Dieses Gebiet kommt erst zusammen mit dem Kurkreis 1423 wieder an die Wettiner zurück.

1291 König Rudolf von Habsburg stirbt (15. Juli).

1291 Vier Wochen nach dem König **stirbt Friedrich Tuta** (16. Aug.). Der neue König ist noch nicht gewählt. Dies nutzen die **Wettiner zu folgender Landesteilung** aus:
Friedrich der Freidige erringt die Mark Meißen und festigt dort seine Macht. Bereits seit 1281 ist er Pfalzgraf von Sachsen. – Die **Mark Landsberg wird geteilt.** Den größeren Teil erhält **Albrecht** der Entartete, der ihn bald darauf an den Markgrafen von Brandenburg, Otto mit dem Pfeil, verpfändet. Den Rest der Mark Landsberg, das später **Osterland** genannt wird (wettinische Herrschaftsbereiche zwischen Pleißenland im Süden, Naumburg im Westen, Grimma/Mulde im Osten, mit Landstrichen um Zeitz bis Delitzsch im Norden), teilen sich **Friedrich der Freidige** und sein Bruder **Diezmann** (erhält den größeren Anteil). Diezmann rettet Leipzig, das Albrecht der Entartete den Brandenburgern in die Hände spielen will, für die Wettiner (endgültig 1293). – **Friedrich Clem erhält Dresden. – Der 1292 gewählte König Adolf von Nassau ist mit dieser Landesteilung nicht einverstanden.**

1291 Der Transport von Salz, Getreide und anderen Handelsgütern auf der Elbe wird bezeugt.

1291 **Neben den Räten erscheinen erstmals ein Pronotar und ein Notar als »Kanzleibeamte«.** Die Kanzlei gewinnt als Funktionalorgan fürstlicher Machtausübung zunehmend an Bedeutung. – Die Räte, Vertraute und Berater des Markgrafen aus ministerialischen und edelfreien Geschlechtern, werden in den Urkunden erstmals 1240 und 1270 genannt.

1292 Adolf von Nassau wird zum König gewählt (1292–1298). Das Pleißenland verpfändet er an König

Wenzel II. von Böhmen. Es besteht offensichtlich der Plan, die Mark Meißen als erledigtes Reichslehen einzuziehen.

1292 Pirna erhält das Stapelrecht für den Handel auf der Elbe, welches 1325 urkundlich bestätigt wird.

1292 In Dresden ist ein Bürgermeister nachweisbar, ebenfalls eine Ratsverfassung. – Dieser Vorgang steht hier stellvertretend für das **Bestreben der Städte, die landesherrliche Verwaltung (Vogtei) durch eine Selbstverwaltung abzulösen.**

1293 Albrecht der Entartete **verkauft die Landgrafschaft Thüringen** für 12 000 Mark Silber **an König Adolf von Nassau**, allerdings soll die Übereignung erst nach dem Tode Albrechts erfolgen. – Im Vertrag von Triptis (23. Sept.) verkauft Albrecht zum zweiten Mal die Landgrafschaft Thüringen, und jetzt an seinen Sohn Diezmann, den er gleichzeitig als Mitregenten anerkennt. – Mit der Absetzung und dem Tode König Adolfs 1298 erledigt sich obiger Kaufvertrag.

1293 **Erstmals ist die archivalische Verwahrung von wettinischen Urkunden bezeugt.** – Für 1330 ist eine gezielte Archivarbeit nachzuweisen. Nach vorübergehender Trennung bei der Chemnitzer Teilung 1382 wird 1436 wieder ein gemeinsames wettinisches Archiv geschaffen. 1482 wird das gemeinsame wettinische Archiv in Leipzig errichtet.

1294 **König Adolf von Nassau erobert Thüringen** (dringt bis Borna/Frohburg vor; grausame Kriegführung), weil die Söhne Albrechts mit dem Verkauf der Landgrafschaft Thüringen an den König durch den Vater nicht einverstanden sind und sich zur Wehr setzen.

1294 **Im Pleißenland wird ein königlicher Landrichter ein-**

gesetzt (Heinrich der Ältere von Plauen). – **In der Mark Meißen behauptet sich Friedrich** der Freidige.

1294 Die Stadt **Freiberg** erhält das landesherrliche Privileg einer auf die Bergwerke ausgeweiteten **Stadtgerichtsbarkeit.**

1295 Erneuter Kriegszug des Königs nach Thüringen; Teile der Mark Meißen werden ebenfalls unterworfen. Ein geplantes Treffen in Altenburg zwischen dem König und Friedrich dem Freidigen, in dem letzterer eine Einigung herbeiführen will, kommt nicht zustande (eilige Abreise Friedrichs nach einem Mordanschlag in Altenburg durch Leute aus dem königlichen Heere). – **Friedrich der Freidige geht 1296 außer Landes** (nach Tirol zu Verwandten seiner Gemahlin Agnes). **Damit ist die wettinische Macht in der Mark Meißen aufgelöst.**

1296 Freiberg fällt durch Bestechung und Verrat in die Hände königlicher Truppen (grausame Kriegführung mit dem Ziel, Silber zu erbeuten).

1298 Friedrich der Freidige nimmt mit Unterstützung einer Fürstenkoalition, die sich 1297 aus Unzufriedenheit über die Hausmachtpolitik des Königs gebildet hatte, **den Kampf um die Wiedergewinnung seiner Lande auf.** Von der Niederlausitz aus dringt er in die Mark Meißen vor, erobert Großenhain und **ist bereits im April im Besitz der Mark Meißen.** Der königliche Generalrichter Heinrich von Nassau wird gefangengesetzt und muß weitere Ländereien herausgeben.

1298 **König Albrecht I. von Habsburg (1298–1308) verpfändet die Mark Meißen an den Böhmenkönig Wenzel II.** und ernennt diesen zum Reichsvikar (Statthalter) für die Mark Meißen sowie das Osterland und das Pleißenland.

1299 Die Hälfte des Rates von Pirna besteht schon aus Handwerkern.

1300 Dominikaner-Kloster in Pirna gegründet.

1301 **Diezmann verkauft die Mark Niederlausitz** (Ostmark) gegen Zahlung von 6 000 Mark Silber als Lehen an den Erzbischof von Magdeburg, der dieses Lehen sofort an den Markgrafen von Brandenburg weitergibt. Ab 1304 führt Diezmann nicht mehr den Titel eines Markgrafen der Ostmark. – 1353 gelangt die Ostmark wieder in wettinischen Pfandbesitz; 1364 wird sie aber von Kaiser Karl IV. gegen Erstattung der Pfandsumme wieder eingelöst.

1301 Für die Stadt Leipzig wird ein Rat genannt (bereits 1292 ein »magister civium«, ein Bürgermeister), die Rechtsprechung liegt noch in der Hand eines markgräflichen Schultheißen.

1304 König Albrecht I. von Habsburg löst Wenzel II. als Reichsvikar ab und bereitet sich zum Kampf gegen ihn vor. **Wenzel II. von Böhmen verpfändet inzwischen die Mark Meißen an den Markgrafen von Brandenburg,** um sich dessen Unterstützung gegen König Albrecht I. zu sichern.

1305 Der Böhmenkönig Wenzel II. stirbt. **Die Mark Meißen fällt an König Albrecht I. zurück.**

1306 Auf dem Hoftag von Fulda muß Albrecht der Entartete dem König Albrecht I. eidlich die Zusage geben, daß Thüringen nach seinem Tode an das Reich fällt. Friedrich der Freidige und Diezmann werden enterbt.

1306 Kriegszug des Königs Albrecht I. gegen Friedrich den Freidigen und Diezmann (Vordringen der königlichen Truppen bis Geithain und Borna).

1306 Friedrich der Freidige erobert die Wartburg und nötigt seinen Vater Albrecht zu einem Vertrag (8. Jan. 1307), der dessen Abdankung gleichkommt. – Friedrich der Freidige wird vom König wieder vertrieben.

1307 Gefecht bei Lucka (31. Mai):
Friedrich der Freidige und Diezmann besiegen mit militärischer Unterstützung durch die Leipziger Bürgerschaft ein vom König zurückgelassenes Truppenkontingent, das durch einige meißnische Adlige verstärkt wird.
Mit diesem militärischen Erfolg der Wettiner wird eine Wende in dem seit 1291 andauernden Kampf des deutschen Königtums um die Eingliederung wettinischer Gebiete in das Reichsterritorium eingeleitet. – Eine Reihe glücklicher Umstände ermöglicht es den Wettinern, in der Folgezeit ihre Herrschaft wieder zu konsolidieren (z. B. Tod König Albrechts I.). **Von 1307 an ist das Bestehen der Markgrafschaft Meißen als einer selbständigen Territorialmacht unter der Herrschaft des Hauses Wettin niemals wieder ernstlich bedroht worden.**

1307 Diezmann wird während einer Messe in der Thomaskirche zu Leipzig erstochen, sein Bruder **Markgraf Friedrich der Freidige** übernimmt die alleinige Herrschaft über die Mark Meißen und die Landgrafschaft Thüringen (Albrecht der Entartete hatte bereits am 18. Jan. 1307 auf seine Ansprüche verzichtet) und **wird zum Neubegründer der wettinischen Macht.**

1307 Nach 1307 erste Niederschrift des Freiberger Bergrechts.

1308 **König Albrecht I.** von Habsburg wird von seinem Neffen **ermordet** (Familienzwistigkeiten). Der energische Albrecht von Habsburg hatte nochmals versucht, die Hausmacht des deutschen Königtums durch Aufbau eines großen zusammenhängenden Reichsterritoriums zu stärken. – **Friedrich der Freidige nutzt die Gunst der Stunde und besetzt das Pleißenland.**

1310 **Belehnung Friedrich des Freidigen mit der Mark Meißen und der Landgrafschaft Thüringen** durch den deutschen König Heinrich VII. von Luxemburg (1308–1313). – **Damit gibt das deutsche Königtum zunächst seine Ansprüche auf den meißnisch-thüringischen Raum auf. – Das deutsche Königtum kann sich auch in Zukunft nicht gegen die Territorialgewalten durchsetzen und bleibt Wahlkönigtum. Deutschland entwickelt sich nicht zum Nationalstaat.**

1311 **Das Pleißenland ist jetzt fest in der Hand der Wettiner, 1329 werden ihre Ansprüche in aller Form anerkannt.**

1312 **Vertrag von Tangermünde (13. April):**
Friedrich der Freidige will die Lausitz und Landsberg zurückgewinnen. Im Kampf mit dem Markgrafen Woldemar von Brandenburg unterliegt er (u. a. werden Meißen und Großenhain besetzt) und wird bei Großenhain gefangengenommen. Friedrich verliert die Markgrafschaften Niederlausitz und Landsberg, muß große Teile der Mark Meißen mit den Städten Dresden, Großenhain, Meißen, Leipzig abtreten oder verpfänden und 32 000 Mark Silber zahlen.

1314 **Von diesem Jahr an werden immer regelmäßiger allgemeine Landsteuern erhoben.** Die Landsteuer wird auf das Vermögen der Besteuerten erhoben. Die Rittergüter und der geistliche Grundbesitz bleiben meist steuerfrei. – Die große Masse der **Untertanen**, um die sich der Landesfürst bisher wenig gekümmert hatte, wird jetzt für ihn **als Steuerzahler** und damit als wichtiger Träger des sich herausbildenden Staatswesens **bedeutsam.** Steuern hatten bisher keine Bedeutung, denn für Kriegsdienste stand dem Landesherrn das ritterliche Lehnsaufgebot zur Verfügung, und für sonstige Ausgaben genügten die Einkünfte aus dem Bergregal und den fürstlichen Domänen.

1314 Der seit 1307 entmachtete Albrecht der Entartete stirbt in Erfurt (Ende Nov.). Er wird nicht in der Grablege der Wettiner (Kloster Altzella), sondern in Erfurt bestattet.

1317 **Friedensschluß zu Magdeburg** (März):
Friedrich der Freidige hatte mit dem Ende des Waffenstillstands am 1. Mai 1315 den Kampf gegen den Markgrafen von Brandenburg wieder aufgenommen und gewinnt in diesem Friedensschluß den größten Teil der 1312 abgetretenen Gebiete wieder zurück, muß aber auf die Niederlausitz, die Markgrafschaft Landsberg und die Pfalzgrafschaft Sachsen verzichten. – Ausgenutzt wird von Friedrich dem Freidigen der Streit zwischen Ludwig dem Bayern und Friedrich von Österreich um die deutsche Königswürde. Friedrich der Freidige stellt sich auf die Seite Ludwigs.

1318 Freiberg erhält das Stapelrecht für den Durchgangshandel nach Böhmen.

1319 Mit Markgraf Woldemar sterben die Brandenburger Askanier aus. Dies hat folgende Auswirkungen auf die **Oberlausitz:**
Der schlesische Herzog Heinrich von Jauer erhält das **Land Görlitz** sowie Lauban, Zittau und die südöstliche Niederlausitz, während deren Hauptteil von König Ludwig dem Bayern als erledigtes Reichslehen eingezogen wird. Das Land **Bautzen** fällt an die Krone Böhmens zurück. 1329 tritt Heinrich von Jauer das Land Görlitz ebenfalls an Böhmen ab, seine restlichen Nieder- und Oberlausitzer Besitzungen fallen bei seinem Tode 1346 an Böhmen. Dies betrifft auch das bisher

immer zu Böhmen gehörige **Land Zittau**, welches damit zum Verband der späteren Oberlausitz kommt.

1323 König Ludwig der Bayer bestätigt die Reichslehen der Wettiner.

1323 **Friedrich der Freidige stirbt** (schon 1321 erlitt er einen Schlaganfall).

1324 Sein Sohn **Markgraf Friedrich II.** »der Ernsthafte« **(1324–1349)**, übernimmt das wettinische Erbe, zunächst jedoch bis 1329 unter der Vormundschaft seiner Mutter und des Grafen von Schwarzburg (bis 1324), dann unter der Vormundschaft des auf seinen Vorteil bedachten Grafen Heinrich II. Reuss von Plauen. Friedrich war noch zu Lebzeiten seines Vaters 1323 mit Mechthild, der Tochter des deutschen Königs Ludwig d. Bayern (1314–1347) aus dem Hause Wittelsbach, verlobt worden. – Die Wittelsbacher waren als Nachbarn für die Wettiner wichtig geworden, denn 1323 kam die Mark Brandenburg an die Wittelsbacher.

1324 **König Ludwig der Bayer gibt das Pleißenland als Pfand für die Mitgift seiner Tochter Mechthild an Markgraf Friedrich II.** Aus dieser Pfandherrschaft wird schließlich endgültiger Besitz.

1324 Abbau von Zinn-Seifen beim heutigen Ort Seiffen.

1329 **Markgraf Friedrich II.** wird volljährig und **übernimmt die Regierung.** Gleichzeitig findet die Hochzeit mit Mechthild statt. – Sein Schwiegervater, König Ludwig, überträgt ihm das Burggrafentum Altenburg, die Vogtei über Mühlhausen und Nordhausen, die Lehnshoheit über die Burggrafschaft Leisnig und das ganze Pleißenland mit den Reichsstädten Altenburg, Chemnitz und Zwickau. **Das Pleißenland ist seitdem fest im Besitz der Wettiner.** – Markgraf Friedrich II. beschränkt sich im Verlaufe seiner Regierung in kluger Zurückhaltung auf das Erreichbare. So **gelingt es ihm, seine Herrschaft zu konsolidieren und gegen die erneut vom deutschen Königtum unter Karl IV. ausgehenden Gefahren zu schützen.**

1338 **In der Mark Meißen beginnt die Groschenprägung,** die von hier aus eine weite Verbreitung erfährt. Geprägt wird in Freiberg (erste Prägung 1338/39), Dresden und Leipzig, zeitweise auch in Oelsnitz (1395), Großenhain und Zwickau (1414) sowie Colditz (1463) unter der Aufsicht landesherrlicher Münzmeister. **Der Groschen löst, bedingt durch die steigende Bedeutung des Handels, als größere Münze den Pfennig ab.**

1339 Der Stadt Görlitz wird das Waidhandelsmonopol verliehen.

1339 Von diesem Jahr an **lassen sich die Kanzleivorsteher der markgräflichen Kanzlei in lückenloser Folge nachweisen.** – Der bedeutendste von ihnen ist **Konrad von Wallhausen (von Kirchberg),** der 1332 in die Kanzlei eintrat, 1345–1348 an der Universität Bologna studiert und anschließend 1349 als Pronotar die meißnische Kanzlei übernimmt. **Bald nach Konrad von Kirchberg kommt auch die Bezeichnung »Kanzler« für den Leiter der Kanzlei auf.**

1342–1346 **»Thüringer Grafenfehde«:**
Die Thüringer Herren und Grafen erheben sich wegen der 1338 erlassenen Landfriedensordnung (30. Nov. 1338), welche die von dem Grafen Heinrich II. Reuß angestifteten Unruhen beendet hatte, erneut gegen Friedrich II. Sie verteidigen ihren Status der Reichsunmittelbarkeit.

1344 Kauf der Grafschaft Orlamünde durch Markgraf Friedrich II.

1346 Auf der Flur der späteren (1370) Stadt Siebenlehn wird erstmals Silber- und Kupferbergbau erwähnt.

1346 Zwischen 1346 und 1375 zweite Niederschrift des Freiberger Bergrechts.

1346 Gründung des Oberlausitzer Städtebundes (Bund der Sechsstädte):
Zusammenschluß der königlich-böhmischen Städte Bautzen, Görlitz, Zittau, Kamenz, Lauban und Löbau. – Die Oberlausitz hatte als Nebenland der Krone Böhmens eine Sonderstellung inne, zumal der König von Böhmen nur als Markgraf der Oberlausitz anerkannt wurde. Die Städte setzen sich gegenüber dem Adel durch (u. a. erfolgreicher Kampf gegen das Raubrittertum) und stärken ihren Einfluß durch die Gründung dieses Städtebundes.

1346 Die Stadt Leipzig erwirbt die landesherrschaftliche Rechtsprechung (die Vogtei) pfandweise.

1347 **Markgraf Friedrich II. gewinnt aus zeitweilig braunschweigischem Besitz für 8000 Schock Groschen die Mark Landsberg und die Pfalz Sachsen-Lauchstädt zurück.** – Die Mark Landsberg war 1291 von Albrecht dem Entarteten an den Markgrafen Albrecht II. von Brandenburg verkauft worden und gelangte 1333 durch Erbschaft an den Herzog von Braunschweig.

1347 Nach dem Tode König Ludwigs d. Bayern (Kaiser seit 1328) trägt die Wittelsbachsche Partei dem Markgrafen Friedrich II. die deutsche Königskrone an. **Friedrich II. lehnt die deutsche Königskrone zugunsten Karls IV. von Luxemburg, der schon 1346 zum Gegenkönig gewählt worden war, ab.** Der Luxemburger war bereits zu mächtig geworden: 1329 Erwerb des Landes Bautzen; 1346 Erwerb des Landes Görlitz, so daß jetzt die ganze Oberlausitz in seiner Hand ist; 1373 folgt die

Mark Brandenburg. Mit diesem Territorialzuwachs umfaßt Kaiser Karl IV. die Mark Meißen schließlich von drei Seiten.

1348 **Einigung mit König Karl IV. bei einem Treffen in Bautzen:**
Gegenseitige Anerkennung des Besitzstandes. – **Diese Einigung kann aber nicht davor schützen, daß sich Karl IV. später einzelne Herrschaften im Markmeißnischen als Lehnsherr sichert:** Die Herren von Colditz, Eilenburg, Waldenburg und Schönburg tragen Karl IV. die Lehnshoheit an, um sich vor den Wettinern zu schützen. Auch setzt sich Karl IV. in Plauen, Mühlberg und Strehla fest. – 1356 wird kurzzeitig das Bistum Meißen dem Erzbistum Prag unterstellt; 1376 wird für drei Jahre der königshörige Johann von Jenzenstein Bischof von Meißen.

1349 **Die Pest erreicht Meißen.** Die Juden werden der Brunnenvergiftung beschuldigt. Auf Betreiben des Markgrafen Friedrich II. **werden die Juden in fast allen thüringischen und meißnischen Städten getötet.**

1349 Markgraf Friedrich II. der Ernsthafte stirbt.
Sein Sohn, **Markgraf Friedrich III.** »der Strenge« **(1349–1381), übernimmt bis 1368 vormundschaftlich die Regierung für seine noch unmündigen Brüder Wilhelm (I. der Einäugige), Balthasar und Ludwig.**

1350 Kaiser Karl IV. belehnt in Bautzen die vier Brüder gemeinsam mit den wettinischen Besitzungen.

1350 Elisabeth, eine Tochter Markgraf Friedrichs II., wird mit dem Burggrafen von Nürnberg, Friedrich V. von Hohenzollern, verheiratet, dessen Sohn Friedrich VI. 1415 als Friedrich I. erster Kurfürst von Brandenburg wird. **Damit ist die Wettinerin Elisabeth die Stamm-**

Mutter der brandenburgischen (preußischen) Hohenzollern.

1350 **Erste nachweisbare Ständeversammlung** der sächsischen Landstände in Leipzig.

1350 Markneukirchen erhält durch die Vögte von Plauen das Stadtrecht.

1350 Erstmals wird ein **Kammermeister**, Vorsteher der markgräflichen Finanzverwaltung, genannt. – Eine selbständige Kammerverwaltung löst sich jedoch erst in der zweiten Hälfte des 15. Jh. aus der allgemeinen Zentralverwaltung heraus.

1353 Mit dem Ritter Heinrich von Kottwitz steht 1353 bis 1364 zum ersten Male ein weltlicher Pronotar an der Spitze der wettinischen Kanzlei.

1353 Markgraf Friedrich III. erhält durch Erbschaft aus hennebergischem Besitz das Gebiet um Coburg. Er ist seit 1347 mit Katharina, der Tochter des Grafen Heinrich VII. von Henneberg, verheiratet.

1353 Die Wettiner erwerben als Pfandbesitz die **Niederlausitz** (ohne Sorau, Triebel, Senftenberg) und das 1346 böhmisch gewordene Priebus. – Kaiser Karl IV. löst 1364 den Pfandbesitz wieder ein. 1367 wird die Niederlausitz an Böhmen verkauft und bildet das Sprungbrett für die Erwerbung Brandenburgs durch die Luxemburger 1373.

1354/59 **Vogtländischer Krieg:**
Markgraf Friedrich III. geht gemeinsam mit Kaiser Karl IV. gegen die Vögte von Weida, Gera und Plauen vor. **Die Vögte werden gezwungen, Teile ihrer Besitzungen an den Markgrafen abzutreten (z. B. 1356 die Herrschaft Voigtsberg mit den Städten Oelsnitz und**

Adorf) bzw. die markmeißnische Landesherrschaft anzuerkennen. – Die Vögte von Weida, Gera und Plauen hatten sich von reichsministerialischen königlichen Amtsträgern (Vögten) im Reichsterritorium Vogtland zu fürstlichem Rang emporgearbeitet, aber inzwischen durch fortlaufende dynastische Landesteilungen wieder viel an Bedeutung verloren.

1355 Pulsnitz erhält vom böhmischen König das Marktrecht, 1375 das förmliche Stadtrecht.

1356 **Das Bistum Meißen wird auf Betreiben Kaiser Karls IV. kurzzeitig dem Erzbistum Prag unterstellt.** – Der böhmische Einfluß ist auch im Spiele, als 1376 der kaiserhörige Johann von Jenzenstein für drei Jahre Bischof von Meißen wird.

1357 Der Stadt Chemnitz wird das Bleichmonopol für Leinwand verliehen. Das Privileg für eine zweite Landesbleiche wird 1380 an Rochlitz verliehen.

1359 Leipzig erwirbt den Durchgangszoll, 1363 den Marktzoll.

1361 Bischofswerda erhält das Stadtrecht.

1365 Die Burggrafen von Leisnig werden gezwungen, ihr Herrschaftsgebiet an Markgraf Friedrich III. zu verkaufen.

1367 **Nach vielen Besitzwechseln sind die beiden Lausitzen unter königlich-böhmischer Oberhoheit (Nebenländer der Krone Böhmens) vereinigt,** stellen aber nach wie vor zwei getrennte Territorien mit Unterschieden in der Landesverfassung dar. – **Seit dem 15. Jh. geht die Bezeichnung »Lausitz« von der Niederlausitz auch auf das Bautzen-Görlitzer Land über. Zur Unterscheidung von der Niederlausitz wird letzteres dann als Ober-**

lausitz bezeichnet. – Während sich die Oberlausitz in ihrem territorialen Bestand nicht mehr verändert, ergeben sich in der Niederlausitz durch Auseinandersetzungen mit den Nachbarn laufend territoriale Veränderungen: Land Priebus 1413 an Sagan; Herrschaft Finsterwalde 1425 an das Kurfürstentum Meißen; Herrschaft Peitz 1442 an Brandenburg; Cottbus 1455 an Brandenburg; 1477 Sonnewalde durch Kauf an die Wettiner.

1367 Handwerkeraufstand in Zittau (weitere Aufstände 1407 und 1487).

1368 Nach dem Willen des Vaters (Friedrich II.) beginnt jetzt die **gemeinsame Regierung der Brüder Friedrich III., Wilhelm (I. der Einäugige) und Balthasar**, zunächst bis 1371. Danach wieder vormundschaftliche Regierung, wobei sich die Brüder alle zwei Jahre in der Vormundschaft ablösen. 1377 nochmals ein Jahr gemeinschaftlicher Regierung. – Die Ansprüche ihres Bruders Ludwig erledigen sich 1357 mit dessen Wahl zum Bischof von Halberstadt.

1368 Der Markgraf erläßt den **Juden** in der gesamten Markgrafschaft in einem **Schutzbrief** für zwei Jahre die Steuern (Beden und Schatzungen) gegen eine Zahlung von 100 Gulden jährlich (ebenso 1425 gegen 875 schwere rheinische Goldgulden). – **Die Markgrafen nutzten dic gefährdete Lage der Juden vielfach aus, um hohe Geldsummen von ihnen zu erlangen.**

1369 / 72 Markgraf Friedrich III. **erwirbt** wiederkäuflich die **Herrschaft Sangerhausen**, die aber nicht wieder eingelöst wird und bei den Wettinern verbleibt.

1369 Handwerkeraufstand in Görlitz (weitere Aufstände 1390 und 1405).

1374 Ludwig, ein Bruder Friedrichs III., wird Erzbischof von Mainz.

1376 Versammlung der Landstände in Meißen: Dem Markgrafen Friedrich III. tritt eine Landesvertretung in Form der sog. Stände gegenüber, die zunehmend Einfluß auf die Geschicke des Landes ausübt. Es handelt sich um eine Interessenvertretung des Adels, der Geistlichkeit und des Bürgertums. – Die Stände genehmigen hier eine einmalige, vom Markgrafen erbetene finanzielle Beihilfe, die sogenannte »Bede«. – Seit dieser Zeit gewinnen die Landstände eine immer größere Bedeutung, indem sie sich unter Ausnutzung finanzieller Schwierigkeiten des Markgrafen immer weitergehende Mitspracherechte in Angelegenheiten des Landes sichern und so die Machtbefugnisse des Markgrafen einschränken. – **Die Anfänge des Ständewesens reichen jedoch weiter zurück. Schon 1350 genehmigten Vertreter des Adels und der bedeutendsten Städte in Leipzig eine Steuer zur Abtragung der markgräflichen Schulden.** Die nächste Zusammenkunft der Stände findet 1385 wieder in Meißen statt.

1377 Für den Sohn Kaiser Karls IV., Johann, wird das **Herzogtum Görlitz geschaffen,** das bis 1396 besteht. Seitdem bleibt dieses Gebiet bis 1635 mit Böhmen verbunden. Nur von 1469 bis 1490 schließt es sich dem Ungarnkönig Matthias Corvinus an.

1379 Eine verwaltungsmäßige Landesteilung wird vorbereitet (»Örterung von Neustadt« vom 3. Juli):
Durch den Tod Kaiser Karls IV. hat der politische Druck auf wettinisches Gebiet nachgelassen, so daß ein solcher Schritt praktikabel wird. – Die **Teilung** soll auf der Grundlage der Ämter und deren Einkünfte erfolgen. **Die Grundlage dafür bilden das »Lehnbuch Friedrichs des Strengen« von 1349/50 und das Gesamtverzeichnis der Einkünfte des Landgrafen von**

Thüringen und Markgrafen von Meißen, das landesfürstliche »Urbar« (Registrum Dominorum Marchionum Missnensium) von 1378. Bede-Verzeichnisse (Verzeichnisse über Steuereinkünfte) **gab es bereits von 1314 und 1334/36.** – Diese Dokumente zeigen, daß **die Schriftlichkeit in der herrschaftlichen Verwaltung schon einen beachtlichen Stand erreicht hat** (ab 1353 führt z. B. Heinrich von Kottwitz dauernd den Titel eines Kanzlers). Gleichzeitig wird dokumentiert, daß **sich die Ämter als Verwaltungseinrichtungen durchgesetzt haben.**

1381 Markgraf Friedrich III. der Strenge stirbt.

1382 **Vertrag von Chemnitz (13. Nov.):**
Die schon 1379 in Aussicht genommene **Landesteilung** wird durchgeführt: **Balthasar** (Bruder Friedrichs III.) erhält den Hauptteil *Thüringens*, dazu *Streubesitz*; **Wilhelm I. der Einäugige** (Bruder Friedrichs III.) erhält die *Mark Meißen* (Markgraf von Meißen 1382–1407), *Teile des Osterlandes* und *des Pleißenlandes, vogtländische Besitzungen*; die Söhne Friedrichs III., **Friedrich IV., Wilhelm (II.)** und **Georg** erhalten *Landbesitz inmitten dieser Hauptteile* (u. a. Teile des Osterlandes, meißnisches Vogtland). – **Freiberg mit Bergwerken und Münze wird von allen gemeinsam verwaltet.** Die Bergwerke bleiben auch bei allen folgenden Landesteilungen gemeinsamer Besitz und kommen erst mit der Wittenberger Kapitulation 1547 an die Albertinischen Wettiner.

1382 **Markgraf Wilhelm I.** »der Einäugige« **übernimmt die Herrschaft in der Mark Meißen (1382–1407).** Der am Hofe Kaiser Karls IV. ausgebildete Wilhelm zeichnet sich vor allem durch entschiedenes Durchgreifen aus. – **Neben einer Abrundung seines Gebietes fördert er durch eine umsichtige Landesverwaltung den inneren Landesausbau.**

1384 Der Hauptstollen (»Fürstenstollen«) des Freiberger Reviers kommt in markgräflichen Besitz und wird ausgebaut. – **Die Markgrafen treten hier selbst als Bergbauunternehmer auf.**

1384 **Erlaß einer Landfriedensordnung.** Dadurch vor allem Förderung von Handel und Gewerbe.

1385 Im Ergebnis der innerstädtischen Kämpfe werden **erstmals Viertelsmeister** in Geithain genannt. Sie gelangen in den Rat und vertreten dort die Interessen der Masse der Stadtbewohner, die bisher keinen Einfluß hatten. Die Viertelsmeister organisieren die städtische Selbstverwaltung in den Stadtvierteln.

1386 **Älteste Zunftordnung in Leipzig** (Schneider).

1393 Zunftkämpfe in Dresden.

1395–1398 Markgraf Wilhelm I. ist auf Pfandbasis im Besitz der Mark Brandenburg.

1399 **Das Bistum Meißen wird exemt,** d. h., es wird direkt dem Papst unterstellt. Bisher unterstand es dem Erzbistum Magdeburg bzw. während der Regierungszeit Karls IV. kurzzeitig dem Erzbistum Prag. – Der Papst überträgt den Wettinern das Recht zur Besetzung der ersten vier frei werdenden Meißner Domherrenstellen (bis gegen Ende des 15. Jh. erhalten die Wettiner das Recht, alle Domherrenstellen zu besetzen).

1402 **Erwerb der Herrschaft Eilenburg** durch Markgraf Wilhelm I. (die Eilenburger verkauften sie schon 1376 an die Herren von Colditz, von dort kommt sie jetzt an die Wettiner).

1402 Die **»Dohnaer Fehde«** findet mit der Eroberung der Burg Dohna durch den Markgrafen Wilhelm I. und die

Vertreibung der Burggrafen von Dohna ihren vorläufigen Abschluß. **Die Burggrafschaft Dohna wird dem wettinischen Gebiet einverleibt.** – Wilhelm I. nutzt hier einen Streit der Herren von Körbitz mit den Burggrafen von Dohna aus, indem er mit der Begründung des Landfriedensbruchs gegen letztere vorgeht.

1403 Alt-Dresden (heute Dresden-Neustadt) erhält das Stadtrecht.

1403 Beginn mit dem Rathausbau in Zwickau.

1404 **Pirna und Gottleuba werden von Markgraf Wilhelm I. pfandweise von Böhmen erworben.** Das Pfand wird in der Folgezeit von Böhmen nicht wieder eingelöst.

1404 Die **Herrschaft Colditz** wird von Markgraf Wilhelm I. durch Kauf **erworben** (sie war 1396 bereits an ihn verpfändet worden).

1406 Die böhmische **Burg Königstein**, auf der sich der Burggraf Jeschke von Dohna festgesetzt hatte, wurde ab 1404 vom Markgrafen belagert, wird 1406 **erobert**, danach wieder kurzzeitig aufgegeben und 1408 endgültig wettinisches Gebiet. Damit Abschluß der Dohnaer Fehde.

1407 Markgraf **Wilhelm I. stirbt** kinderlos und wird als erster Wettiner im Meißner Dom (im Chor vor dem Hochaltar) beigesetzt. Wilhelm I. **gilt als Vollender des Meißner Doms.** Auch die am Westwerk anschließende Begräbniskapelle dürfte nach neuesten Erkenntnissen um diese Zeit schon fast fertiggestellt gewesen sein.
Nach dem Tode Wilhelms I. wird die Mark Meißen gemeinsam regiert von den beiden Söhnen Markgraf Friedrichs III., **Friedrich IV.** »dem Streitbaren« (ab 1423 als Friedrich I. erster Kurfürst und Herzog von Sachsen) und **Wilhelm II.**, sowie von **Friedrich dem**

Friedfertigen, Sohn Balthasars (Bruder Markgraf Friedrichs III.).

1409 **Universität Leipzig gegründet** (2. Dez.):
Die Eröffnung erfolgt im Refektorium des Thomasklosters. – Die Universität Leipzig ist die sechste Universität im Hl. Röm. Reich. Die Gründung erfolgt nach Auszug der deutschen Professoren und Studenten aus der Prager Universität (1348 durch Kaiser Karl IV. als erste deutsche Universität gegründet) als Folge von Anfeindungen durch die tschechische nationalistische Bewegung.

1410 **Vertrag von Naumburg:** Aufteilung der Mark Meißen unter Friedrich IV., Wilhelm (II.) und Friedrich den Friedfertigen (siehe 1407).

1411 **Judenverfolgungen in mehreren Städten.** Die Freiberger Juden werden des Wuchers beim Verkauf von Silber beschuldigt.

1412 Dresden erlangt die niedere Gerichtsbarkeit; 1484 schließlich auch die Hochgerichtsbarkeit.

1414 Zunftkämpfe in Chemnitz.

1415 Erneute **Landesteilung:**
Friedrich IV. erhält die Mark Meißen. – Sein jüngerer Bruder **Wilhelm II.** erhält osterländische Gebietsteile und das Pleißenland. **Diese Teilung war schon 1410 im Naumburger Vertrag festgelegt worden, 1411 erfolgte eine neue Örterung (Aufteilung).** – Bei dieser Teilung werden erstmals die Landstände zu Rate gezogen.

1417 **Markgraf Friedrich IV. erscheint mit großem Gefolge auf dem Konzil zu Konstanz.** Verstimmt verläßt er das Konzil, weil er von König Sigmund die zugesagten böhmischen Lehen nicht erhält. – Auf diesem Konzil erfolgt die förmliche Verleihung der Kurwürde (Ernennung schon 1415) an den Markgrafen von Brandenburg durch König Sigmund.

1420 **Die wettinischen Lande geraten in den Sog der Hussiten-Kriege:** Markgraf Friedrich IV. nimmt auf der Seite König Sigmunds an den Kämpfen gegen die Hussiten teil (Schlacht vor den Toren Prags) und verhilft ihm damit zur böhmischen Königskrone – **Friedrich erhält jetzt die böhmischen Lehen.**

um 1420 **Johannes Tylich** von der juristischen Fakultät der Universität Leipzig verfaßt eine Geschichte des Hauses Wettin, die bald als **»Meißnische Chronica«** im Druck erscheint.

1421 Kampf gegen die Hussiten (Entsetzung von Brüx).

1421 **Der Papst gestattet den Wettinern als Belohnung für ihren Kampf gegen die Hussiten, weitere drei Domherrenstellen in Meißen selbst zu besetzen.**

1423 Nach dem Aussterben der Askanier im Herzogtum Sachsen-Wittenberg (1422) **erhält** Markgraf **Friedrich IV.** »der Streitbare« **von König Sigmund für die Unterstützung des Königs gegen die Hussiten das Herzogtum Sachsen-Wittenberg, die Pfalzgrafschaft Sachsen, die Grafschaft Brehna und die Burggrafschaft Magdeburg (Lehnbrief vom 6. Jan. 1423).** Die förmliche Belehnung findet erst am 1. Aug. 1425 statt.
Mit dem **Herzogtum Sachsen-Wittenberg** sind die **Kurwürde**, das **Erzmarschallamt**, die **sächsische Herzogswürde** und das **Amt eines Reichsvikars** für die Teile des Reichs sächsischen Rechts verbunden. Damit ist den Wettinern das ranghöchste Reichslehen zuteil geworden, das ein deutscher Fürst erlangen konnte. **Markgraf Friedrich IV. ist jetzt als Friedrich I. Kur-**

fürst und Herzog von Sachsen. In die Mitte des Wappenschildes rücken das **Rauten-Wappen der Askanier** und die **gekreuzten roten Kurschwerter** auf weiß-schwarzem Grund. Auf den Urkunden erscheint das **rote Wachssiegel** (Rot = Farbe des Königs).
Die Bezeichnung »Sachsen« geht in der Folgezeit vom Kurkreis um Wittenberg auf den gesamten wettinischen Besitz über und ist bis 1547 auch für den thüringischen Teil üblich. – Das alte Stammesherzogtum Sachsen war 1180 nach dem Sturz Heinrichs des Löwen durch Kaiser Friedrich I. Barbarossa zerschlagen und geteilt worden. Die Herzogswürde ging auf den Grafen Bernhard von Anhalt (Askanien) über, der nur noch die Herrschaft über die ursprünglich Billungschen Gebiete um Lauenburg und sein Erbland um Wittenberg ausübte. 1260 gingen aus diesem Herzogtum Sachsen die Herzogtümer Sachsen-Lauenburg (bis 1689) und Sachsen-Wittenberg (bis 1422) hervor, von denen letzterem durch die Goldene Bulle (1356) die Kurwürde zugesprochen wurde.

1423 **Die Städte Chemnitz, Döbeln, Leisnig, Meißen und Mittweida kaufen ihren Landesherren die Hochgerichtsbarkeit ab.** – Es folgen Leipzig (1434), Großenhain (1451), Rochlitz (1464), Dresden (1484). Zu den letzten Städten gehört Colditz (1557).

1423 In Görlitz Neubau der Kirche St. Peter und Paul (1423–1497).

1424 **Die Hussiten fallen erstmals in der Oberlausitz ein** (Vorstoß gegen Zittau). Grausame Kriegführung von seiten der Hussiten. – 1427 erneut erfolgloser Großangriff gegen Zittau, aber das offene Land ist den Hussiten schutzlos preisgegeben. Löbau wird 1428 vergeblich berannt, aber 1431 gestürmt. Bernstadt und Reichenbach werden geplündert und eingeäschert. Görlitz kann sich halten. Die Kamenzer Bevölkerung flieht und überläßt die Stadt dem Feind. **Die Kriegszüge beunruhigen die Oberlausitz bis 1434.**

1425 Wilhelm II. stirbt (30. März).
Friedrich I. »der Streitbare« **ist jetzt alleiniger Herrscher über die wettinischen Lande außer Thüringen.**

1425 Zittau erhält das Stapelrecht.

1426 Schwere Niederlage des sächsischen Heeres vor Aussig gegen die Hussiten unter Prokop:
hohe Verluste des sächsischen Ritterheeres. Die schwere Panzerreiterei des Mittelalters erweist sich als nicht mehr zeitgemäß und wird in der Folgezeit keine Rolle mehr spielen. – **Getötet wird auch der Burggraf von Meißen, der Meinheringer Heinrich II.** Nach dem Willen des Kurfürsten soll die Stelle des Burggrafen nicht mehr besetzt werden. Vom König wird jedoch **Heinrich I. von Plauen als neuer Burggraf von Meißen eingesetzt,** gegen den der Kurfürst sofort den Kampf aufnimmt. – 1438/39 verliert Heinrich II. von Plauen seine Lehen im Bereich der Mark Meißen (270 Dörfer) an den Kurfürsten (Eroberung der Burg Frauenstein 1438; Schiedsspruch von Preßburg, die anderen Lehen betreffend, 1439), so daß dem Burggrafen nur noch der Titel bleibt.

1428 Kurfürst Friedrich I. stirbt und wird als erster Wettiner in der Begräbniskapelle (Fürstenkapelle) des Meißner Doms beigesetzt.
Kurfürst Friedrich II. »der Sanftmütige« **übernimmt** zusammen mit seinen Brüdern, den Herzögen Wilhelm (III.), Heinrich (stirbt bereits 1435) und Sigismund (wird 1437 Bischof von Würzburg), **die Regierung.**

1428 Dem niederen Adel wird die niedere Gerichtsbarkeit als Standesprivileg bestätigt. **Damit setzt sich die Patri-**

monialgerichtsbarkeit in den Grundherrschaften durch. Diese Gerichtsbarkeit war bis dahin von den Burggrafengerichten (im Altsiedelgebiet) bzw. von den Schöffengerichten der Dorfgemeinden (im Neusiedelgebiet) wahrgenommen worden.

1428 Der amtliche Gebrauch der slawischen Sprache vor Gericht wird im Meißnischen untersagt (1327 war dies schon in Altenburg geschehen).

1429 / 30 Die Hussiten fallen in Sachsen ein und dringen bis in die Gegend um Magdeburg vor. Alt-Dresden, Colditz, Altenburg und Plauen sowie das offene Land werden schwer betroffen. Meißen widersteht einer kurzen Belagerung.

1431 Ein Kriegszug gegen die Hussiten nach Böhmen verläuft erfolglos, aber die Stoßkraft der hussitischen Bewegung läßt nach (Disziplinlosigkeit der hussitischen Truppen).

1432 Abschließung des Landes nach außen hinsichtlich der Rechtsprechung (Verbot der Einholung von Rechtsbelehrungen außerhalb des Landes; gültig ab 1432 für Meißen, ab 1446 für Thüringen).

1433 Die Wettiner schließen Frieden mit den Hussiten. – **Auf dem Konzil zu Basel kommt es zu einem kirchlichen Ausgleich mit den Hussiten.**

1437 Zwickau erhält eine Münzstätte.

1438 Sieg Kurfürst Friedrichs II. über die Hussiten bei Brüx. – Ende der Hussitenkriege.

1438 Konstituierung der sächsischen Landstände zu einer Körperschaft:
Gegen Bewilligung einer Steuer erhalten **die Stände**

das Recht, sich im Falle von Neuerungen im Steuerwesen zu gemeinsamen Beratungen zusammenzufinden, ohne vom Landesherrn einberufen worden zu sein. Den Ständen wird außerdem zugebilligt, die eingehenden Steuern zu verwalten. Die Zusammenkunft der Stände von 1438 gilt als der erste Landtag in der Geschichte Sachsens.
Die Einberufungen erfolgen unregelmäßig aus besonderem Anlaß (z. B. 1446 in Leipzig, 1451 in Grimma, 1454 in Leipzig).

1440 Landgraf Friedrich der Friedfertige von Thüringen (Sohn Balthasars) stirbt. Die **Landgrafschaft Thüringen fällt an das Kurfürstentum zurück.**

um 1440 Beginn des Zinnbergbaus bei Altenberg.

1442 Bergbau auf silberhaltige Kupfererze am Pöhlberg bei Annaberg.

1443 Erstmals Gruben auf dem Schneeberg genannt.

1443 Erwerb von Schloß Hohnstein, 1451 von Wildenstein von den Herren von der Duba durch die Herzöge von Sachsen. – **Damit wird die Grenze gegen Böhmen bis in das Elbsandsteingebirge hinausverlegt und in ihrem jetzt einfacheren Verlauf gesichert.**

1444–1467 Mehrere Unruhen der Freiberger Bergleute.

1445 Altenburger Teilung:
Kurfürst Friedrich II. erhält den östlichen Teil mit dem *Kurland* und der *Mark Meißen* nebst *Altenburg* und *Zwickau*; **Herzog Wilhelm III.** erhält den *thüringischen und den fränkischen Besitz.* **Die Bergwerke bleiben gemeinsamer Besitz.** – Diese Teilung war auch dadurch herausgefordert worden, daß die Brüder Friedrichs und Wilhelms als Regierende ausgeschieden

waren (Sigismund ab 1437 Geistlicher; Heinrich 1435 verstorben).
Anläßlich von Unstimmigkeiten zwischen den fürstlichen Brüdern nach der Altenburger Teilung treten die Landstände aus Meißen, dem Osterland, dem Vogtland und Franken zusammen, um die Interessen des Landes wahrzunehmen.

1446–1451 Sächsischer Bruderkrieg zwischen Friedrich II. und Wilhelm III. – Wilhelm holt die Böhmen als seine Verbündeten ins Land. – Grausame Kriegführung und sinnlose Verheerung des Landes. – **1451 Friede von Naumburg** (27. Jan.).

1451 Auf dem **Landtag in Grimma** wird eine ständische Deputation (18 Personen, darunter 6 Bürgerliche) eingesetzt, welche die Steuergelder kontrollieren und über ihre Verwendung entscheiden soll.

1455 Prinzenraub zu Altenburg:
Die Prinzen Ernst und Albrecht, Söhne des Kurfürsten Friedrichs II., werden in der Nacht vom 7./8. Juli von Ritter **Kunz von Kaufungen aus dem Schloß von Altenburg entführt.** Kunz will damit seinen Forderungen gegenüber dem Kurfürsten Nachdruck verleihen, die aus seinen materiellen Verlusten im sächsischen Bruderkrieg, wo er auf seiten des Kurfürsten gekämpft hatte, resultierten. – Kunz von Kaufungen wird noch vor Erreichen der Grenze zu Böhmen gestellt und gefangengenommen. – **Kunz von Kaufungen wird schon am 15. Juli auf Anweisung des Kurfürsten auf dem Marktplatz von Freiberg ohne ordentliches Gerichtsverfahren hingerichtet. – Diese Begebenheit steht beispielhaft für die Ohnmacht des niederen Adels gegenüber den um diese Zeit immer mächtiger werdenden Landesfürsten.** – Der Prinzenraub zu Altenburg ist das volkstümlichste Ereignis der sächsischen Geschichte.

1455 Dresden erhält das Stapelrecht für den Elbehandel und wird damit zum Konkurrenten für Pirna.

1458 Auf einer Zusammenkunft der Stände **macht der Kurfürst den Ständen die Zusicherung, daß sie auch bei Entscheidungen über Krieg und Frieden gehört werden müssen. 1466 erfolgt die Bestätigung dieses Rechtes.**

1458 Der Kurfürst verleiht Leipzig zu den beiden Märkten zu Jubilate und Michaelis, also zu dem Oster- und dem Herbstmarkte, noch einen Neujahrsmarkt. Damit **verschafft sich Leipzig die dominierende Stellung gegenüber den Fernhandelsmärkten von Halle, Naumburg und Erfurt.**

1458 Ein päpstlicher Ablaßkommissar kann erst dann im Kurfürstentum wirksam werden, nachdem er dem Kurfürsten, Friedrich dem Sanftmütigen, Gewinnbeteiligung zugesichert hat.

1459 **Vertrag von Eger:**
Nach einem vergeblichen Versuch des Kurfürsten Friedrich II., unter Ausnutzung der Schwierigkeiten des Böhmenkönigs mit den Hussiten die Oberlausitz zu gewinnen, kommt es zur Verständigung mit Böhmen. – **Endgültige Festsetzung der sächsisch-böhmischen Grenze auf dem Kamm des Erzgebirges. Kurfürst Friedrich II. muß aber 63 meißnische Städte und Schlösser sowie das Meißnische Vogtland vom böhmischen König Georg Podiebrad (1457–1471) zu Lehen nehmen,** wobei letzterer zu erkennen gibt, daß es sich dabei um eine Formsache handelt. **Auf seine Besitzungen südlich des Erzgebirges Brüx und Dux verzichtet der Kurfürst.** – Insgesamt bedeutet dies einen Rückschlag in der wettinischen Territorialpolitik.

1459 Albrecht, Sohn des Kurfürsten Friedrichs II., wird am 11. Nov. in Eger mit Sidonie (Zedena, Zdenka), der Tochter des böhmischen Königs Georg Podiebrad, verheiratet. Die Ehe wird aber erst 1464 durch das »Beilager« vollzogen. – Diese Heirat zielt auf die endgültige Erlangung der böhmischen Lehen ab.

1462 Treffen der Werkmeister des kirchlichen Bauwesens in Torgau mit dem Ziel, eine einheitliche Satzung aufzustellen, jedoch ohne Erfolg.

1464 **Kurfürst Friedrich II. bestätigt in einem Schutzbrief die Satzung der sächsischen Steinmetzmeister.** – Das Bauwesen wird den Ämtern und den Vögten unterstellt. Ein **Landbaumeister** hat die Oberaufsicht über das gesamte Bauwesen. Ab 1471 bekleidet Arnold von Westfalen, der Erbauer der Albrechtsburg in Meißen, dieses Amt. – **Sachsen hat damit als erstes Territorium in Deutschland eine vom Landesfürsten ausgehende Satzung im Bauwesen.**

1464 Kurfürst Friedrich II. stellt die Klosterzucht in den Klöstern Freiberg und Chemnitz wieder her. Auch unter seinen Nachfolgern werden diese Klosterreformen weitergeführt.

1464 Kurfürst Friedrich II. stirbt.
Seine Söhne Kurfürst **Ernst** und Herzog **Albrecht** »der Beherzte« **übernehmen gemeinsam die Regierung.** Kurfürst Ernst führt zunächst die Regierungsgeschäfte, Herzog Albrecht ist oft auf Reisen **(z. B. 1476 Pilgerfahrt ins Heilige Land).**

1465 Mit der **Vertreibung der Juden** aus Sayda scheint die Geschichte des Judentums im mittelalterlichen Sachsen ihren Abschluß gefunden zu haben.

1465 Große **Münzreform.** – Der sächsische Herzogstitel findet danach erstmals Eingang in die Münzlegenden, und für den weitverbreiteten meißnischen Groschen kommt die Bezeichnung »grossus novus ducum Saxonie« auf. – Bereits ab 1451 waren in Wittenberg mit dem Kurschild versehene Hohlheller geschlagen worden.

1466 Nach dem Sieg über Heinrich III. von Plauen belehnt König Georg Podiebrad seinen Schwiegersohn, Herzog Albrecht »den Beherzten«, mit Schloß und Herrschaft Plauen. Damit ist das gesamte Vogtland sächsisch.

1469 Johann von Mergenthal, bisher Kanzler, wird zum **Landrentmeister** ernannt und reorganisiert die **zentrale Finanzverwaltung.** Das Amt des Landrentmeisters wird in diesem Zusammenhang erstmals erwähnt. Der Landrentmeister untersteht dem höchsten Beamten am Hofe, dem Oberhofmarschall.

1469 Bergknappenstreik auf dem Geisingberg im Osterzgebirge (erster Bergarbeiterstreik).

1469 Erste Silberfunde am Pöhlberg im Erzgebirge.

1470 Die Stände genehmigen eine Verbrauchssteuer, das sog. Ungeld, auf Getreide, das auf Brot und Fleisch ausgedehnt wird, für sechs Jahre; 1481 Verlängerung für weitere sechs Jahre.

1470 / 71 Große Silberfunde am Schneeberg:
Mit diesen neuen Silberfunden im Erzgebirge erreicht der Bergbau in Sachsen seinen zweiten Höhepunkt. – Aufgrund der Silberfunde im Erzgebirge werden in Sachsen nochmals mehrere Städte gegründet (ab 1471 Schneeberg).

1471 Baubeginn der **Albrechtsburg** (diese Bezeichnung erst seit 1676) auf dem Burgberg in Meißen: **erster Schloßbau Deutschlands** in der Formensprache der Spätgotik und im Geiste der Renaissance. Baumeister ist der sächsische Landbaumeister Arnold von Westfalen. – **Der Bau der Albrechtsburg wird schon mit Schneeberger Silber bezahlt. Die Albrechtsburg wurde** als Residenz **für zwei Hofhaltungen und eine gemeinsame Landesverwaltung** konzipiert. – Reisten die Fürsten mit ihren Räten bisher von Ort zu Ort, um die Regierungsgeschäfte wahrzunehmen, so macht jetzt vor allem die zunehmende Schriftlichkeit der Verwaltung eine feste Residenz als Verwaltungszentrale erforderlich.

1471 Herzog Albrecht bewirbt sich nach dem Tode seines Schwiegervaters, König Georg Podiebrad, um die böhmische Königskrone, wird jedoch nicht gewählt und gibt seine diesbezüglichen Pläne auf.

1472 Kauf der Herrschaft Sagan in Schlesien.

1472 Rathausbau in Freiberg (1472–1479) und Meißen (Baubeginn 1472).

1475 **Herzog Albrecht** nimmt am Feldzug Kaiser Friedrichs III. gegen den Herzog von Burgund, Karl den Kühnen, teil. – **Das bevorzugte Tätigkeitsfeld Herzog Albrechts »des Beherzten« ist die Kriegführung. Als Feldherr der deutschen Kaiser (»des Kaisers gewaltiger Marschall und Bannermeister«) wirkt er 25 Jahre auswärts für die Interessen des Reiches.** Es wird auch in Zukunft noch viele Beispiele geben, wo sächsische Fürsten als Lehnsträger des deutschen Königs bzw. Kaisers handeln und den Reichsgedanken im Rahmen ihrer eigenen Interessen fördern.

1475 Der Kurfürst privilegiert Großenhain mit einer Waidniederlage.

1476 Ernst, ein Sohn des Kurfürsten Ernst, wird Erzbischof von Magdeburg, 1479 Koadjutor und 1480 Bischof des Bistums Halberstadt. Er stirbt 1513. – Ab 1513 wird wieder ein Hohenzoller (Albrecht) Erzbischof von Magdeburg. – **Der Besitz Magdeburgs als Schlüsselstellung zum Einzugsgebiet von Elbe und Saale, dem bevorzugten politischen Wirkungsfeld der Wettiner, ist schon seit Jahrhunderten ein erklärtes strategisches Ziel der Markgrafen von Meißen.** Auch die Brandenburger sehen in Magdeburg einen erstrebenswerten Besitz als Brücke zum alten Reichsgebiet. **So stellt die vorübergehende Besetzung des Magdeburger Erzstuhles mit einem Wettiner einen beachtlichen außenpolitischen Erfolg dar.**

1476 Herzog Albrecht unternimmt eine Pilgerfahrt ins Heilige Land.

1477 Die Herrschaften Sorau, Beeskow und Storkow werden von den Herren von Bieberstein als böhmische Lehen wiederkäuflich erworben. – Beeskow und Storkow bleiben bis 1512 bei Kursachsen, sind ab 1518 unter der Pfandherrschaft des Bischofs von Lebus und gelangen 1555 endgültig an Brandenburg.

1477 Größte Silberausbeute im Schneeberger Revier (Ausbeute in diesem Jahre 77 352 Mark Silber). Größter Silberfund auf der Grube St. Georg: Es wird berichtet, daß Herzog Albrecht im Bergwerk an einem tischförmigen Block aus gediegenem Silber gespeist hat.

1481 **Marcus Brandis begründet in Leipzig das Buchdruckergewerbe.**

1481 Die Wettiner erhalten vom Papst das Recht, weitere fünf Domherrenstellen im Meißner Domkapitel zu besetzen.

1482 Erlaß einer großen gemeinsamen Landesordnung durch Kurfürst Ernst und Herzog Albrecht mit Bestimmungen über Münze, gegen den überhandnehmenden Luxus in der Tracht und bei Festen unter Berücksichtigung der ständischen Gliederung des Volkes, dazu Vorschriften über Löhne und Preise, Handwerksbetriebe, Überwachung des Gastwirtsgewerbes usw.
Bedeutsam ist der sich in flächendeckenden überregionalen Regelungen manifestierende Staatsgedanke, der sich in dieser Ordnung ausdrückt. – Für Thüringen war schon 1446 eine Landesordnung erlassen worden.

1482 Herzog Wilhelm III. von Thüringen stirbt. Damit **fällt Thüringen an das Kurfürstentum Sachsen zurück. Letztmalig ist der gesamte wettinische Besitz in einem weitgehend geschlossenen Flächenstaat vereinigt.** – Die Wettiner gehören nebst dem Kaiser nach Besitz und politischem Einfluß zu den mächtigsten Fürsten im deutschen Raum.

1482 Herzog Albrecht verlegt seine Residenz von Dresden nach Torgau und lockert damit schon jetzt die Beziehungen zu seinem Bruder Ernst.

1482 Albrecht, ein weiterer Sohn des Kurfürsten Ernst, wird Erzbischof von Mainz, stirbt aber schon 1484. Erfurt muß jetzt die kursächsische Schutzherrschaft anerkennen. – Die Besetzung dieser Stelle ist insofern wichtig, als der Erzbischof von Mainz zu den Kurfürsten gehört und Erzkanzler des Deutschen Reiches sowie außerdem Lehnsherr von Erfurt ist, welches die Wettiner schon seit langem in ihre Gewalt bringen wollen.

1482–1555

Der Aufbruch in die Neuzeit – Das Zeitalter der Reformation

Diese Periode wurde im Gegensatz zu der vorangegangenen **von tiefgreifenden wirtschaftlichen, sozialen und politischen Veränderungen** geprägt, die den Übergang vom späten Mittelalter zur Neuzeit markieren.

Die Naturalwirtschaft wurde endgültig von der Geldwirtschaft verdrängt. Der **Silberbergbau**, welcher mit dem Fündigwerden in den neuen Grubenfeldern des Westerzgebirges seit 1470 **einen neuen Aufschwung** erfuhr, **wurde zum Motor der wirtschaftlichen Entwicklung in Sachsen** und führte zu einer beachtlichen Steigerung des Geldumlaufes. Der im Entstehen begriffene neuzeitliche Staat stellte sich auf Geldeinkünfte um und bildete im Zusammenhang damit eine **differenzierte Verwaltung und ein darin integriertes, auf dem römischen Recht beruhendes Gerichtswesen** aus.

Handel und Gewerbe entwickelten sich. Leipzig wurde zum Zentrum des Handels im mitteldeutschen Raum. **Kunst und Kultur profitierten vom wirtschaftlichen Aufschwung** (Architektur, Malerei; Bildungswesen, Buchdruck usw.) Das **Selbstbewußtsein des wohlhabenden Bürgertums** dokumentierte sich in beeindruckenden repräsentativen Bauwerken, zum Beispiel in den **Rathausbauten** der Städte und den für Sachsen typischen **spätgotischen Hallenkirchen**. Diese Entwicklung führte aber auch zu einer weiteren Differenzierung der Besitzverhältnisse und damit zu sozialen Spannungen.

Mit der Parteinahme des Kurfürsten Friedrich des Weisen für Martin Luther und mit dem Aufbau einer Evangelisch-Lutherischen Landeskirche durch Kurfürst Johann **wurde Sachsen zum Stammland der Reformation**, einer religiösen, kulturellen, wirtschaftlichen und politischen Erneuerungsbewegung, welche, von Sachsen ausgehend, schließlich europäische Dimensionen erreichte. – **Ab 1527 war das Ernestinische, ab 1539 das Albertinische Sachsen evangelisch. – Mit dem Augsburger Religionsfrieden von 1555 wurde den weltlichen evangelischen Reichsständen vom Kaiser die Kirchenhoheit bestätigt. Die Reformation hatte sich durchgesetzt.**

Den Auftakt für die politische Entwicklung in dieser Periode bildete die **Leipziger Teilung** von 1485, die zur Begründung der **Albertinischen und der Ernestinischen Linie** führte und eine Schwächung der wettinischen Positionen zur Folge hatte. Der evangelische **Albertiner Moritz**, der im Schmalkaldischen Krieg auf der Seite des katholischen Kaisers gegen seinen evangelischen ernestinischen Vetter Johann kämpfte, **wurde 1547 zum Begründer des Albertinischen Kurstaates. – Seit 1547 ist politische sächsische Geschichte vorzugsweise Geschichte des Albertinischen Sachsens. Die Ernestinischen Herzogtümer im thüringischen Raum verloren durch fortwährende Landesteilungen immer mehr an politischer Bedeutung.**

1483 Herzog Albrecht stellt dem Kaiser als einziger deutscher Fürst eine Hilfstruppe im Kampf gegen die Türken zur Verfügung. – **Albrecht erhält dafür vom Kaiser die Anwartschaft auf Jülich und Berg.**

1483 Bildung des kursächsischen **Oberhofgerichts** in Leipzig als das älteste kursächsische Gericht und zugleich älteste Behörde, die nicht mehr mit der Person des Landesherrn verbunden ist. Es tritt an die Stelle des Hofgerichts, welches aus Mitgliedern des umherziehenden Hofes gebildet wurde und nach Bedarf zusammentrat. Demgegenüber **tritt jetzt das Oberhofgericht an einem festen Amtssitz zu festgesetzten Terminen regelmäßig zusammen und wird von einem festen Kreis eigens dafür bestellter Mitglieder gebildet. Das stellt eine bedeutende Verbesserung der Rechtspflege dar.**

1483 Die Stadt Schneeberg erhält eine Münzstätte. – Gründung einer Lateinschule in Schneeberg. **Die humanistische Bildung hält auch in den neuen Bergstädten ihren Einzug.**

1484 Dresden erlangt die Hochgerichtsbarkeit.

1485 Leipziger Teilung:
Nach dem Anfall von Thüringen 1482 und der Trennung der Hofhaltungen im selben Jahre kommt der Gedanke auf, eine Landesteilung durchzuführen. In welchem Maße dabei Mißhelligkeiten zwischen den Brüdern, die eventuell noch durch rivalisierende Adelsfraktionen verstärkt wurden, eine Rolle gespielt haben, läßt sich nicht mehr feststellen. Jedenfalls beschuldigt Herzog Albrecht, als die Unsinnigkeit dieser Teilung offenbar geworden ist, den Obermarschall Hugold III. von Schleinitz in einer Anklageschrift von 1489, ihn mit Ernst entzweit und so die Teilung herbeigeführt zu haben.
Ernst, der ältere, soll nach sächsischem Rechtsbrauch teilen, Albrecht, der jüngere, soll die Wahl zwischen den beiden Teilen haben. Derjenige, der den wertvolleren meißnischen Teil wählt, soll dem anderen 50 000 Gulden zahlen.
Die Teilung wird am 17. Juni in Leipzig beschlossen und am 11. Nov. durch Festlegung der beiden Teile durchgeführt. Herzog Albrecht wählt den meißnischen Teil.
Die Teilung wird so durchgeführt, daß die beiden neugebildeten Herrschaftsgebiete wechselseitig von Enklaven durchsetzt sind und einige Gebiete gemeinsam verwaltet werden, um den Gedanken der Einheit des sächsischen Territoriums wachzuhalten. Gemeinsamer Besitz bleiben die Bergwerke mit ihren Silbervorkommen und die Münze, die neu erworbenen Herrschaften in Schlesien und in der Lausitz, die Schutzherrschaft über Erfurt, Nordhausen, Mühlhau-

sen und Görlitz **sowie die Schutzherrschaft über das Hochstift Meißen.** Auch die Schulden und etwaige Anwartschaften bleiben gemeinsam.
Die Leipziger Teilung wird sich als die folgenschwerste politische Fehlentscheidung der Wettiner erweisen. Sie schafft die Voraussetzungen für die spätere Vormachtstellung von Brandenburg-Preußen im deutschen Raum und den Abstieg Sachsens zur politischen Bedeutungslosigkeit.
Kurfürst Ernst wird zum Begründer der **Ernestinischen Linie** (bis 1547 Kursachsen) und Albrecht zum Begründer der **Albertinischen Linie** (bis 1547 Herzogtum Sachsen) der Wettiner.

1485 **Hofgerichte** werden in Weimar, Eckhardsberge und Dresden eingerichtet.

1486 Erwähnung einer **»kollegialischen« Landesregierung** unter dem Vorsitz des Kanzlers in Dresden für das gesamte Herzogtum als beratende Instanz.

1486 Kurfürst Ernst stirbt.
Nachfolger wird sein Sohn **Kurfürst Friedrich** »der Weise« **(1486–1525)**, der zusammen mit seinem Bruder, Johann »dem Beständigen«, regiert.
Friedrich der Weise ist eine der markantesten Persönlichkeiten unter den Wettinern.
Außenpolitisch kooperiert er mit den Habsburgern, setzt sich aber konsequent für eine Reichsreform ein, um die Macht des Kaisers einzuschränken. Diesem Ziel soll eine Reihe neuer Institutionen dienen (Reichsrat, Reichsregiment, Reichskammergericht usw.), in denen er aktiv mitarbeitet.

1486 Der Humanist und Organisator der antiken Bildungs- und Wissenschaftspflege **Konrad Celtis** lehrt an der Leipziger Universität.

1487 Unter Herzog Albrecht wird die **Organisation der zentralen Finanzverwaltung** durch Jacob Blasbalg weitergeführt. Er erreicht eine **völlige Einheit der Gesamtkassenführung.**

1487 Herzog Albrecht erhält vom Kaiser den Oberbefehl über das Reichsheer gegen Ungarn. Herzog Albrecht stellt aus eigenen Mitteln 52 000 Gulden für die Finanzierung dieses Feldzuges zur Verfügung.

1488 Kaiser Maximilian (1493–1519) überträgt Herzog Albrecht die Statthalterschaft über die Niederlande, nachdem er den Kaiser aus den Händen der Bürger von Brügge befreit hatte. – Herzog Albrecht überträgt schon kurz vor seinem Weggang in die Niederlande seinem Sohn Georg die Regierungsgeschäfte.

1488 Das **Oberhofgericht in Leipzig** wird als oberste gerichtliche Instanz des Herzogtums Sachsen durch Herzog Albrecht bestätigt. – **Es übt im Auftrage des Landesherrn die oberste Gerichtsbarkeit im Herzogtum Sachsen aus. 1493 wird die Zuständigkeit auf das Kurfürstentum Sachsen ausgedehnt.** Es tagt jährlich zweimal in Leipzig und zweimal in Altenburg. **Es wird mit Juristen meist bürgerlicher Herkunft besetzt (z. T. mit jurist. Professoren der Leipziger Universität), die dem auf die Geldwirtschaft besser zugeschnittenen römischen Recht zum Durchbruch verhelfen.** Als angesehenste Stätte für die Einholung von Rechtsbelehrungen gilt der Schöppenstuhl in Leipzig.
Bis zur Mitte des 13. Jh. hatte der Landesfürst das Amt des obersten Landesrichters persönlich im Rahmen der Landdinge und sonstiger Gerichtstage (an beliebigem Ort) wahrgenommen und später den Hofgerichten übertragen.

1489–1507 Bau des Wittenberger Residenzschlosses durch Kurfürst Friedrich den Weisen als architektonische

Manifestation der den Ernestinern zugefallenen Kurwürde.

1491 **Reiche Silbererzfunde am Schreckenberg** führen zur Gründung der **Bergstadt Annaberg** (Gründungsurkunde von 1497; 1508 hat Annaberg bereits etwa 8 000 Einwohner, das sind doppelt soviel wie in Dresden und ebensoviel wie in Leipzig). – Herzog Georg fördert die Stadt. – Von kursächsischer Seite wird gegenüber von Annaberg 1501 die **Stadt am Buchholz** angelegt.

1491 **Der Buchdrucker Melchior Lotter kommt nach Leipzig. Er wird einer der bedeutendsten Buchdrucker der Reformation.** Mit der Verwendung lateinischer Antiquabuchstaben leitet er den Übergang zur Renaissance im Bereich der Buchkunst ein. – **Mit elf Druckern, die bis 1550 in Leipzig nachzuweisen sind, ist die Stadt der früheste und bedeutendste Druckort in Sachsen.** Damit wird der Grundstein für Leipzigs spätere Weltgeltung als Stadt des Buchdrucks gelegt.

1491 **Das früheste nachweisbare authentische Bildnis eines Wettiners** ist dasjenige Herzog Albrechts des Beherzten von 1491 (jetzt Dresdner Gemäldegalerie Alte Meister, Galerie-Nr. 806 B).

1491 Der Bischof von Meißen baut bis 1497 seine Residenzschlösser in Stolpen und Wurzen aus.

1492 1. Große Schneeberger Bergordnung.

1493 Kurfürst Friedrich der Weise unternimmt eine Pilgerfahrt ins Heilige Land.

1493 **Martin von Lochau** wird Abt des Klosters Altzella. Während seiner Amtszeit (1493–1522) entfaltet er eine rege wissenschaftliche Tätigkeit. – **Altzella besitzt mit**

960 Bänden die größte Klosterbibliothek in Sachsen.

1495 **Das Handelshaus der Fugger errichtet in Leipzig eine Faktorei,** wenig später entsteht eine Faktorei der Welser. Damit findet Leipzig den Anschluß an das oberdeutsche Finanzkapital.

1497 **Messeprivileg durch Kaiser Maximilian an Leipzig:** Es besagt, daß in den fünf Bistümern um Leipzig keine neuen Jahrmärkte eingerichtet werden dürfen.

1498 Herzog Albrecht wird auf dem Reichstag von Freiburg/Breisgau durch Kaiser Maximilian zum erblichen Gubernator (Gouverneur) von Friesland ernannt. – Die Kämpfe um Friesland waren 1494 ausgebrochen und dauern noch bis 1499 an.

1498 Herzog Georgs jüngster Bruder Friedrich wird als einziger Wettiner Hochmeister (1498–1510) des Deutschritterordens.

1498 Einrichtung einer Münzstätte in Annaberg.

1498 Aufstände der Bergleute in Schneeberg und Annaberg.

1500 Herzog Albrecht »der Beherzte« stirbt in Emden. Sein Herz wird in Emden beigesetzt, sein Leichnam nach Meißen überführt. – **1499** hatte er in einem vom Kaiser bestätigten Hausgesetz, der sog. **»Väterlichen Ordnung«**, bestimmt, daß das Albertinische Herzogtum künftig nicht mehr geteilt werden darf, stets der älteste Prinz die Nachfolge antreten soll und die jüngeren Prinzen mit Schlössern und Renten abzufinden sind. – Die Ernestiner hingegen lassen auch weiterhin Landesteilungen zu, so daß ihr Besitz in immer bedeutungslosere kleine Herzogtümer aufgesplittert wird.

Nachfolger wird sein Sohn Herzog Georg »der Bärtige« **(1500–1539).**

1500 Gründung der **Bergstadt Brand** bei Freiberg.

1500 **Einführung der Taler-Währung (des Guldengroschens) in Sachsen** durch die Leipziger Münzordnung.

1501 Nach den Stadtbränden von 1480 und 1484 wird der **Freiberger Dom** bis 1501 **als Hallenkirche neu erbaut: Tulpenkanzel** (1508–1510) von **Hans Witten,** dem Hauptmeister der spätgotischen Plastik in Sachsen; aus der Werkstatt von **Philipp Koch** die 12 **Apostel** und die **Christophorusfigur. – Was um 1500 in Sachsen neben den spätgotischen Kirchen- und Profanbauten an künstlerischen Leistungen vollbracht worden ist, gehört zumeist der Plastik in Holz oder Stein an und behandelt religiöse Themen.**

1501 Der Freiberger Stadtarzt und Bürgermeister **Ulrich Rülein von Calw** veröffentlicht sein **»Nützlich bergbüchlein«,** das erste deutschsprachige Buch über den Bergbau.

1502 Friedrich der Weise gründet die ernestinische Landesuniversität Wittenberg, an die u. a. Martin Luther (endgültig 1511) und Melanchthon (1518) berufen werden.

1502 Herzog Georg bildet aus angekauften Gütern der Herrschaft Bärenstein das Amt Altenberg, das wegen seines Zinnerzbergbaus bedeutsam ist.

1503 Beginn des Zinnbergbaus bei **Auerbach.**

1504 In Schneeberg wird der **Pferdegöpel erfunden.** Damit wird der Bergbau bis in Tiefen von etwa 250 m möglich. Mit der Handhaspel war nur eine Förderung aus Tiefen bis zu etwa 40 m realisierbar.

1504 Herzog Georg läßt sich in Friesland als »ewiger Gubernator« huldigen.

1505 **»Brüderlicher Vertrag«** zu Leipzig:
Heinrich, Bruder Herzog Georgs »des Bärtigen«, erhält den Titel eines Herzogs von Sachsen und anstelle des von ihm aufgegebenen Friesland die Ämter Freiberg und Wolkenstein, die aber Bestandteil des Albertinischen Herzogtums bleiben, sowie jährlich 25 000 Gulden aus Georgs Kasse.

1505 **Lucas Cranach d. Ä.** kommt als Hofmaler nach Wittenberg. **Er wird zum Maler des Reformationszeitalters.**

1506 Das Dorf Glashütte wird Bergstadt (erste Silberfunde um 1490).

1507 **Messeprivileg durch Kaiser Maximilian an Leipzig:**
Das Messeprivileg von 1497 wird dahingehend erweitert, daß kein Jahrmarkt, keine »Messe« oder Niederlage im Umkreis von 15 Meilen (etwa 110 km) errichtet werden darf, d. h. alle Waren, die im Umkreis von 110 km an der Stadt vorbeigehen, müssen auf den Leipziger Markt gebracht und dort feilgeboten werden. Allerdings ist dieses unrealistische Privileg nicht vollständig durchsetzbar. **Damit hat Leipzig die Fernhandelsstädte der Umgebung wie Halle, Naumburg und Erfurt überflügelt.**

1507 Einführung der Naßpochwerke in der Erzaufbereitung durch Sigismund von Maltitz.

1509 Veröffentlichung der **Annaberger Bergordnung Herzog Georgs.** Damit sichert sich das Haus Wettin sein

Privileg als entscheidender Dirigent des sächsischen Montanwesens. Das **Direktionsprinzip**, d. h., die ökonomische, disziplinarische und technologische Oberaufsicht des Kurfürsten über das Montanwesen durch staatliche Bergbehörden, sichert bei persönlicher Freiheit der Bergleute wie in keinem anderen europäischen Fürstentum die Effektivität des Bergbaus. – Die wettinischen Landesherren treten selbst als Bergbauunternehmer auf. – Im erzgebirgischen Bergbau wird in der Regierungszeit Herzog Georgs die größte Ausbeute erreicht.

1510 Beginn des Bergbaus bei **Oelsnitz**.

1512 Rückgabe der Herrschaften Beeskow und Storkow gegen Erstattung der Pfandsumme (siehe unter 1477). – Der Versuch einer territorialen Ausweitung nach Osten ist damit erneut gescheitert.

1512 Der Gelehrte **Georg Spalatin** kommt an den Hof des Kurfürsten Friedrich »des Weisen«, wird Bibliothekar, dann Sekretär und Beichtvater der Kurfürsten, später Verbindungsmann zu Luther.

1514 Der Arzt und Mathematiker Ulrich Rülein von Calw gründet in Freiberg eine Lateinschule.

1514 Der Engländer **Richard Crocus** wirkt von 1514 bis 1517 als erster offizieller Lehrer des Griechischen an der Leipziger Universität.

1515 Verkauf von Friesland an den späteren Kaiser Karl V. für 100 000 Gulden. Für die vergeblichen Versuche, Friesland zu halten, war in den vergangenen Jahren bei weitem mehr Geld verwandt worden. – 1514 war es zu einem für Herzog Georg erfolglosen Kampf mit den Friesen gekommen.

1515 Der Humanist **Petrus Mosellanus** kommt an die Leipziger Universität und lehrt dort bis zu seinem frühen Tode 1524.

1517 Thesenanschlag Martin Luthers an der Schloßkirche zu Wittenberg (31. Okt.). – **Die Reformation beginnt.**

1518 Georgius Agricola gründet in Zwickau neben der bekannten städtischen Lateinschule eine griechische Schule.

1518 Streit zwischen den großen **Dombauhütten** von Magdeburg und Annaberg. Herzog Georg tritt für die Annaberger Meister ein. Der Streit wird von ihm ausgenutzt, um Dresden zum Hauptort der Bauhütte unter Hans Schickentanz zu bestimmen. – **Um diese Zeit wird in Sachsen viel gebaut.** Es entstehen z. B. die spätgotischen obersächsischen städtischen **Hallenkirchen** in Annaberg (St.-Annen-Kirche 1499–1525), Schneeberg (St.-Wolfgang-Kirche 1540, Grundsteinlegung 1516), Pirna (St. Marien 1504–1570), Marienberg (1558–1564) und Zwickau (St. Marien, Baubeginn 1453).

1519 Kurfürst Friedrich der Weise lehnt seine Kandidatur für die Wahl zum deutschen König ab und stimmt für Karl V. Die abwägend-vorsichtige Veranlagung des Kurfürsten behält hier die Oberhand. – In den Jahren 1493, 1496, 1507 und 1519 übte er das mit der Kurwürde verbundene Amt eines Reichsvikars aus.

1519 Herzog Georg wohnt der Disputation zwischen Dr. Eck und Luther in der Pleißenburg zu Leipzig bei, deren Zustandekommen er gegen anderweitigen Protest durchgesetzt hatte. Auch Herzog Georg strebt eine Reformierung der Kirche an, um diese zu ihren geistlichen Pflichten zurückzuführen (Wiederherstellung der

Klosterzucht u. a.). – Indem sich Luther im Verlaufe der Disputation zu Johann Hus bekennt, macht er sich Herzog Georg zum entschiedenen Gegner.

1519 Der Mönch und Ablaßprediger **Johann Tetzel** stirbt im Dominikanerkloster zu Leipzig.

1519 / 20 Beginn der Münzprägung in Joachimsthal nach sächsischem Vorbild.

1521 Reichstag zu Worms:
Kurfürst Friedrich der Weise mißbilligt den Ablaßhandel und die **Gewaltanwendung bei geistlichen Kontroversen.** Deshalb veranlaßt er, daß Luther nach dem Reichstag zu Worms sicher auf der Wartburg untergebracht wird. – **Durch diese persönliche Entscheidung Friedrichs des Weisen und seine passive Haltung gegenüber dem Fortgang der Dinge wird das Kurfürstentum Sachsen zum Mutterland der Reformation.** – Auf der Wartburg übersetzt Martin Luther die Bibel. Seiner **Bibelübersetzung** (Neues Testament) legt er die **obersächsische Kanzleisprache** zugrunde, die sowohl im oberdeutschen als auch im niederdeutschen Raum verstanden wird.

1521 Einführung der Reformation in der Oberlausitz durch die Landstände (zuerst 1521 in Zittau). – Das Domstift Bautzen und die Klöster Marienstern, Marienthal und Lauban bleiben katholisch. Darin zeigt sich der Einfluß der katholischen böhmischen Landesherrschaft.

1521 Gründung der Bergstadt Marienberg (planmäßige Stadtgründung mit einem vom Freiberger Stadtarzt Rülein von Calw entworfenen streng geometrischen Grundriß) **durch Herzog Heinrich** »den Frommen«. Anlaß für diese Stadtgründung sind die reichen Silbererzfunde in diesem Gebiet. – Herzog Heinrich tritt aber im Marienberger Gebiet nicht nur als Stadtgründer, sondern auch als Bergbauunternehmer in Erscheinung.

1521 Der Theologe und Reformator **Thomas Müntzer** (um 1490–1525) wird aus Zwickau vertrieben.

1521 Der im obersächsischen Raum wirkende Bildhauer und Holzschnitzer **Peter Breuer** vollendet seinen letzten gotischen Schnitzaltar (für Stollberg). Von ihm sind etwa 50 Werke erhalten geblieben.

1522 Herzog Georg verfügt die Gefangennahme jedes Evangelischen, der sein Land betritt, und verbietet den Druck evangelischer Schriften. Die in seinem Herrschaftsbereich – besonders in Leipzig – verkauften Exemplare des in diesem Jahre erschienenen »Neuen Testaments« (in Luthers Übersetzung) werden gegen Rückerstattung der Kaufsumme eingezogen.

1522 Gründung der Bergstadt **Scheibenberg**.

1523 Herzog Georg erreicht beim Papst die **Heiligsprechung des Bischofs Benno** (1066–1106 Bischof von Meißen). Er will damit durch Stärkung des katholischen Glaubens das Vordringen der Reformation im Albertinischen Sachsen aufhalten. – **1524 finden die prunkvollen Feste zu Ehren des heiligen Benno statt.** – 1539 werden seine Gebeine wahrscheinlich heimlich nach München gebracht. Seitdem ist der heilige Benno Schutzpatron von München.

1523 In Leipzig hält die Renaissance ihren Einzug (Haus zur »Goldenen Schlange« am Markt).

1524 105 Leipziger Bürger wenden sich in einer Unterschriftensammlung mit der Bitte an den Rat, einen lutherischen Prediger aus der Vorstadt an die Stadtkirche zu berufen. – Im albertinischen Sachsen waren schon mehrfach lutherische Prediger aufgetreten (zwischen 1522 und 1524 z. B. drei in Leipzig).

1524 Der Annaberger **Rechenmeister Adam Ries** wirkt von 1524 bis zu seinem Tode in den sächsischen Bergstädten als landesherrlicher Bergschreiber und Finanzkontrolleur sowie als Sachverständiger in Rechen-, Geld-, Münz- und Vermessungsangelegenheiten.

1525 Das Kloster Grünhain wird von aufständischen Bauern gestürmt und geplündert.

1525 Schlacht bei Frankenhausen (15. Mai):
Ein Heer unter Herzog Georg, dem Landgrafen Philipp von Hessen und dem Herzog Heinrich von Braunschweig vernichtet das Bauernheer unter Thomas Müntzer. Herzog Georg geht nach der Gefangennahme Thomas Müntzers besonders hart gegen diesen vor.

1525 Kurfürst Friedrich der Weise stirbt (5. Mai). Das Abendmahl empfängt er auf dem Totenbett schließlich doch in beiderlei Gestalt. Der neuen Lehre gegenüber war er eher vorsichtig und zurückhaltend gewesen.
Nachfolger wird sein Bruder **Kurfürst Johann** »der Beständige« **(1525–1532).** Im Gegensatz zu Friedrich dem Weisen ist er ein auf Veränderung und Neugestaltung drängender Fürst, der die Reformation zu seiner eigenen Sache macht und sie bewußt fördert. **Er setzt die Reformation im ernestinischen Sachsen mit dem Aufbau einer Evangelisch-Lutherischen Landeskirche durch und macht Wittenberg mit seiner ernestinischen Landesuniversität, an der Luther und Melanchthon lehren, zum geistigen Mittelpunkt der neuen Lehre.**

1525 Herzog Georg schließt in Dessau einen Bund mit dem Erzbischof von Mainz, dem Kurfürsten von Brandenburg und den Herzögen der braunschweigischen Linien Wolfenbüttel und Callenberg, um die katholische Partei gegen die Evangelischen zu sammeln. Ein 1526 in Torgau geschlossener Gegenbund der Evangelischen ist die Folge.

1526 **Torgauer Bündnis** (4. Mai):
Unter Führung des Kurfürsten Johann formiert sich ein Defensivbündnis einer Gruppe der evangelischen Reichsstände. Ihm gehören an: Kursachsen, Landgraf Philipp von Hessen, drei Herzöge von Braunschweig, ein Herzog zu Mecklenburg, der Herzog von Preußen, der Fürst von Anhalt, der Graf von Mansfeld und die Stadt Magdeburg.

1526 Auf dem Reichstag von Speyer wird den durch das Torgauer Bündnis gestärkten evangelischen Reichsständen bis zu einer endgültigen Regelung auf einem Konzil die Kirchenhoheit eingeräumt. **Die evangelischen Reichsstände nehmen dies zum Anlaß für den organisatorischen Ausbau der evangelischen Kirche.**

1526 Die beiden Lausitzen gelangen als böhmische Kronländer an die Habsburger.

1526 Wenzel Roskopf erbaut den »Schönhof«, das früheste und schönste Renaissance-Gebäude von Görlitz.

1526 Kauf der Chemnitzer Saigerhütte durch die Augsburger Welser.

1527 Durchführung von Kirchenvisitationen im ernestinischen Sachsen und **Aufbau einer Evangelisch-Lutherischen Landeskirche** durch Kurfürst Johann »den Beständigen«. Der Kurfürst ist jetzt als »oberster Bischof« Träger der geistlichen Gewalt. Ihm unterstehen direkt die Superintendenten. – **Von dieser überhaupt ersten allgemeinen Kirchenvisitation an kann das ganze Kur-**

fürstentum Sachsen als evangelisch angesehen werden, und Kursachsen fällt unangefochten die Führung der evangelischen Reichsstände zu. – Staatliche und geistliche Macht sind jetzt in der Hand des Kurfürsten vereint und begründen die Einheit von Staat und Kirche, die in letzter Konsequenz erst nach 1918 aufgehoben wird.

1527 Bergstadt **Oberwiesenthal** gegründet.

1528 Melanchthon führt im ernestinischen Sachsen eine Schulordnung ein.

1529 Auf dem 2. Reichstag zu Speyer weist Kurfürst Johann die Einschärfung des Wormser Edikts zurück und bezeugt – »pro-testiert« – zusammen mit anderen Fürsten seinen evangelischen Glauben. Seit diesem Reichstag nennt man die Anhänger der neuen Lehre »Protestanten«.

1529 Erste Münztrennung zwischen Ernestinern und Albertinern.

1530 **Kurfürst Johann** »der Beständige« läßt auf dem Reichstag zu Augsburg das hauptsächlich von Melanchthon in deutscher Sprache verfaßte »Augsburgische Glaubensbekenntnis« in feierlicher Form vortragen. **Es ist die erste Zusammenfassung von evangelischen Glaubensartikeln (Augsburgische Konfession). – Eine Einigung mit Kaiser Karl V. wird nicht erzielt.**

1530 Abschluß des **Schmalkaldischen Bundes**, eines Bundes der evangelischen Reichsstände unter Führung Kursachsens und Hessens. 1531 Bekräftigung des Bündnisses. – Kurfürst Johann kann sich nur schwer zu diesem Schritt entschließen, da es ihm auf einen friedlichen Ausgleich ankommt.

um 1530 Der Höhepunkt im erzgebirgischen Silberbergbau ist überschritten.

1532 Kurfürst Johann hat großen Anteil am Zustandekommen des Nürnberger Religionsfriedens (23. Juli). Dieser gewährt allen Reichsständen Frieden bis zu einem allgemeinen Konzil oder bis zum nächsten Reichstag.

1532 Kurfürst Johann »der Beständige« stirbt (16. Aug.) und wird in der Wittenberger Schloßkirche an der Seite seines Bruders beigesetzt.
Nachfolger wird sein Sohn **Kurfürst Johann Friedrich** »der Großmütige« **(1532–1547)**.

1532 In Chemnitz beginnt man mit der Barchentweberei.

1533 Baubeginn des **Georgentores am Dresdner Schloß (erster repräsentativer Renaissancebau in Sachsen);** Baumeister Hans Schicketanz. – **Plastischer Schmuck von Christoph Walther I.,** der zuvor in Annaberg (St.-Annen-Kirche) und Meißen (Albrechtsburg) gearbeitet hatte. Seine ersten datierten Plastiken (1533) befinden sich an einem Renaissance-Erker in Meißen (Heinrichsplatz). In Dresden und Umgebung sind viele seiner Renaissance-Grabdenkmäler erhalten.

1533 Bau des **Renaissance-Schlosses Hartenfels bei Torgau** (1533–1537; 1543–1544) durch Kurfürst Johann Friedrich als architektonische Repräsentation seiner Würde als Kurfürst und evangelischer Landesbischof.

1533 Vertreibung lutherisch Gesinnter durch Herzog Georg den Bärtigen aus Leipzig.

1533 Erwerb der Herrschaft Schwarzenberg durch die Albertiner.

1535 Erste Schwarzfärberei in Chemnitz.

1537 **Herzog Heinrich führt** unter dem Einfluß seiner Gemahlin Katharina von Mecklenburg **in seinen albertinischen Ämtern Freiberg und Wolkenstein die Reformation ein.** – Reformatorische Prediger waren schon 1536 in die beiden Ämter geholt worden. – Im selben Jahre **Einführung der Reformation in der Grafschaft Rochlitz** durch Elisabeth, die Tochter des evangelischen Landgrafen von Hessen. Sie war die Gemahlin Johanns, des 1537 verstorbenen ältesten Sohnes Herzog Georgs »des Bärtigen«.

1537 **Beitritt Herzog Heinrichs** »des Frommen« **zum Hauptvertrag des Schmalkaldischen Bundes** (= Bund der evangelischen Reichsstände).

1537 Gründung der Saigerhütte Grünthal durch den Annaberger Hans Lienhardt. – 1567 erwirbt Kurfürst August die Saigerhütte.

1538 Herzog Georg bemüht sich in Nürnberg um die Schaffung eines Bundes der katholischen Reichsstände.

1539 Herzog Georg verheiratet in der Hoffnung auf baldige Nachkommenschaft seinen einzigen ihm noch verbliebenen, geistesschwachen Sohn Friedrich, um eine Nachfolge seines evangelischen Bruders Heinrich zu verhindern.

1539 Herzog Georg »der Bärtige« stirbt und wird in der Georgenkapelle des Meißner Doms beigesetzt. Nachfolger im Albertinischen Sachsen wird sein evangelischer Bruder **Herzog Heinrich** »der Fromme« **(1539–1541)**. Bei Regierungsantritt ist Herzog Heinrich schon ein kranker Mann.

1539 Andreas Blau aus Nürnberg baut das Hammerwerk Blauenthal auf, in dem er aus Eibenstocker Zinn als erster in Sachsen Weißblech herstellt.

1539–1540 Einführung der Reformation im albertinischen Sachsen durch Heinrich den Frommen:
Organisatorisch wird diese Wandlung zielgerichtet und schnell im Rahmen von zwei **Kirchenvisitationen** (Überprüfung der einzelnen Pfarreien und Klöster durch Visitationskommissionen) durchgesetzt. Die **Kirchengüter** werden noch nicht säkularisiert, sondern sie kommen zunächst **unter Sequester** (die Verwaltung) der Landstände. Die erste Kirchenvisitation wird noch unter starker Beteiligung ernestinischer Theologen durchgeführt.

1540 Papiermühle in Freiberg nachweisbar.

1541 Herzog Heinrich der Fromme stirbt und wird als erster Wettiner im Dom zu Freiberg beigesetzt.
Nachfolger wird sein Sohn **Moritz (Herzog von 1541–1547, Kurfürst von 1547–1553).**
Er ist innenpolitisch der **Begründer des Albertinischen Kurstaates** und der **Vollender der Evangelisch-Lutherischen Landeskirche im albertinischen Sachsen.** Außenpolitisch übernimmt der Albertiner die **Führung der evangelischen Reichsstände.** – Nach dem Willen seiner Mutter (diese hatte entgegen der »Väterlichen Ordnung« von 1499 ein entsprechendes Testament Heinrichs des Frommen durchgesetzt) soll er gemeinsam mit seinem Bruder August regieren. Moritz einigt sich jedoch mit August und übernimmt allein die Regierung.

1542 Kurfürst Johann Friedrich »der Großmütige« setzt in Naumburg gegen den Willen des Kaisers und den Protest des Domkapitels widerrechtlich einen evangelischen Bischof (Nikolaus von Arnsdorf) ein. Dieser muß zwar 1547 noch einmal einem katholischen Bischof weichen, dessen Tod 1564 macht aber den Weg für die endgültige Angliederung des Stiftsgebietes an das Kurfürstentum frei. – **Erstmals unternimmt es ein**

protestantischer Fürst, auf diese Weise das Stiftsgebiet eines Bistums unter seine Verwaltung zu bringen.

1542 Herzog Moritz beginnt mit dem Verkauf eingezogener Kirchengüter, der ihm etwa 100 000 Gulden einbringt. Dadurch kann er die Einberufung der Landstände zwecks Steuerbewilligung bis 1544 hinauszögern. – Herzog Moritz hält sich bei seinem eigenmächtigen Vorgehen nicht an den mit den Landständen geschlossenen Vertrag, daß die unter Verwaltung der Landstände stehenden Kirchengüter nur verpachtet werden dürfen.

1542 **Wurzener »Fladenkrieg«** (der Krieg ist so kurz, daß die Soldaten, als sie wieder nach Hause zurückkehren, die leichtverderblichen Osterfladen, die bei ihrem Auszug gerade gebacken wurden, noch genießen können): **Kurfürst Johann Friedrich** nimmt die Einbehaltung der Türkensteuer durch Herzog Moritz zum Anlaß, um das **bischöfliche Amt Wurzen** zu **besetzen**, obgleich die Verwaltung dieses Amtes nach den Bestimmungen der Leipziger Teilung beiden Fürsten gemeinsam zusteht. **Landgraf Philipp von Hessen vermittelt, so daß es zu keinem Blutvergießen kommt.** Der Kurfürst erhält die Verwaltung des Amtes Wurzen, Moritz die alleinige Verwaltung des bisher ebenfalls gemeinsam verwalteten bischöflichen Amtes Stolpen. Die Einkünfte aus beiden Ämtern werden künftig geteilt. – Die **zunehmende Verstimmung zwischen den beiden Fürsten** führt dazu, daß sich der evangelische Herzog Moritz schon ab 1542 dem katholischen Kaiser Karl V. zuwendet. **Herzog Moritz verfolgt seine weitgesteckten politischen Ziele immer eigenständiger und ohne Rücksicht auf konfessionelle Bindungen.**

1542 Kurfürst Johann Friedrich und Landgraf Philipp von Hessen vertreiben den katholischen Herzog Heinrich von Braunschweig, um die evangelisch gewordenen Städte Braunschweig und Goslar zu schützen, und nehmen ihn 1545 gefangen, als er sein Land zurückerobern will. – Das ist für Kaiser Karl V., der nach dem Sieg über Frankreich 1544 auf dem Höhepunkt seiner Macht steht, der Anlaß für sein Vorgehen gegen den Schmalkaldischen Bund 1546.

1542 **Errichtung des Oberbergamtes in Freiberg.** Ihm wird das 1535 gegründete Oberhüttenamt unterstellt. Damit erreicht die staatliche Organisation des Montanwesens nach dem Direktionsprinzip seinen vorläufigen Abschluß. Das Oberbergamt ist Hauptinstrument zur Leitung des sächsischen Montanwesens, gleichzeitig aber auch oberste technische Aufsichtsbehörde.

1542 Steinkohlenlager im Plauenschen Grund bei Dresden entdeckt.

1542 Herzog Moritz nimmt im Sommer am Türkenkrieg teil.

1542 **Jagdschloß Moritzburg** von 1542 bis 1546 erbaut (benannt nach Herzog Moritz).

1543 Gründung der Landesschulen in Meißen und Pforta. 1550 folgt die Landesschule in Grimma (vorgesehen war Merseburg). **Ausstattung dieser Schulen** – ebenso wie der Universität Leipzig – **mit ehemaligem Kirchengut** (die Landesschule St. Afra in Meißen z. B. mit Besitz des Nonnenklosters zum Heiligen Kreuz bei Meißen). – **An diesen Landesschulen werden begabte Schüler, unabhängig von ihrem Stand und bei Bedürftigkeit kostenlos (Freistellen), auf den Universitätsbesuch vorbereitet.** Herzog Moritz schafft damit die Voraussetzungen für die Heranbildung eines zunehmend aus dem bürgerlichen Stande stammenden Beamtentums, das die landesherrliche Gewalt unabhängiger vom Adel macht. – Mit Einführung der Reformation im albertinischen Sachsen werden auch hier günstige Bedingungen für die Einrichtung weiterer Stadtschulen geschaffen.

1543 Inkrafttreten einer neuen Landesordnung im albertinischen Sachsen.

1543 Zunehmender Streit zwischen Kurfürst Johann Friedrich »dem Großmütigen« und Herzog Moritz um die Schirmherrschaft über das Erzbistum Magdeburg und das Bistum Halberstadt.

1543 Herzog Moritz kämpft als Oberst über 1 000 Reiter im Heere des Kaisers gegen Frankreich.

1544 Als Schutzherr des Bistums Merseburg zwingt Herzog Moritz nach dem Tode des Bischofs das Domkapitel, seinen Bruder Herzog August (ab 1553 Kurfürst) zum Administrator des Hochstifts Merseburg zu wählen, womit die wettinische Landesherrschaft auch in diesem Stiftsgebiet Fuß faßt. – Nachdem von 1548 bis 1561 nochmals ein katholischer Bischof in Merseburg regiert, wird das Stiftsgebiet danach endgültig in das Kurfürstentum integriert.

1545 Organisation der Evangelisch-Lutherischen Landeskirche im albertinischen Sachsen:
Einrichtung von zunächst zwei **Konsistorien** in **Meißen und Merseburg** als **kirchliche Oberbehörden** für die Leitung der Kirchenverwaltung und die Wahrnehmung der geistlichen Gerichtsbarkeit (einschließlich des Eherechts). Die Konsistorien üben die Aufsicht über die Universitäten (Leipzig, Wittenberg), die Landesschulen (Meißen, Schulpforta) und das Schulwesen aus. Ebenso wird ihnen die Bücherzensur übertragen. – Als untere kirchliche Verwaltungsbezirke werden nach ernestinischem Vorbild die **Superintendentu-**

ren eingerichtet. – Das bereits 1543 in Leipzig eingerichtete Konsistorium hatte zunächst eine untergeordnetere Bedeutung. Das Merseburger hält sich nur bis zur Wiedereinsetzung eines katholischen Bischofs in Merseburg (1548) und wird 1550 mit dem Leipziger Konsistorium vereinigt. Das Meißner Konsistorium wird 1606 nach Dresden verlegt, befindet sich aber zwischenzeitlich schon einmal von 1580 bis 1588 in der Funktion eines Oberkonsistoriums dort. – **Die Einheit von Staat und Kirche ist in der Person des evangelischen Landesfürsten begründet, der in seinem Herrschaftsgebiet die staatliche und geistliche Gewalt ausübt.**

1545 Johann Wilhelm, Sohn des Kurfürsten Johann Friedrich, wird Koadjutor des Erzbischofs von Magdeburg (Johann Albrecht aus dem Hause Hohenzollern). Damit **wird der Anschluß des Erzbistums Magdeburg an das Kurfürstentum Sachsen vorbereitet.**

1545 Herzog Moritz kämpft auf seiten des Schmalkaldischen Bundes gegen Herzog Heinrich von Braunschweig (siehe 1542).

1547 Kaiser Karl V. holt zum entscheidenden Schlag gegen die im Schmalkaldischen Bund zusammengeschlossenen evangelischen Reichsstände aus. – Herzog Moritz kämpft auf seiten des Kaisers. – Im Verlaufe dieses Schmalkaldischen Krieges (1546–1547) kommt es zur **Entscheidungsschlacht von Mühlberg bei Torgau (24. April).** Kurfürst Johann Friedrich »der Großmütige« gerät in die Gefangenschaft des Kaisers. – In der **Wittenberger Kapitulation (19. Mai)** verzichtet Johann Friedrich auf die Kurlande (Kurkreis um Wittenberg), den ernestinischen Anteil am Meißner Land, seinen Anteil an den Bergstädten mit ihren Einkünften, seine böhmischen Lehen, Dobrilugk sowie die Schirmherrschaft über Magdeburg und Halberstadt. Weiterhin

werden alle Festungen übergeben. – **Johann Friedrich verliert die Kurwürde und bleibt in des Kaisers »ewiger« Gefangenschaft** (dahingehend wird ein zuvor nach Kriegsrecht ausgesprochenes Todesurteil abgewandelt). – **Kurfürst Moritz wird von Kaiser Karl V. insofern enttäuscht, als er folgendes nicht erhält:** die Schirmherrschaft über die Stiftslande; das kursächsische Vogtland (wird dem Titularburggrafen von Meißen, Heinrich Reuß von Plauen, zugesprochen); Sagan und Priebus (diese gehen an Böhmen; dafür verzichtet der Kaiser auf die böhmische Oberhoheit über Eilenburg, Leisnig und Colditz zugunsten des Albertiners). – Weiterhin erreicht Moritz nicht die Freilassung seines Schwiegervaters, des Landgrafen Philipp von Hessen, der sich auf seine Veranlassung am 19. Juni bei Halle dem Kaiser ergeben hatte. Moritz sieht darin einen Vertrauensbruch des Kaisers.
Herzog **Moritz wird am 4. Juni im Feldlager zum Kurfürsten ausgerufen.** Die feierliche Belehnung mit den Kurlanden und der Kurwürde erfolgt erst am 24. Febr. 1548. – **Seit 1547 ist politische sächsische Geschichte vorzugsweise Geschichte des Albertinischen Kursachsens. Die ernestinischen Herzogtümer im thüringischen Raum verlieren durch fortwährende Landesteilungen immer mehr an politischer Bedeutung.**

1547 Endgültige Trennung im Münzwesen zwischen Albertinern und Ernestinern.

1547 Durchführung einer Verwaltungsreform im albertinischen Sachsen (Kanzleiordnung vom 5. Aug. 1547, ergänzt durch die Regimentsordnung vom 23. Sept. 1548): Als **Zentralbehörde der Verwaltung wird der** »kollegialische« **Hofrat gebildet**, dem die Kanzlei mit dem Kanzler, der dem Hofrat angehört, zugeordnet ist. Während in der Kanzlei eine Arbeitsteilung nach sachlichen und territorialen Gesichtspunkten vorgenommen wird, behandelt der Hofrat noch alle Angelegenheiten gemeinsam (kollegialisch). – Im ernestinischen Sachsen gab es schon seit 1498 einen Hofrat. – **Die Trennung von fürstlichem Hof und fürstlicher Verwaltung findet damit im albertinischen Sachsen ihren Abschluß. Der Hofrat ist von der Person des Fürsten unabhängig und stellt eine selbständige Zentralbehörde im Sinne einer Landesregierung als oberste Justiz-, Polizei- und Lehnsbehörde dar und wird auch schon als solche bezeichnet.** – Die Beschränkung der landesherrlichen Residenzen im wesentlichen auf Dresden, Torgau und Weißenfels fördert die Wirksamkeit der Zentralbehörde.

Die **Einrichtungen der kursächsischen Lokalverwaltung** (»Unterbehörde«) sind seit dem Ende des 15. Jh. die **Ämter**, welche jetzt – zunächst zum Zwecke der Steuerverwaltung – **in Regionalverwaltungen** (»Mittelbehörde«), **den Kreisen, zusammengefaßt werden:** Kurkreis, Osterland, Meißen und Thüringen mit den Kreisstädten Wittenberg, Leipzig, Meißen und Langensalza unter Oberhauptleuten. Später kommen noch der Vogtländische (1570 Beginn, 1577 Abschluß der Bildung des Kreises), der Neustädter (1588) und der vom Meißnischen abgezweigte Erzgebirgische Kreis (1691, aber schon 1547 vorgesehen und zum Teil gebildet) hinzu. – Die erste Einteilung in Kreise erfolgte bereits 1503 durch Georg den Bärtigen (damals Bildung von neun Kreisen). – **Zwischen 1547 und 1574 kommt es damit in Sachsen zu einer für den deutschen Raum vorbildhaften Ausgestaltung einer durchgängigen, leistungsfähigen dreigeteilten Verwaltungsorganisation mit zentraler, regionaler und lokaler Verwaltungsebene.**

1547 Unter Kurfürst Moritz wird die Anlegung der **Erbamtsbücher** nach einheitlichem Plan abgeschlossen (erste Erbamtsbücher seit 1410, Abschluß dieser Arbeit von 1547 bis 1554). Es ist ein umfassendes Generalinventar der Staatswirtschaft und der Staatsfinanzen, in dem mit einer bis dahin nicht gekannten Gründlichkeit nach Amtsbezirken (Ämtern) alle landesherrlichen Besitzungen, Rechte und Einkünfte aufgezeichnet wurden. **In den Ämtern ist die Aufbringung der Geldeinkünfte endgültig zur Hauptaufgabe geworden.** Deshalb rücken jetzt die meist bürgerlichen Finanzverwalter der Ämter, die »Schösser«, an die Spitze der Ämter, während die adligen Amtmänner als Amtshauptmänner schließlich zu bloßen Inhabern von Ehrenposten werden, nachdem auch noch ihre Kontrollfunktionen weggefallen sind. In diesem Prozeß übernehmen die Schösser auch die Justiz- und Polizeifunktionen der Amtmänner und nennen sich nun ihrerseits seit dem späten 17. Jh. Amtmann.

1547 Die **Oberlausitzer Sechsstädte** hatten ihr Truppenkontingent zur Unterstützung des Kaisers im Schmalkaldischen Krieg vorzeitig zurückgezogen. Sie verlieren deshalb für die nächsten Jahre ihre Vorrechte (sog. **Pönfall** Prag Sept. 1547). Der Adel gewinnt in der Oberlausitz wieder die Oberhand.

1548 Das jetzt nur noch für das Albertinische Kursachsen zuständige **Oberhofgericht erhält eine neue Ordnung:**
Es ist für die schriftsässigen Herren und Städte die einzige, für alle anderen die höchste Instanz (Berufungsinstanz), mit Ausschluß jeder Berufung an das Reichskammergericht. – **Die niedere Gerichtsbarkeit** (Zivilsachen und leichtere Vergehen) **üben die Patrimonialgerichte der Grundherren und die Stadtgerichte aus;** die obere Gerichtsbarkeit (Verbrechen) die Amtleute nur über die amtssässigen Ritter und Städte sowie über deren Untertanen. – Für den Kurkreis ist nicht das Oberhofgericht, sondern das 1529 begründete Hofgericht in Wittenberg zuständig.

1548 Durch den Erlaß einer Bergordnung durch Kurfürst Moritz werden die Bergbehörden organisiert.

1548 **Kurfürst Moritz bestätigt den Ständen das Recht, bei Kriegserklärungen gehört zu werden.** – Tatsächlich schränkt er die Bedeutung der Stände aber ein, indem er oft statt ihrer nur die lenkbareren Ausschüsse beruft. Die Landstände werden erst wieder einberufen, als Moritz durch die hohen Ausgaben im Schmalkaldischen Krieg dazu gezwungen wird.

1548 Kurfürst Moritz gründet erstmals eine Hofkapelle am sächsischen Hof. Hofkapellmeister wird der Torgauer Kantor Johann Walter.

1548 **Erweiterungsbauten am Dresdner Schloß**, welche die errungene kurfürstliche Würde zum Ausdruck bringen.

1550–1551 Vollstreckung der Reichsacht an der Stadt Magdeburg, die der Kaiser wegen ihrer Zugehörigkeit zum Schmalkaldischen Bund verhängt hatte, durch Kurfürst Moritz. Dieser bewegt im Nov. 1551 Magdeburg zur Übergabe, sorgt aber dafür, daß die lutherische Kirchenorganisation der Stadt unangetastet bleibt. Dadurch empfiehlt er sich den Gegnern des Kaisers als zukünftiger Bundesgenosse.

1551 Schließung der Buchholzer Münze.

1551 Torgauer Vertrag (22. Mai):
Kurfürst Moritz übernimmt die Führung eines Bündnisses norddeutscher evangelischer Fürsten und verhindert damit, daß dieses Bündnis sich nicht nur gegen den Kaiser, sondern auch gegen ihn richtet.

1552 Kurfürst Moritz schließt im Vertrag von Chambord (15. Jan.) ein Bündnis mit Frankreich gegen den Kaiser.

1552 Nachdem sich Kurfürst Moritz schon 1551 einer Koalition gegen Kaiser Karl V. angeschlossen hatte (die Herrschaft des Habsburgers wird in Deutschland inzwischen fast allgemein als Fremdherrschaft empfunden), beginnt jetzt der offene Kampf gegen den Kaiser mit militärischen Aktionen im süddeutschen Raum.

1552 **Vertrag von Passau (2. Aug.)** zwischen der Koalition und dem Kaiser (vertreten durch den Bruder des Kaisers, König Ferdinand I. von Böhmen): Alle Truppen werden aufgelöst; Philipp von Hessen freigegeben; die Herstellung des Religionsfriedens im Reiche einem Reichstage überwiesen, also die Regelung der kirchlichen Verhältnisse in Deutschland dem Konzil entzogen. Damit wird der Augsburger Religionsfriede von 1555 vorweggenommen. – **Der Bestand des Protestantismus und der reichsfürstlichen Unabhängigkeit ist damit zunächst gesichert.** – Auch Johann Friedrich »der Großmütige« wird aus der Gefangenschaft des Kaisers entlassen (27. Aug.).

1553 **Gefecht bei Sievershausen (9. Juli):**
Als sich Albrecht von Brandenburg-Kulmbach im Auftrage des Kaisers gegen die Verbündeten des **Kurfürsten Moritz** wendet, kommt Moritz diesen zu Hilfe und **siegt** bei Sievershausen, **erhält aber im Reitergefecht einen Schuß in den Rücken** und verstirbt am 11. Juli im Feldlager im Alter von 32 Jahren. – Die Umstände seines Todes haben zu verschiedenen Vermutungen Anlaß gegeben (Gift, von Anhängern der Habsburger verabreicht u. a.). – Kurfürst Moritz wird im Dom zu Freiberg beigesetzt. Sein Grabmal ist das aufwendigste, das jemals ein Wettiner erhielt.
Nachfolger wird sein jüngerer Bruder **Kurfürst August (1553–1586).** Er ist ein Mann der Landesverwaltung, der sich mit Akribie um alles kümmert und alles ordnet. Als »Vater August« ist er das Musterbild eines patriarchalischen Landesfürsten. Sein wohlkalkuliertes

Besitzstreben läßt ihn zum **ersten »fürstlichen Staatswirt« in Sachsen werden.** Seine Kammergüter entwikkelt er zu Mustergütern. Seine diesbezüglichen Erfahrungen läßt er später von seinem Kammerpräsidenten Abraham von Thumshirn in Form eines landwirtschaftlichen Lehrbuches aufzeichnen (»Oeconomica oder nothwendiger Unterricht und Anleitung, wie eine ganze Haushaltung am nützlichsten und besten kann angestellt werden ...«.). Kurfürst August selbst schreibt ein »künstlich Obst- und Gartenbüchlein«, welches drei Auflagen erfährt. – **Die großen Leistungen des Kurfürsten sind der wirtschaftliche und kulturelle Ausbau des jungen Kurstaates. Außenpolitisch gelingt es ihm, die Ansprüche der Ernestiner ein für allemal zurückzudrängen.** – Unterstützt wird er von seiner Gemahlin, der ihm wesensverwandten und gleichermaßen tüchtigen **Kurfürstin Anna** (»Mutter Anna« genannt), der Tochter des Dänenkönigs Christian III. Sie ist ihm eine gute Beraterin und Mitarbeiterin und führt auf einigen Gebieten die Geschäfte nahezu selbständig. **Ihre besondere Fürsorge gilt der Volksgesundheit.**

1554 **Naumburger Vertrag** (24. Febr.):
Kurfürst August klärt endgültig sein Verhältnis zu den Ernestinern und strebt dabei einen Ausgleich an. **Der Vertrag bestätigt die Ergebnisse der Wittenberger Kapitulation von 1547, mildert aber ihre Bestimmungen im einzelnen.** Johann Friedrich der Großmütige erhält die Ämter Altenburg, Sachsenburg, Herbisleben und Eisenberg sowie 100 000 Gulden Entschädigung für die 1547/48 erfolgten Gebietsabtretungen und darf sich »Geborener Kurfürst« nennen. – Am 3. März 1554 stirbt Johann Friedrich.

1554 **1. Bergordnung des Kurfürsten August** (2. Bergordnung 1571, 3. Bergordnung 1575). In diesem Zusammenhang erfolgt die Bürokratisierung der Bergbauverwaltung durch den Ausbau des Bergbeamtenwesens. An der Spitze des Beamtenapparates steht der »Hauptmann« der Erzgebirge (Ausprägung des Direktionsprinzips). – **Ebenso wie die Bergwerksverwaltung werden auch die Forstverwaltung und die Verwaltung der landesherrlichen Unternehmen im Verlaufe der Regierungszeit Augusts aus den Ämterverwaltungen ausgegliedert und besonderen Beamtenapparaten unterstellt.**

1554 Erprobung neuer Schmelzverfahren in einer Versuchsanlage neben dem Schloß in Dresden.

1555 Augsburger Religionsfriede (25. Sept.):
Die weltlichen Reichsstände erhalten endgültig die Kirchenhoheit (»jus reformandi«) in ihren Territorien (»cuius regio eius religio«). Die Bestimmungen dieses Religionsfriedens sind unter maßgeblicher Mitwirkung von Kurfürst August ausgearbeitet worden.

1555 Kurfürst August übernimmt das Reichsamt des Kreisobersten im Obersächsischen Kreis, der von Pommern bis zum Vogtland reicht. Er hat in diesem Kreis vor allem den Landfrieden zu garantieren.

1555 Im Zwickauer Revier werden in diesem Jahre bereits etwa 3000 Fuder und 6000 Karren Kohle gefördert. Der Bergbau ist in diesem Revier schon seit Anfang des 15. Jh. nachweisbar.

1555 Rathausbau in Lommatzsch.

1555 Kurfürst August erläßt eine **Landesordnung (Okt. 1555)**, die mit ihren detaillierten Bestimmungen in fast alle Bereiche des gesellschaftlichen und wirtschaftlichen Lebens eingreift, das Verhalten des einzelnen reglementiert und allen weiteren Ordnungen zugrunde liegt.

1555 Kurfürst August legt die Obergrenzen für die Betätigung von gewerblichen Produzenten im Dorf fest. Diese Maßnahmen richten sich gegen die Dorfhandwerker und festigen die Stellung des zünftigen Gewerbes in den Städten.

1555–1694

Innerer Landesausbau
Dreißigjähriger Krieg
Die Entwicklung zum Absolutismus

Die Stoßkraft des Bürgertums war erlahmt. **Der weitere Landesausbau wurde auf der Grundlage landesherrlich-staatlicher Initiative vorangetrieben und war besonders mit der Person des Kurfürsten August verbunden**, der die **Wirtschaft voranbrachte** und durch den Erlaß zahlreicher **Ordnungen** die gesamte Entwicklung reglementierte. Mit den »Konstitutionen« entstand 1572 das erste **Landesgesetzbuch** im deutschen Raum, und 1574 wurde mit der Bildung des Geheimen Rates der **Aufbau einer modernen, leistungsfähigen dreigeteilten Verwaltungsorganisation** mit zentraler, regionaler und lokaler Verwaltungsebene abgeschlossen, wie sie zu dieser Zeit nur in Kursachsen bestand. – Außcrdem gelang es dem Kurfürsten August, **viele kleinere Territorialgewalten** innerhalb und am Rande des kursächsischen Territoriums, z. B. die Stiftsgebiete und das Vogtland, **unter kursächsische Oberhoheit** zu bringen und den politischen Einfluß der Ernestiner endgültig auszuschalten. Durch das **Zusammengehen mit den Habsburgern** und die **Festlegung auf das orthodoxe Luthertum**, verbunden mit der **Bekämpfung der Kalvinisten, verlor Kursachsen die Führungsposition innerhalb der evangelischen Reichsstände.** Kurfürst Christian I. versuchte zwar unter dem Einfluß seines Kanzlers Crell dieser Entwicklung entgegenzusteuern, unter Kurfürst Christian II. wurde jedoch die antikalvinistische Politik wieder aufgenommen.

Durch den Dreißigjährigen Krieg gewann Kursachsen die Oberlausitz und die Niederlausitz. Es war jedoch Durchmarschgebiet der kämpfenden Parteien und wurde als wirtschaftlich hochentwickeltes und dichtbesiedeltes Land dabei besonders schwer geschädigt. Daß es in diesem Krieg nicht mehr vorrangig um konfessionelle Belange ging, bezeugte das Verhalten des Kurfürsten Johann Georg I., der die beiden Lausitzen als Lohn für seinen Verrat an der Sache der Evangelischen erhielt. **Fehlender politischer Weitblick lag der Entscheidung dieses Kurfürsten zugrunde, für die nicht erbberechtigten Prinzen Sekundogenituren einzurichten, was einer Landesteilung nahekam.** Die wirtschaftlichen Schäden des Dreißigjährigen Krieges waren erst nach etwa 20 Jahren überwunden.

Die **Herausbildung absolutistischer Herrschaftsformen** verlief in Kursachsen keineswegs geradlinig:

Bereits unter **Kurfürst Christian I.** und seinem **Kanzler Crell** hatte man versucht, den **Einfluß der Landstände auszuschalten** und ein **zentralistisches Landesregiment** aufzubauen. Die mehr äußerlichen Formen absolutistischer Herrschaft, wie aufwendige **Hofhaltung, Hoffeste großen Stils, repräsentative Bauwerke** usw., sind für die Regierungszeit des **Kurfürsten Johann Georg II.** charakteristisch. In dieser Zeit gelang es aber andererseits den Landständen, ihre Positionen auszubauen. **Kurfürst Johann Georg III. organisierte** erstmals **ein stehendes Heer**, wodurch auf militärischem Gebiet der Weg zur absolutistischen Herrschaftsform eingeschlagen wurde. Der bürgerliche Einfluß wurde in diesen kriegerischen Zeiten besonders durch die führende militärische Rolle des Adels zurückgedrängt. Alle diese Ansätze faßte aber erst Kurfürst Friedrich August I. nach 1694 zielgerichtet zum Absolutismus sächsischer Prägung zusammen.

1556 In Basel erscheint das berühmte Buch über den Bergbau **»De re metallica«** von **Georg Agricola** (1494 bis 1555), die erste wissenschaftlich fundierte Darstellung des gesamten Bergbaus und Hüttenwesens jener Zeit. – Der in Glauchau gebürtige Agricola, später Stadtarzt und Bürgermeister von Chemnitz, vielseitiger Gelehrter und Praktiker, veröffentlichte u. a. auch ein Werk über die Geschichte des Hauses Wettin.

1556 Mühlsteinbergordnung (Mühlsteine sind ein begehrter Ausfuhrartikel).

1556 Verlegung der Landeshauptmünzstätte von Freiberg nach Dresden.

1556 Neue Kanzleiordnung:
Ernennung eines Kammersekretärs und weiterer Beamter, welche direkt dem Kurfürsten unterstehen. Damit wird die Einheitlichkeit der Zentralverwaltung gesprengt und die Bildung des Geheimen Rates vorbereitet.

1556 Erstes größeres Blaufarbenwerk in Oberschlema gegründet; Beginn der zielgerichteten Verwertung des Kobalterzes.

1556 Rathausbau in Leipzig und Pirna.

1556 Die Bauern des im Friedewald bei Dresden gelegenen Dorfes Kreyern werden ausgesiedelt (u. a. nach Meißen-Spaar, wo heute noch die Kreyerner Straße daran erinnert), um das Jagdgebiet des Kurfürsten zu vergrößern.

1558 Kurfürst August erläßt eine neue **Münzordnung.** Ihre Ausarbeitung erfolgte unter Mitarbeit von Adam Ries. – Die Münze war schon 1556 nach Dresden verlegt worden und sollte die einzige des Landes werden.

1559 Abschluß der Gerichtsorganisation durch **Einrichtung des Appellationsgerichtes** in Dresden als oberstes kursächsisches Gericht aus Anlaß der kaiserlichen Bestätigung der richterlichen Selbständigkeit Sachsens in oberster Instanz. Danach darf sich kein sächsischer Untertan im Berufungsverfahren an ein außersächsisches Gericht wenden, auch nicht an das Reichskammergericht und das kaiserliche Hofgericht. – Nunmehr liegt die gesamte höhere Rechtspflege in den Händen juristisch ausgebildeter Räte.

1559 Unter Ausnutzung einer Fehde des Meißner Bischofs zwingt Kurfürst August diesen, sein Amt Stolpen gegen das kurfürstliche Amt Mühlberg einzutauschen, wobei er Landesherrschaft hergeben muß und nur Grundherrschaft erhält (in Stolpen übte er landesherrschaftliche Rechte aus).

1559 Die Herren von Schönburg werden zum Verkauf des oberen Teils der Grafschaft Hartenstein gezwungen. Damit werden die neuen Bergstädte Scheibenberg und Oberwiesenthal kursächsisch.

1559 Kauf der adligen Grundherrschaft Lauterstein bei Marienberg durch Kurfürst August und Umwandlung in ein kurfürstliches Amt. – Dieser Vorgang wiederholt sich 1560 mit Dippoldiswalde, 1564 mit Stollberg, 1565 mit Mutzschen und 1567 mit Rauenstein.

1559 Kurfürst August erhält von den Herren von Plauen pfandweise Amt und Schloß Voigtsberg, die Städte Plauen, Oelsnitz und Adorf sowie die Flecken Neukirchen und Schöneck.

1559 Das heutige Albertinum in Dresden wird als Zeughaus erbaut. Kurfürst August legt sich bis 1581 eine »Sammlung« reich verzierter schwerer Geschütze zu, die weniger der Kriegführung als vielmehr der Repräsentation dienen.

1560 Eine **Forstordnung** für Schwarzenberg und Krottendorf erhält bald überregionale Bedeutung. Kurfürst August arbeitet sie persönlich aus. Vom Schlagen des Holzes bis zur Verarbeitung und Verwendung wird alles bis in die Einzelheiten festgelegt. – **Ordnungen die-**

ser Art werden unter Kurfürst August für fast alle Bereiche des wirtschaftlichen und gesellschaftlichen Lebens erarbeitet, erlassen und streng überwacht.

1560 **Gründung der Dresdner Kunstkammer**, aus der sich die berühmten Dresdner Kunstsammlungen entwikkeln. Das Inventarverzeichnis von 1587 umfaßt bereits 317 Doppelseiten mit etwa 100 000 Positionen. – **1556 ließ Kurfürst August eine größere Anzahl von Büchern gleichartig binden. Dieses Jahr gilt als das Gründungsjahr der heutigen Sächsischen Landesbibliothek.**

1560 An die Spitze des Hofstaates rückt anstelle des Hofmeisters der Hofmarschall.

1561 Erwerb der Herrschaft Lichtenwalde bei Frankenberg als erledigtes Lehen nach dem Tode des letzten Besitzers.

1561 Einführung des Spitzenklöppelns durch **Barbara Uttmann** (1514–1575) in Annaberg.

1562 Erlaß einer **Ordnung gegen den Luxus.**

1563 Der Kurfürst verbietet dem Adel und dem Bürgertum, bäuerliche Erbgüter zu erwerben. Entsprechende Verordnungen sind aus den Jahren 1609, 1623 und 1669 bekannt. – **Kurfürst August will mit dieser Verordnung das allgemein in Gang gekommene »Bauernlegen« unterbinden**, das bes. vom Adel zur Erlangung von Land für die Schaffung oder Vergrößerung von Eigenwirtschaften, den Rittergütern, betrieben wird.

1563–1569 Bau des 152,5 m tiefen Brunnens der Festung Königstein durch Freiberger Bergleute unter der Leitung des Bergmeisters Martin Planer. – Planer leitete auch den Bau des Augustusburger Festungsbrunnens und den Bau der Wasserkunst zur Versorgung der Festung Stolpen.

1564 Erwerb der Herrschaft Laußnitz.

1565 Die Selbständigkeit der Bistümer Naumburg und Merseburg wird praktisch **aufgehoben**, obgleich die Domkapitel weiterbestehen:
Nach dem Ableben der beiden Bischöfe 1564 bzw. 1561 ließ August seinen Sohn Alexander als Bischof postulieren und zum Administrator wählen. Als der noch im Kindesalter stehende Alexander 1565 stirbt, übernimmt August zunächst auf 21 Jahre die Verwaltung der beiden Hochstifte.

1566 Der Humanist **Hiob Magdeburg** zeichnet nach geographischen und geodätischen Studien die große **»Döringische und Meißnische Landcharte«.** Als ein künstlerisches und wissenschaftliches Werk ist sie eines der ältesten Dokumente sächsischer Kartographie.

1566–1567 Grumbacher Händel:

Der Ernestiner Johann Friedrich der Mittlere, Sohn Johann Friedrichs des Großmütigen, gewährt dem geächteten Ritter Wilhelm von Grumbach Zuflucht. Kurfürst August belagert und erobert Gotha, um im Auftrage des Kaisers die Reichsacht zu vollstrecken. – Es geht ihm aber um den **endgültigen Sieg über die Ernestiner.** – Johann Friedrich der Mittlere bleibt bis zu seinem Tode 1595 in kaiserlicher Gefangenschaft. Sein Kanzler Brück und der Ritter Grumbach werden gevierteilt, mehrere Räte geköpft oder gehenkt. – **Kurfürst August gewinnt die thüringischen Ämter Weida, Ziegenrück und Arnshaug**, die später den Neustädter Kreis bilden.

1567 Erwerbung der Grünthaler Saigerhütte durch Kurfürst August.

1568–1573 Die durch Kurfürst August errichtete **Augustusburg** ist architektonischer Ausdruck seiner Macht, besonders im Hinblick auf den 1567 über die Ernestiner errungenen Sieg.

1568 Als letztes Kloster in Sachsen wird das Nonnenkloster zum Heiligen Kreuz bei Meißen von Kurfürst August aufgelöst und säkularisiert.

1568 Kurfürst August führt auf seinen Gütern den **Gesindezwang** bereits jetzt ein (für das ganze Land wird er erst 1651 eingeführt).

1569 Infolge Zahlungsunfähigkeit des Burggrafen Heinrich VII. Reuß von Plauen gehen die bereits 1559 pfandweise erworbenen **Ämter Voigtsberg und Plauen endgültig in den Besitz des Kurfürsten August** über. **Damit haben sich die Albertiner endgültig im ehemaligen Reichsland der Vögte** (deshalb »Vogtland«) festgesetzt. Die Belehnung durch den König erfolgt erst 1575. Mit dem Tode Heinrichs VII. Reuß von Plauen 1572 geht auch der Titel des Burggrafen von Meißen auf Kurfürst August über. Der Streit um diesen Titel, mit dem die Reichsunmittelbarkeit und ein Sitz im Reichstag verbunden sind, zieht sich noch bis 1803 hin.

1569 Einsetzung der kursächsischen Bücherkommission als Zensurbehörde.

1570 Als die Landstände die Kammerschulden (Schulden des Kurfürsten) übernehmen, kommt es zur **Kassentrennung**, dem eigentlichen Kennzeichen des ständischen Staates:
Im **Obersteuerkollegium**, je zur Hälfte aus Räten des

Kurfürsten und der Stände bestehend, sichern sich die Landstände die Kontrolle über die Verwendung der Einnahmen aus den von ihnen bewilligten Steuern. – Die **Kammerverwaltung**, d. h. die Verwaltung der Einnahmen des Kurfürsten aus den Regalien (Bergbau usw.) und den Domänen war wie folgt geregelt: Sie oblag einem Kammermeister, seit 1556 einem Kammerrat und seit 1573 dem Landrentmeister. – Die endgültige Trennung von Hausvermögen und Staatsbesitz erfolgt erst 1831.

1570 Schließung der letzten obergebirgischen Münzstätte in Schneeberg.

1570 Erlaß einer Mühlenordnung durch Kurfürst August.

1570 **Erwerb** der durch ihren Kupferreichtum bekannten Besitzungen der verschuldeten »Vorderortischen Linie« der Grafen von Mansfeld. Dadurch gerät die **Grafschaft Mansfeld** zu drei Fünfteln unter kursächsische Sequestrationsverwaltung. In Eisleben wird ein Oberaufseheramt geschaffen, das erst 1807 mit dem Übergang der Grafschaft Mansfeld an das Königreich Westfalen erlischt.

1572 Mit den 172 **»Konstitutionen«** erscheint im Kurfürstentum Sachsen **eines der ersten Landesgesetzbücher im deutschen Raum**, welches auf der Grundlage des Sachsenspiegels (deutsches Recht) und des römischen Rechts ausgearbeitet worden war. Mit dem römischen Recht zieht die Schriftlichkeit der Prozeßführung unter Hinzuziehung studierter Juristen in die Rechtspflege ein.

1572–75 Das Schloß Annaburg (genannt nach der Kurfürstin Anna) wird anstelle des abgerissenen Schlosses Lochau erbaut.

1574 **Als Oberste Landesverwaltungsbehörde** und Keimzelle aller Sonderverwaltungen einzelner Zweige wird unter Kurfürst August der unter adlig-ständischem Einfluß stehende **Geheime Rat** gebildet, der straffer kollegialisch organisiert ist als der Hofrat des Kurfürsten Moritz von 1547 und eine effektivere Verwaltungsarbeit ermöglicht: Vier Räte **tagen regelmäßig** in Dresden und **behandeln unter dem Vorsitz des Kurfürsten die wichtigsten politischen Angelegenheiten** (Außenpolitik, Militärwesen, Religionssachen). Sie begleiten den Kurfürsten auf seinen Reisen. – Die neu geschaffene Kammerkanzlei mit dem Kammersekretär ist direkt dem Kurfürsten unterstellt. – **Die aus dem Hofrat hervorgegangene »Landesregierung«, an deren Spitze inzwischen der Kanzler gerückt ist, wird zur zweitrangigen Zentralbehörde für das Justiz-, Lehns- und Polizeiwesen** im weitesten Sinne. Sie besteht ebenso wie der Geheime Rat bis 1831. – **Diese Organisation der Staatsverwaltung ist vorbildlich für ihre Zeit.**

1574 Der Leipziger Schöppenstuhl erhält den Rang eines staatlichen Spruchkollegiums.

1575 Generalbestellung für die Forstbediensteten **(Forstwirtschaft kommt unter straffe landesherrliche Verwaltung).**

1575 Der Bildhauer **Giovanni Maria Nosseni** wird nach Dresden berufen.

1576 Aus den nicht zum Geheimen Rat gehörenden Räten formiert sich das jährlich zweimal tagende **Kollegium der Hof- und Appellationsräte**, das sich mit Angelegenheiten der Rechtsprechung befaßt.

1578 Chemnitz erhält eine neue Bleichordnung (erstes Bleichmonopol 1537). Die Leinen-, Zwillich- und Damastwebereien können ihre Betriebe vergrößern. **Die Textilherstellung ist neben dem Bergbau der zweitwichtigste Erwerbszweig in Kursachsen.**

1579 Nach der Übereinkunft mit dem Erzstift zu Magdeburg besitzt Kurfürst August schließlich große Teile der Grafschaft Mansfeld. – Seine Rechte eines Burggrafen von Magdeburg gibt Kurfürst August im Hinblick auf die Expansionspolitik Brandenburgs nicht auf.

1580 Zum 50. Jahrestag der Augsburgischen Konfession wird am 25. Juni 1580 das **Konkordienbuch**, eine Sammlung der vom orthodoxen Luthertum anerkannten Bekenntnisschriften, einschließlich der Konkordienformel von 1577 in Dresden veröffentlicht. **Kurfürst August legt sich mit der »Konkordienformel« auf das orthodoxe Luthertum fest und wendet sich gegen die Kalvinisten.** Dieses Glaubensbekenntnis wird noch unterschrieben von den Kurfürsten von Brandenburg und der Pfalz, von 20 Reichsfürsten, 24 Grafen, 4 Reichsfreiherren, 35 Reichsstädten sowie von einigen tausend Geistlichen (insgesamt von etwa zwei Dritteln aller deutschen Protestanten), die damit auf eine Glaubenslinie gebracht werden. Kurfürst August hat damit die dogmatische Einigung des deutschen Luthertums zuwege gebracht. Sein fester persönlicher Glauben, aber auch sein beschränkter theologischer Horizont zeigen sich in dieser starren Haltung. – **Dadurch kommt es zur Spaltung der evangelischen Reichsstände** (Hessen ist kalvinistisch) und zur **Begünstigung der Gegenreformation**, die unter Kaiser Rudolph II. (1576–1612) einsetzt. – **Kursachsen verliert seine führende Rolle im Rahmen des deutschen Protestantismus.**
Schon 1577 mußten alle Geistlichen, Lehrer und Küster die »Konkordienformel« unterschreiben, wenn sie nicht ihr Amt verlieren wollten. – Im Verlaufe der Auseinandersetzungen um diese religiösen Fragen waren schon 1574 drei Räte auf Befehl des Kurfürsten Au-

gust verhaftet, gefoltert und eingekerkert worden. Der Rat Georg Cracau, Schüler Melanchthons und maßgeblicher Mitarbeiter bei der Abfassung der »Konstitutionen«, starb 1575 unter der Folter. Der kurfürstliche Leibarzt Caspar Peucer, Schwiegersohn Melanchthons, kommt erst nach dem Tode des Kurfürsten wieder frei.

1580 **Kursächsische Kirchen- und Schulordnung (1. Jan.):** Alle Fragen des Kirchen- und Schulwesens werden im Sinne des landesherrlichen Kirchenregiments auf der Grundlage des orthodoxen Luthertums geregelt. – Diese allgemeine in die Kirchenordnung integrierte Schulordnung bezieht sich zunächst hauptsächlich auf die Lateinschulen, bildet jedoch die Grundlage der Entwicklung des sächsischen Volksschulwesens bis 1835. – Um 1580 bestehen in etwa zwei Dritteln der sächsischen Ortschaften Elementarschulen. Üblich sind Winterschulen für Knaben.

1580 Im Zusammenhang mit der Festlegung auf das orthodoxe Luthertum kommt es zur Zentralisierung der Kirchenverwaltung. Das Meißner Konsistorium wird aufgelöst und ein **Oberkonsistorium in Dresden** errichtet.

1580 Mit 2822 Anteilen (Kuxen) ist die höchste landesherrliche Beteiligung am Silberbergbau erreicht. **Die sächsischen Fürsten waren in zunehmendem Maße als Bergbauunternehmer aufgetreten. Bei Kurfürst August sind diese Aktivitäten besonders ausgeprägt.**

1581 Der in Wurzen residierende Meißner Bischof Johann IX. von Haugwitz legt sein Amt nieder und heiratet seine Nichte, so daß **auch die Hochstiftsgebiete um Wurzen und Mügeln endgültig an das Kurfürstentum fallen.**

1581 Errichtung eines Vitriol- und Schwefelwerkes bei Geyer.

1581 **Gründung der Dresdner Hofapotheke auf Initiative der Kurfürstin Anna und des Kurfürsten August.** Die Kurfürstin Anna verfaßt auch ein von eigener Hand geschriebenes »Arzneibüchlein«.

1582 Kurfürst August verzichtet auf einem Reichstag in Augsburg auf den im Augsburger Religionsfrieden von 1555 zugesicherten Schutz der Evangelischen in katholisch regierten Ländern, erkennt den sogenannten geistlichen Vorbehalt (Reservatum ecclesiasticum) der katholischen Landesherren an und bewilligt die Türkensteuer. Diese Zugeständnisse bedeuten den **Verzicht auf jegliche protestantische Reichspolitik.**

1583 Nach dem Aussterben der Grafen von Henneberg kommt diese Grafschaft an die Wettiner.

1586 Beginn der bis 1633 dauernden **kursächsischen Landesaufnahme durch Matthias Öder, fortgesetzt durch Balthasar Zimmermann.** – Ab 1551 hatte bereits Georg Öder Amtskarten einzelner Landesteile angefertigt, von 1586 bis 1607 erstellt Matthias Öder seine »Landtaffel über das Chur- und Fürstenthumb Sachsen« im Maßstab 1:12 500, umgezeichnet durch Balthasar Zimmermann nach 1620.

1586 Aufstand der Bergleute in Altenberg wegen erfolgter Lohnzahlungen mit Waren, Zinn oder Zubußzetteln.

1586 Die **Finanzverwaltung** wird mit der Ernennung von zwei ausdrücklich mit dem Finanzwesen betrauten Kammerräten und der Bildung des **Geheimen Kammerkollegiums als selbständiger Behörde** vom Geheimen Rat getrennt. Der Geheime Rat beschränkt sich auf die Entscheidung politischer Fragen. – Das Geheime Kammerkollegium verwaltet die regelmäßigen Einnahmen und Ausgaben sowie das Vermögen des Staates (Ämter, Kammergüter, Forsten, Flößerei, Berg- und Hüttenwesen, Münze).

1586 Kurfürst August stirbt.
Nachfolger wird sein Sohn **Kurfürst Christian I. (1586–1591)**, der schon ab 1581 mit dem Vorsitz des Geheimen Rates und 1584 mit der Wahrnehmung wesentlicher Befugnisse der inneren Verwaltung betraut worden war. **Die Politik überläßt er weitestgehend seinem fähigen bürgerlichen Kanzler Dr. Nicolaus Crell** (1586 Geheimer Rat, 1589 allmächtiger Kanzler), **der nachhaltig in die Außen-, Innen- und Kirchenpolitik eingreift.** Unter dem Einfluß von Crell wird der Geheime Rat mit den Hofräten vereinigt, wodurch er an Einfluß verliert. **Die politische Macht der Geheimen Räte geht auf den Kanzler über (1589)**, der jetzt dem vereinigten Geheimen Rat und Hofrat vorsteht. **Gleichzeitig wird der Einfluß der Stände auf den Landesherrn geschwächt** und der Landtag seit 1588 nach vorangegangenen Unstimmigkeiten nicht mehr einberufen, was einer Stärkung der absolutistischen Stellung des Kurfürsten gleichkommt. **Das Oberkonsistorium in Dresden wird abgeschafft und 1588 wieder als Konsistorium nach Meißen zurückverlegt. Die Verpflichtung auf die »Konkordienformel« wird 1587 stillschweigend aufgehoben,** die Hofgeistlichkeit aus Kurfürst Augusts Zeiten abgelöst und die Öffnung gegenüber kalvinistischem Gedankengut betrieben (1589 neues Gebetbuch, neuer Katechismus und neues Gesangbuch sowie streng geheime Vorbereitung der Herausgabe einer Bibel mit kalvinistischem Gedankengut, der sog. Crell-Bibel). **Außenpolitisch wird ein Bündnis aller protestantischen Reichsstände angestrebt, um aus der von Kurfürst August durch die orthodox-lutherische Positionierung verschuldeten Isolation herauszukommen. Gleichzeitig soll die politische Bin-**

dung zu den Habsburgern, die Kurfürst August eingegangen war, gelöst werden. Der Einstieg in die große europäische Politik steht kurz bevor.

1586 Umbau des Stallhofes beim Dresdner Schloß zu einer repräsentativen Anlage.

1588 Erlaß der ersten **Weinbergordnung** für Kursachsen. Die Gründlichkeit, mit der hier alle im Weinberg durchzuführenden Arbeiten festgelegt werden, dürfte noch auf Kurfürst August zurückgehen.

1589 **Beginn des Ausbaus der Festung Königstein** mit der Christiansburg.

1589 Bergordnung Kurfürst Christians I.

1590/91 Auf Initiative des Kanzlers Crell Bündnisse und Bündnisvorbereitungen zwecks Schaffung einer umfassenden Union aller evangelischen Reichsstände unter Einbeziehung der Kalvinisten. – Unterstützung der französischen Kalvinisten unter ihrem König Heinrich IV. von Navarra.

1590 Die **»Meißnische Landchronik«** und die **»Meißnische Bergchronik«** von Petrus Albinus, die erste sächsische Landes- und Bergbaugeschichte, wird in Dresden gedruckt.

1591 Kurfürst Christian I. stirbt.
Nachfolger wird sein noch unmündiger Sohn **Kurfürst Christian II. (1591–1611)**, bis 1601 unter der streng lutherisch geführten vormundschaftlichen Regierung des Ernestiners Friedrich Wilhelm (Enkel Kurfürst Johann Friedrichs des Großmütigen und Begründer der ernestinischen Altenburger Linie). – **Die zurückgesetzten Landstände rächen sich an dem Kanzler Crell.** Unter der Anklage der Begünstigung des Kalvinismus wird

Crell wenige Tage nach dem Tode des Kurfürsten verhaftet und auf den Königstein gebracht. Nach einem im höchsten Grade unkorrekten Gerichtsverfahren wird er 1601 in Dresden hingerichtet. – Nach dem Scheitern der von Crell angestrebten konfessionellen Erneuerung kehrt Kursachsen zum orthodoxen Luthertum zurück und schließt sich wieder den Habsburgern an. – **Erneut Verpflichtung auf die »Konkordienformel«; Wiedereinsetzung der unter Christian I. abgesetzten Geistlichen. Einsetzung der Landstände in ihre alten Rechte.** – Es kommt infolge dieser innenpolitischen Entwicklungen **außenpolitisch erneut und jetzt endgültig zur Spaltung der protestantischen Reichsstände, deren Führung jetzt die Kurpfalz und Brandenburg übernehmen.**

1593 In Leipzig werden durch aufgeputschten Pöbel Wohnungen von Kalvinisten übel zugerichtet.

1594 Erster Leipziger Büchermessekatalog erscheint dreißig Jahre nach dem ersten Frankfurter.

1595 **Anfänge des sächsischen Postwesens:** Im Zusammenhang mit den Messen richtet **der Leipziger Stadtrat ein Botenamt** ein. **1613** nimmt sich Kurfürst Johann Georg I. dieser neuen Einrichtung an und wandelt das Städtische Botenamt durch Einsetzung eines kurfürstlichen Postmeisters stillschweigend in ein landesherrliches Postamt um. **1616** gibt es bereits regelmäßige Postverbindungen von Leipzig nach Nürnberg, Hamburg, Berlin, Breslau und Prag. – Einen regelmäßigen Botendienst zur Beförderung der kurfürstlichen Post hatte es schon wesentlich früher gegeben (ab 1488 nach Friesland).

1595 Einführung von Betstuben in den Bergwerken durch Kurfürst Christian II.

1605 Appellationsgerichtsordnung.

1606 Das **Konsistorium wird jetzt endgültig von Meißen nach Dresden verlegt**, wo es **1607** mit dem 1602 eingerichteten Kirchenrat als dem obersten Kollegium für Kirchensachen vereinigt wird und die Bezeichnung **Oberkonsistorium** erhält. – Schon vorher war die eidliche Verpflichtung auf die »Konkordienformel« auf alle Kirchen- und Schuldiener ausgedehnt und zur Bedingung für jede Amts- und Dienstbeförderung erhoben worden.

1608 **Gründung der Union, einer Vereinigung protestantischer Reichsstände.** Der auf die Linie des orthodoxen Luthertums festgelegte und antikalvinistisch eingestellte Kurfürst Christian II. tritt der Union nicht bei und überläßt die Führung der kalvinistischen Kurpfalz.

1609–1614 Erbfolgestreit um Jülich-Cleve-Berg:
Kursachsen meldete schon seit 1604 seine alten Rechte (gegründet auf eine kaiserliche Anwartschaft von 1483) auf diese Gebiete an. Nach dem Tode Herzog Wilhelms von Jülich 1609 versucht Kurfürst Christian II. seine Rechte auf dem Verhandlungswege am Wiener Hofe durchzusetzen. Unterdessen erfolgt durch Brandenburg und Pfalz-Neuburg die Besetzung der strittigen Gebiete. Kurfürst Christian II. erreicht 1610 nur die feierliche Belehnung durch den Kaiser und den angesichts der geschaffenen Tatsachen bedeutungslosen Titel eines Herzogs von Jülich und Cleve. Im Xantener Teilungsvertrag von 1614 erhält Brandenburg die Gebiete Cleve, Mark, Ravensberg und Ravenstein. Jülich und Berg kommen an Pfalz-Neuburg. – Sachsen schließt sich wieder enger an die Habsburger an.
Insgesamt kommt es zu einer Verfeindung zwischen Sachsen und Kurbrandenburg (der brandenburgische Kurfürst Johann Sigismund war 1613 zum Kalvinismus übergetreten, um sich die Unterstützung der Union un-

ter Führung des kalvinistischen Kurhessens zu sichern). – Der hier aufgebrochene **Gegensatz zwischen** dem auf seiten des katholischen Kaiserhauses stehenden lutherischen **Kursachsen und** dem kalvinistischen **Brandenburg**, dessen konfessioneller Charakter allerdings immer mehr in den Hintergrund rückt, **sollte in der Folgezeit die politische Entwicklung maßgeblich bestimmen.** Der Gegensatz Kursachsen – Hessen spielt keine Rolle mehr.

1611 Kurfürst Christian II. stirbt.
Nachfolger wird sein Bruder **Kurfürst Johann Georg I. (1611–1656).** Die Geschichte seiner Regierung ist im wesentlichen die Geschichte des Dreißigjährigen Krieges in Kursachsen.

1612 **Johann Georg I. hält an dem engen Verhältnis zu den Habsburgern fest.** Er tritt für die Wahl des Habsburgers Matthias zum Kaiser ein.

1613 **Neuordnung des sog. Defensionswesens:**
In einer Defensionsordnung stimmen die Stände einer **Kriegsdienstpflicht des Lehnsadels, der Ämter und der Städte** zu. Es handelt sich um ein Bürger- und Bauernaufgebot mit vorwiegend adligen Berufsoffizieren unter der Führung des Landesherrn. Es besteht aus 1592 schweren Reitern in zwei Regimentern, zwei Regimentern Infanterie mit 9 360 Mann (sog. »Defensionäre«), Arbeitstruppen (1 500 Schanzgräbern) und einer Artillerietruppe mit 17 Geschützen. – Die Anfänge des Defensionswesens reichen bis 1609 zurück. – **Der militärische Wert dieses wenig geschulten Landesaufgebotes gegenüber den zwar vaterlandslosen, aber kriegstüchtigen Söldnerheeren ist gering.**

1617 Der Kurfürst beruft den erst achtundzwanzigjährigen **Heinrich Schütz als Hofkapellmeister nach Dresden. Dieser wirkt hier sechs Jahrzehnte.**

1619 **Johann Georg I. entscheidet sich vorbehaltlos für die Wahl des Habsburgers Ferdinand II. zum deutschen Kaiser. – Die ihm vom protestantischen böhmischen Adel**, dessen Aufstand am 23. Mai 1618 mit dem »Prager Fenstersturz« den Dreißigjährigen Krieg eingeleitet hatte, **angebotene böhmische Königskrone schlägt er aus.** Nach dem Tode des Kaisers Matthias 1619 wäre ebenfalls seine Wahl zum Kaiser möglich gewesen. Gegen drei katholische hätten vier evangelische Stimmen für ihn im Kurfürstenkollegium gestanden. Kurfürst Johann Georg I. lehnt in beiden Fällen ab. – Böhmischer König wird der kalvinistische Kurfürst Friedrich von der Pfalz.

1619 Von diesem Jahre an veröffentlicht der **Mystiker Jakob Böhme** (1575–1624), der sich 1599 in Görlitz als Schuhmacher niedergelassen hatte, seine theosophischen Schriften.

1620 Kurfürst Johann Georg I. besetzt im Auftrage Kaiser Ferdinands II. gegen die Zusicherung der Glaubensfreiheit der Lutheraner in den habsburgischen Ländern **die zu Böhmen gehörenden beiden Lausitzen**, die weitestgehend evangelisch sind und sich 1620 dem protestantischen Böhmenkönig Friedrich von der Pfalz angeschlossen hatten. – **Als Gegenleistung für die Übernahme der Kriegskosten verpfändet der Kaiser die beiden Lausitzen an den Kurfürsten Johann Georg I.**

1620 Nach dem Sieg der Kaiserlichen über den protestantischen böhmischen Adel in der **Schlacht an Weißen Berge** (2. Okt.) bei Prag beginnt **in Böhmen und Mähren eine erbarmungslose politische und kirchliche Reaktion der katholischen Partei**, die sich nicht nur gegen die Kalvinisten, sondern entgegen der vom Kaiser gegebenen Zusage auch gegen die Lutheraner richtet. – **In der Folgezeit finden etwa 150 000 Exulanten (in**

Böhmen verfolgte Evangelische) in Sachsen eine neue Heimat. Viele von ihnen siedeln sich in den Höhenlagen des Erzgebirges an. Johanngeorgenstadt ist eine planmäßige Stadtgründung Johann Georgs für die böhmischen Exulanten (1654). Weitere Stadtgründungen in diesem Zusammenhang sind Neusalza (1670), Ernstthal (1680) und Callnberg (1708), die beiden letzteren gegründet durch die Herren von Schönburg. Die meisten Exulanten lassen sich jedoch in bestehenden Dörfern nieder oder gründen neue. – **Die Aufnahme der Exulanten ist u.a. durch die Ansiedlung neuer Gewerbe von großer wirtschaftlicher Bedeutung für Sachsen.**

1620 Nach der Schlacht am Weißen Berge unterwirft sich unter Zusicherung der Religionsfreiheit auch Schlesien dem Kurfürsten Johann Georg I.

1621–1623 Nachdem unter Kurfürst August in Sachsen nur eine bzw. zwei Münzprägestätten bestanden hatten, richtet man nach Aufhebung der Münzordnung (1621) von 1621–1623 zusätzliche Münzprägestätten in Annaberg, Bitterfeld, Chemnitz, Delitzsch, Düben, Eilenburg, Freiburg/Unstrut, Grünthal, Leipzig, Lichtenberg, Liebenwerda, Sangerhausen, Naumburg, Taucha, Wittenberg und Zwickau ein. – Diese Entwicklung ist verbunden mit einer **Verschlechterung der Münze** (Höhepunkt der sog. Kipper- und Wipperzeit 1619–1623). Die Schuld daran tragen hauptsächlich die fürstlichen Münzherren, die sich bereichern.

1622 Es erscheint eine erste Prozeßordnung.

1623 **Immissionsrezeß vom 13./23. Juni:**
Die kursächsische Pfandherrschaft über die beiden Lausitzen wird vom Kaiser in aller Form bestätigt. Damit sind die Lausitzen vor der katholischen Reaktion geschützt.

1626 Die Verschuldung der Stadt Leipzig veranlaßt den Kurfürsten, die Finanzverwaltung dieser Stadt unter landesherrliche Kontrolle zu stellen (bis 1688), ein in der deutschen Stadtgeschichte seltener Fall.

1628 August, der zweite Sohn des Kurfürsten Johann Georg I., wird zum Administrator des Erzstifts Magdeburg gewählt. Damit nehmen die Wettiner ihre Politik zur Gewinnung Magdeburgs wieder auf. Die Forderung des Kaisers, diese Wahl seines Sohnes nicht anzunehmen, ignoriert der Kurfürst.

1631 Kurfürst Johann Georg I. versucht, auf einer Zusammenkunft vieler evangelischer Reichsfürsten und fast aller evangelischen Reichsstände (Leipziger Konvent vom 20. Febr. – 12. April) eine Interessenvertretung der Evangelischen unter seiner Führung zustande zu bringen, um auf die Beendigung des Krieges hinzuwirken.

1631 **Bündnis des Kurfürsten Johann Georg I. mit den Schweden** unter Gustav Adolf unter dem Eindruck der militärischen Erfolge der im Juni 1630 an der pommerschen Küste gelandeten Schweden und dem Einmarsch der Kaiserlichen unter Tilly in Kursachsen (Tilly hatte am 10. Mai Magdeburg eingenommen und zerstört). In dem Vertrag von Coswig/Anhalt vom 11. Sept. stellt der Kurfürst dem Schwedenkönig sein Land als Operationsbasis und sein Heer zur Verfügung.

1632 Der Schwedenkönig Gustav Adolf fällt in der Schlacht bei Lützen (16. Nov.). Kurfürst Johann Georg I. strebt in Überschätzung seiner militärischen Fähigkeiten nach der Führung in der protestantischen Kriegspartei. Als ihm die Schweden dieses verwehren, sucht der Kurfürst wieder Anschluß an den Kaiser.

1634 **Geheime Kriegskanzlei** als erste Militärbehörde im albertinischen Sachsen **gebildet.** Sie besteht aus dem

Kriegssekretariat für die Angelegenheiten der Einquartierung, Verpflegung, Besoldung und Musterung sowie aus der Generalkriegskasse.

1635 **Friedensschluß von Prag (30. Mai)** zwischen Kaiser Ferdinand II. und Kurfürst Johann Georg I.:
Kurfürst Johann Georg I. verbündet sich wieder mit dem Kaiser und wird dafür wie folgt belohnt:
Die beiden Lausitzen kommen jetzt endgültig an Kursachsen (unter dem Vorbehalt der Anerkennung einer formellen böhmischen Oberlehnsherrschaft). Das ist **der letzte und größte Landgewinn in der Geschichte Sachsens.** Die Albertiner verpflichten sich zum Schutz der Katholiken, insbesondere der katholischen Sorben und der katholischen Klöster in den beiden Lausitzen. **Der Erwerb der Lausitzen stellt die territoriale Grundlage (Brücke nach Polen) für die spätere Ostpolitik der Wettiner unter Kurfürst Friedrich August I. dar.** – Sachsen erhält die böhmischen Lehen. – Kurfürst Johann Georg I. erhält die erbliche Stellung eines Reichsfeldherrn. – Das Restitutionsedikt von 1629 wird für 40 Jahre ausgesetzt (in diesem Edikt war vom Kaiser festgelegt worden, daß alle ab 1552 eingezogenen kirchlichen Besitzungen der Kirche zurückzugeben sind). – August, Sohn Johann Georgs I., behält das Erzstift Magdeburg, dessen Administrator er seit 1628 ist. – **Diese Zugeständnisse erhält der Kurfürst für den Verrat an der evangelischen Sache, denn Johann Georg I. gibt die in den habsburgischen Ländern lebenden Lutheraner und die kalvinistische Pfalz dem Katholizismus preis und schließt die deutschen Kalvinisten vom Religionsfrieden aus.**

ab 1636 **Einfälle der Schweden in Sachsen:**
Der Dreißigjährige Krieg tritt in seine verheerende Phase. Zügellose schwedische Landsknechtshaufen durchstreifen das Land. 1637 erstürmen sie Meißen und äschern die Stadt ein, 1639 erobern sie Zwickau,

belagern Freiberg, erstürmen und verwüsten Pirna; 1642 nehmen sie Zittau und Leipzig ein, während sie 1643 vor dem tapfer verteidigten Freiberg abermals scheitern. 1645 erobern die Schweden abermals Meißen (diesmal Stadt und Burg).

1641 Im Schneeberger Revier wird erstmals Schießpulver untertage angewandt.

1642 Einrichtung eines Ressorts für »ausländische Sachen« in der Geheimen Kanzlei:
Die Verwaltungsfunktionen werden immer mehr spezialisiert.

1645 **Neutralitätsvertrag von Kötzschenbroda** (27. Aug./6. Sept.) zwischen dem Kurfürsten Johann Georg I. und dem schwedischen General Königsmark. Obwohl danach Truppendurchmärsche das Land noch schwer belasten, **ist für Sachsen der Dreißigjährige Krieg zu Ende.**

1648 Der **Westfälische Frieden** beendet den Dreißigjährigen Krieg:
Sachsen behält die beiden Lausitzen (wobei die Lehnsherrschaft Böhmens bestehen bleibt), **verliert aber Magdeburg** (dieses soll nach dem Tode des albertinischen Administrators August als Herzogtum an Brandenburg fallen, was 1680 erfolgt). – **Mit dem Verlust von Magdeburg verliert Sachsen die Möglichkeit, weiter elbabwärts zu expandieren; demgegenüber eröffnet sich für Brandenburg eine breite Verbindung zum westlichen Deutschland, was die künftige Vormachtstellung Brandenburg-Preußens in Deutschland fördern sollte. – Die Lausitzer behalten nach den Bestimmungen des Westfälischen Friedens ihre Landes- und Kirchenverfassung.** In der **Oberlausitz** bleiben die bisherigen Landesbehörden ebenso bestehen wie **neben der evangelischen Kirchenverfassung das katholi-**

sche Domkapitel in Bautzen und die beiden Zisterzienserklöster unter der Oberaufsicht des böhmischen Ossegg. Die **Niederlausitz**, von 1657 bis 1738 ganz von Kursachsen gesondert, behält ihre ständische Verfassung unverändert, nur tritt ab 1666 anstelle des Landvogtes die Oberamtsregierung in Lübben als kollegialische Zentralbehörde, die direkt dem Geheimen Rat in Dresden untersteht und bis zur Eingliederung der Niederlausitz nach Preußen 1815 besteht. Das ständische Konsistorium wird 1667 eine landesherrliche Behörde. Höchste katholische Autorität im Lande wird der unter böhmischem Schutz stehende Abt von Neu-Zelle.

1652 In seinem Testament setzt sich Kurfürst Johann Georg I. über die »Väterliche Ordnung« von 1499, die Landesteilungen verbietet, hinweg und legt die Einrichtung von drei Sekundogenituren für die nicht nachfolgeberechtigten Prinzen fest, wobei allerdings die Oberherrschaft des Kurfürsten erhalten bleiben soll.

1653 **Kurfürst Johann Georg I. übernimmt den Vorsitz im »Corpus evangelicorum«**, der Gruppe protestantischer Mitglieder im Reichstag, wodurch er stärkeren Einfluß auf die Reichsbehörden erlangt. Dieses Amt ist aber für den Kurfürsten zwiespältig, da er politisch auf der Seite des katholischen Kaisers steht. – Der brandenburgische Kurfürst Friedrich Wilhelm hatte sich schon 1645 vergeblich um diesen Vorsitz bemüht.

1654 Gründung von **Johanngeorgenstadt** durch Kurfürst Johann Georg I.

1656 Kurfürst Johann Georg I. stirbt.
Nachfolger wird sein ältester Sohn **Kurfürst Johann Georg II. (1656–1680).** Er ist **Kunstmäzen** und Schüler des Hofkapellmeisters Heinrich Schütz. Hoffeste großen Stils werden zum Attribut absolutistischer Herr-

schaftsform. Insgesamt setzt sich der Absolutismus, dessen Anfänge in Sachsen bis in die Regierungszeit des Kurfürsten Christian I. zurückreichen, noch nicht durch. – Sein Enkel Friedrich August I. (August der Starke) wird in diesem Kurfürsten sein Vorbild finden. – **In die Regierungszeit Johann Georgs II. fällt die wirtschaftliche Konsolidierung Sachsens nach dem Dreißigjährigen Krieg.** Dieser Krieg hatte Sachsen besonders schwer getroffen, weil es aufgrund seiner geographischen Lage Durchmarschgebiet war, durch den hochentwickelten Handel, die beachtliche Industrie sowie die ebenfalls hochentwickelte Landwirtschaft eine besondere Störanfälligkeit aufwies und infolge der hohen Bevölkerungsdichte die Verluste durch Seuchen groß waren. – Außenpolitische Erfolge sind unter diesem Kurfürsten nicht zu verzeichnen.

1657 »Freundbrüderlicher Hauptvergleich« zu Dresden (22. April):
Entsprechend dem Testament Johann Georgs I. werden für seine nicht nachfolgeberechtigten Söhne **Sekundogenituren mit eingeschränkter Selbständigkeit eingerichtet, was einer Landesteilung nahekommt: August** (Fürstentum Sachsen-Weißenfels), schon Administrator des *Erzstifts Magdeburg,* erhält zu den stiftmagdeburgischen *Ämtern Gommern, Burg, Querfurt, Jüterbog und Dahme* noch *Teile des Thüringischen Kreises.* Residenz wird Weißenfels. – **Christian** (Fürstentum Sachsen-Merseburg) erhält das *Stift Merseburg,* dessen Administrator er ist, die erbländischen *Ämter Delitzsch, Bitterfeld und Zörbig* sowie die *Niederlausitz.* Residenz wird Merseburg. – **Moritz** (Fürstentum Sachsen-Zeitz) erhält das *Stift Naumburg-Zeitz,* das *sächsische Vogtland,* das *Gebiet um Neustadt/Orla* und den kursächsischen Teil der *Grafschaft Henneberg.* Residenz wird das von ihm erbaute Schloß Moritzburg bei Zeitz. – **Erst nach Aussterben dieser Nebenlinien (Sachsen-Zeitz 1718, Sachsen-Merseburg 1738, Sach-**

sen-Weißenfels 1746) ist die politische Einheit des Kurstaates wiederhergestellt. In der Zwischenzeit ist Kursachsen eine Vereinigung von Landesteilen, die durch die Person des Kurfürsten zusammengehalten werden. Dabei sind die Nebenlinien politisch und militärisch vom Kurfürsten abhängig, nehmen aber auf kulturellem Gebiet eine beachtliche eigene Entwicklung.

1659 Aufstand der Freiberger Bergleute. – Kurfürst Johann Georg II. erläßt ein Bergdekret gegen die Mißstände im Bergbau. – **Kurfürst Johann Georg II. macht sich besonders um die Förderung des Bergbaus in Sachsen verdient.**

1660 Die Stände erhalten das Recht, sich eigenmächtig zu versammeln.

1660 Schaffung eines Bergratskollegiums als selbständige oberste Bergbehörde für die Finanzverwaltung.

1660 Erwerb eines Teils der Grafschaft Henneberg; ein paar Jahre darauf Erwerb der Herrschaften Gleichen, Blankenhain und Kranichfeld.

1660 Die erste Zeitung Sachsens, die »Leipziger Zeitung«, erscheint in Leipzig (kurfürstliches Privileg vom 1. Mai). Sie wird ununterbrochen bis 1921 erscheinen, wird dann mit der »Leipziger Allgemeinen Zeitung« und 1926 mit dem »Leipziger Tageblatt« (gegr. 1897) zur »Neuen Leipziger Zeitung« vereinigt.

1661 Erste sächsische Postordnung veröffentlicht. Darin wird die Postbeförderung (Brief- und Personenbeförderung) ausdrücklich zum landesherrlichen Recht erklärt. – Damit soll auch für Sachsen ein Gegengewicht gegen das kaiserliche Postregal (»Regal« = Recht) des Hauses Thurn und Taxis von 1517 geschaffen werden.

1661 **Die Landstände erhalten die Zusicherung, daß Erbteilungen und Gebietsabtretungen nicht ohne ihre Zustimmung verfügt werden dürfen.**

1662 Bedeutende Silberfunde bei Johanngeorgenstadt. Gründung eines Bergamtes.

1664 Kurfürst Johann Georg II. unterstützt den französischen König politisch gegen Zahlung beträchtlicher Gelder.

1666 Einrichtung der Damastproduktion in Großschönau (Oberlausitz).

1667 Dem Kurfürsten von Mainz gelingt es mit französischer Unterstützung, den Einfluß der Albertiner auf Erfurt ganz auszuschalten (Beginn der Verhandlungen 1663/64). Kurfürst Johann Georg II. erhält für den Verzicht auf seine Rechte an Erfurt 500 000 Gulden.

1667 Einweihung des »Komödienhauses« in Dresden.

1669 In Sachsen entsteht eine der ersten Schauspielertruppen in Deutschland durch Johann Veltheim.

1672–1678 Sächsische Truppen kämpfen an der Seite des Kaisers gegen Frankreich, das nach Osten expandiert. In den Jahren zuvor bestand ein Bündnis mit Frankreich gegen die Habsburger.

1674 Gründung einer Seidenmanufaktur in Dresden.

1674–1676 Schloßturm in Dresden durch Caspar von Klengel errichtet.

1676–1711 Abraham von Schönberg wirkt als sächsischer Oberberghauptmann. Ihm gelingt die Beseitigung der Schäden, die der Bergbau während des Dreißigjährigen

Krieges erlitten hatte. Er verbessert die Arbeitsorganisation und die Technologie sowie die Ausbildung der Berg- und Hüttenbeamten.

1678 **Leipziger Handelsbörse erbaut.** – Leipzig bleibt größte Handelsstadt Deutschlands. Der Buchhandel wird immer mehr von Frankfurt/M. nach Leipzig abgezogen.

1678–1683 **Bau des Palais im Großen Garten von Dresden. Die Geschichte des sächsischen Barocks beginnt.** – Der Große Garten war erst ab 1676 vor den Toren Dresdens angelegt worden.

1678 Gründung einer Wollmanufaktur in Dresden. Es soll erreicht werden, daß einheimische Rohstoffe – hier die Wolle – im Lande verarbeitet werden.

1680 Kurfürst Johann Georg II. stirbt.
Nachfolger wird sein Sohn **Kurfürst Johann Georg III. (1680–1691).** Er widmet sich ernsthaft der Landesverwaltung, schränkt die Hofhaltung ein, gibt aber viel für das Heer aus. Oft hält er sich als Feldherr außer Landes auf. – Schon seit 1663 hatte er in der Landesregierung mitgearbeitet und war seit 1672 Landvogt der Oberlausitz.

um 1680 Im Erzgebirge wird der Kartoffelanbau eingeführt.

1682 **Aufstellung des ersten stehenden Heeres in Sachsen** (10 000 Mann) durch Kurfürst Johann Georg III., wodurch auch auf militärischem Gebiet der Weg zu absolutistischen Herrschaftsformen eingeschlagen wird.

1682 In Leipzig bringt **Otto Mencke** die durch Kurfürst Johann Georg III. privilegierte **erste wissenschaftliche Zeitschrift Deutschlands** heraus **(»Acta eruditorum«)**, die bald internationalen Ruf erwirbt und in der Leibniz schon 1684 publiziert.

1683 **Teilnahme des Kurfürsten Johann Georg III. mit 11000 Mann des neuaufgestellten sächsischen Heeres am siegreichen Kampf gegen die Türken vor Wien.** Er ist Führer des linken Flügels des Entsatzheeres. – 1784 kämpfen drei sächsische Regimenter auf Vertragsbasis unter venezianischer Fahne gegen die Türken. – Sächsische Truppen bleiben bis zur Eroberung Belgrads 1788 auf dem türkischen Kriegsschauplatz.

1684 Bildung des **Geheimen Kriegsratskollegiums** anstelle der 1634 eingerichteten Kriegskanzlei. Diese Zentralbehörde ist zuständig für die »Militärökonomie« (Bewaffnung, Ausrüstung, Verpflegung, Einquartierung, Musterung). Die Truppenführung liegt in der Hand des Feldmarschallamtes.

1684 **August Hermann Francke** (1663–1727), der Begründer des halleschen Pietismus, kommt das erste Mal nach Leipzig.

1684 Neue **Weinbergordnung** für Kursachsen erlassen: Die guten Verdienstmöglichkeiten hatten die Winzer dazu verleitet, Wein auch in ungünstigen, aber leichter zu bewirtschaftenden Lagen anzubauen, wodurch die Qualität des Weins zunehmend schlechter wurde. Unter anderem soll diesem Mißbrauch durch die neue Weinbergordnung begegnet werden (Merksatz: Wo der Pflug kann gehn, dort soll kein Weinstock stehn!).

1686 Kurfürst Johann Georg III. beruft **Philipp Jacob Spener**, den Begründer des Pietismus, als Oberhofprediger nach Dresden. Als dieser ihm wegen seiner Mätressenwirtschaft Vorhaltungen macht, wird für eine Berufung Speners nach Berlin gesorgt.

1687 **Christian Thomasius** (1655–1728), ein Schüler Samuel Pufendorfs (1632–1694), hält an der Leipziger Universität **Vorlesungen in deutscher Sprache.** – Ein weiterer

Kursachse, **Gottfried Wilhelm Leibniz** (1646–1716), wirkt um diese Zeit in Hannover bahnbrechend in der Wissenschaft.

1687 **Ehrenfried Walther von Tschirnhaus** fertigt seinen großen Brennspiegel an und schafft damit die Voraussetzung zur Erforschung von Hochtemperaturprozessen, was schließlich die Erfindung des Porzellans ermöglicht.

1687–1689 Kavalierstour Friedrich Augusts (seit 1694 Kurfürst) nach Frankreich, Spanien, Portugal, Italien und Österreich.

1688 Kurfürst Johann Georg III. begibt sich mit 14 000 Mann an den Rhein und kämpft seit 1689 im Dritten Reunionskrieg im Reichsheer gegen Frankreich. Er wird 1691 Oberbefehlshaber des Reichsheeres.

1689 **Balthasar Permoser** tritt in sächsische Dienste.

1689–1691 Friedrich August (seit 1694 Kurfürst von Sachsen) beteiligt sich an verschiedenen Feldzügen im Krieg gegen Frankreich.

1691 Kurfürst Johann Georg III. stirbt am 12. Sept. während des Feldzuges gegen Frankreich in Tübingen.
Nachfolger wird sein ältester Sohn Kurfürst **Johann Georg IV. (1691–1694).**

1692 Errichtung einer **Kadettenschule**, einer der ersten im deutschsprachigen Raum, zur Ausbildung des Offiziersnachwuchses durch Kurfürst Johann Georg IV. nach Plänen seines Vaters.

1693 Kurfürst Johann Georg IV. nimmt mit einem Truppenkontingent von 12 000 Mann am Reichskrieg gegen Frankreich teil.

1694 **Gründung der brandenburgisch-preußischen Universität Halle,** die bald die kursächsischen Hochschulen überflügelt.

1694–1763

Das Augusteische Zeitalter Kursachsen in Verbindung mit Polen

Als Ergebnis der Auseinandersetzung mit den Landständen gelang es Kurfürst Friedrich August I., dem Absolutismus in Sachsen zum Durchbruch zu verhelfen. Im Vergleich zum Absolutismus französischer Ausprägung handelte es sich allerdings um eine relativ milde Variante dieser Herrschaftsform. Der **Absolutismus** darf aber nicht nur negativ als eine **Form persönlicher Herrschaftsausübung** gesehen werden, sondern durch ihn wurde die **Einheit und Autorität des Staates gefestigt**, und die gewerbliche **Wirtschaft erlebte** unter anderem durch die staatliche Förderung des Manufakturwesens **einen Aufschwung**, wodurch das **Bürgertum eine neue Perspektive bekam.** Mit der Einschränkung des Einflusses der Stände wurde der Einfluß der **konservativen Kräfte zurückgedrängt.** Vor allem im Sinne dieser positiven Seiten des Absolutismus wurden neue Strukturen geschaffen, welche das Augusteische Zeitalter als eigenständige Epoche sächsischer Geschichte ausweisen.

Der sächsische Absolutismus war eng mit der Person des vielseitig-hochbegabten und willensstarken Kurfürsten Friedrich August I. verbunden, der die gesamte Wirtschaftskraft des Landes in den Dienst seiner Selbstdarstellung und Selbstverwirklichung stellte. Die **Kulturleistungen dieser Epoche** mit den Bau- und Kunstdenkmälern des **sächsischen Barocks** stehen damit in engem Zusammenhang.

Die politische Entwicklung verlief diametral entgegengesetzt: Die **Personalunion zwischen Kursachsen und Polen** führte zu unverhältnismäßig **hohen Geldausgaben** und zu **kriegerischen Verwicklungen**, die den **völligen politischen**

Zusammenbruch und wirtschaftlichen Bankrott Sachsens zur Folge hatten.

1694 Kurfürst Johann Georg IV. stirbt an den Blattern. Zur Regierung kommt unvorhergesehen sein Bruder **Kurfürst Friedrich August I.**, später **»August der Starke«** genannt, **Kurfürst von Sachsen (1694–1733) und König von Polen (1697–1733).**
Kursachsen ist um diese Zeit eines der größten und wirtschaftlich entwickeltsten deutschen Länder, das sich hinsichtlich Größe und Bedeutung durchaus mit Brandenburg, Bayern oder Württemberg messen kann. – Dresden wird zur europäischen Metropole, wo in der Augusteischen Epoche mehr Hofbedienstete benötigt werden als Verwaltungsbeamte in den oberen Landesbehörden. Der Hof wird zum Betätigungsfeld eines politisch machtlos gewordenen Adels und zugleich zum Motor für die Staatswirtschaft.

1694 Bereits auf dem ersten vom Kurfürsten einberufenen **Landtage** kommt es zur **Konfrontation mit den Ständen,** welche u. a. die Bewilligung einer Generalkonsumptionsakzise (= eine indirekte Steuer, die von allen Einwohnern beim Kauf jedweder Ware zu zahlen ist) ablehnen. Schon vorher hatten sie Front gegen die angeordnete »Inventarisation der Landeskräfte« (genaue Auflistung der wirtschaftlichen Leistungsfähigkeit des Landes) gemacht. – Danach werden von Friedrich August I. vorzugsweise nur noch Ausschußtage einberufen, da mit den Ausschüssen leichter zu verhandeln ist. – **Die Bestrebungen Friedrich Augusts I., die absolutistische Herrschaftsform systematisch gegen die Landstände durchzusetzen, geraten hier zunächst ins Stocken, und auch in Zukunft wird es ihm nicht gelingen, die Landstände vollständig auszuschalten, so daß es in Sachsen nie einen Absolutismus französischer Ausprägung geben wird.**

1695 Mit dem Karnevalsumzug in Dresden, in dem der Kurfürst selbst in glänzender Erscheinung den Götterboten Hermes darstellt, beginnt der Reigen der Festlichkeiten am Hofe Friedrich Augusts I.

1695/96 Friedrich August I. nimmt als Oberbefehlshaber des kaiserlichen Heeres mit sächsischen Truppen in Ungarn an einem Kriegszug gegen die Türken teil, der erfolglos endet.

1697 Kurfürst **Friedrich August I. tritt zum katholischen Glauben über** (1. Juni), um König von Polen zu werden. Dieser Glaubenswechsel wird zunächst geheim gehalten.
Friedrich August I. wird vom polnischen Adel am 26./27. Juni in Warschau als August II. zum König von Polen gewählt (Krönung 15. Sept. in Krakau). Der Gegenkandidat, der Franzose Prinz Franz Ludwig von Conti, erhält etwa die gleiche Stimmenzahl, wird jedoch von sächsischen Truppen vertrieben und muß im Dez. 1697 unverrichteter Dinge nach Frankreich zurückkehren.
Der Königswahl waren kostenaufwendige Verhandlungen vorausgegangen. Bis zum Tode Augusts II. fließen noch etwa 39 Millionen Reichstaler nach Polen, darunter immer wieder hohe Summen als Bestechungsgelder. – Für die Zeit seiner Abwesenheit von Sachsen setzt Friedrich August ohne Befragung der Stände den schwäbischen Reichsfürsten Anton Egon Fürst zu Fürstenberg als Statthalter ein und behält diese Einrichtung bei. Das kommt einem Staatsstreich gleich. – **Mit dieser Königswahl beginnt die bis 1763 währende sächsisch-polnische Personalunion,** die zwar den Einstieg Sachsens in die große europäische Politik bringt, aber für das Land durch kriegerische Verwicklungen schwere wirtschaftliche Verluste zur Folge hat. – **Zunächst wird Kursachsen zur dritten deutschen Großmacht neben Österreich und Preußen,**

und die Verbindung mit Polen fördert die wirtschaftliche Entwicklung beider Länder.
Am 27. Juli läßt August II. bekanntgeben, daß sein Übertritt zum Katholizismus keine Folgen für seine Untertanen haben wird. Das sogenannte **Religionsversicherungsdekret** datiert vom 29. Sept. 1697. Daran haben sich August II. und seine Nachfolger konsequent gehalten. August III. erneuert dieses Dekret 1734. – Trotzdem löst der Glaubenswechsel Empörung in Sachsen aus und entfremdet den Kurfürsten seinen evangelischen Untertanen. Friedrich August I. **kann jetzt nicht mehr als Oberhaupt der evangelischen Landeskirche in Sachsen auftreten** und übergibt dieses Amt zunächst dem Geheimen Rat. **Praktisch tritt jetzt das Oberkonsistorium unter Ausschluß des Landesfürsten als kollegialisches Leitungsorgan der Landeskirche auf,** was eine Stärkung der landständischen Kräfte zur Folge hat. Die katholischen Kurfürsten und Könige bleiben aber trotzdem bis 1918 nominell Oberhaupt der Evangelisch-Lutherischen Landeskirche Sachsens. **Außenpolitisch verliert August II. seinen Einfluß auf die evangelischen Reichsstände,** obgleich er formell als Hüter des Protestantismus in einem Teil des Reiches auch weiterhin dem »Corporis evangelicorum« vorsteht. Allerdings überträgt er offiziell die Führung der Geschäfte dieses Gremiums einem ernestinischen Vetter, während er die Ausfertigung der diesbezüglichen Beschlüsse und Verfügungen seinem Geheimen Rat zuweist. **Trotzdem geht die Führung innerhalb des politischen Protestantismus in der Folge zum Nachteil für Sachsen auf Brandenburg-Preußen über.**

1697 **Einsetzung eines Revisionsrates (1697–1700) unter Leitung des Statthalters mit außerordentlichen Vollmachten** zur Überprüfung von Personen und Institutionen mit dem Ziel, Steuerveruntreuungen, unberechtigte Geldausgaben, Bestechungen oder finanzielle

Mißwirtschaft aufzudecken, um Gelder von den Betroffenen zu erpressen. – Dieses Vorgehen Augusts II. ist ein Affront gegen die Landstände. Diese hätten an den Revisionen beteiligt werden müssen.

1698 **Zusammentreffen von August II. mit Zar Peter I. von Rußland** in Rawa Ruska bei Lemberg:
Man beschließt, zusammen mit Dänemark gegen Schweden vorzugehen und dessen Vormachtstellung in Nordeuropa zu brechen. Rußland erstrebt einen Zugang zur Ostsee. – Peter I. hatte sich vorher anläßlich eines kurzen Besuches in Dresden von der wirtschaftlichen Stärke Kursachsens überzeugt.

1698 Gründung der ersten Staatsbank in Deutschland mit Sitz in Leipzig.

1698 **Johann Melchior Dinglinger** wird Hofjuwelier Augusts II.

1699 Einrichtung einer katholischen Hofkapelle im Jagdschloß Moritzburg.

1700 Beginn des Nordischen Krieges:
Sachsen-Polen kämpft mit Rußland und Dänemark gegen Schweden um die Vorherrschaft im Ostseeraum. Niederlage der Russen bei Narwa. – Der Krieg wird durch August II. begonnen, da Polen von seinem neuen König erwartet, daß er das 1660 von den Schweden eroberte polnische Livland zurückgewinnt und auch August II. als großer Feldherr in Erscheinung treten will.

1700 **Erster Kaolinfund** in der St.-Andreas-Grube bei Schneeberg. Dieser Rohstoff wird einige Jahre später für die Porzellanherstellung wichtig.

1700 Einrichtung einer kurfürstlichen Glashütte in Dresden auf Veranlassung von Tschirnhaus.

1700 **Röslers »Hell-polierter Berg-Bau-Spiegel« erscheint im Druck.**

1701 Tschirnhaus fertigt in Dresden optische Linsen und Brennspiegel an.

1701 August II. gründet in Dresden jenes Contubernium als montanistisches silikattechnisches Forschungsinstitut, in dem zwischen 1706 und 1709 das europäische Hartporzellan entwickelt wird.

1702 Niederlage des polnisch-sächsischen Heeres bei Klissow nördlich von Krakau gegen die Schweden.

1702 Gründung der Stipendienkasse beim Oberbergamt Freiberg zur Förderung der montanwissenschaftlichen Ausbildung von Berg- und Hüttenbeamten sowie zur Förderung einer praxisverbundenen Forschung. Diese Einrichtung verfügt ab 1731 über ein technisch-metallurgisches und geowissenschaftliches Laboratorium, das erste seiner Art. – Diese Institution ist als Vorläufer der 1765 gegründeten Bergakademie Freiberg anzusehen.

1702 Den Reformierten (Kalvinisten) in Leipzig wird die Religionsausübung laut Königlicher Verordnung erlaubt (Gemeinde besteht seit 1700), in Dresden erst 1764 (Gemeinde besteht dort seit 1689).

1703 **Einrichtung der Generalakzise-Inspektion** unter Leitung des Grafen Hoym als neue, nur dem Landesherrn verantwortliche oberste Steuerbehörde:
Es ist gelungen, die bereits 1694 angestrebte **Generalakziseordnung** in der Grafschaft Mansfeld und in 112 Städten einzuführen. Der Widerstand der Stände

gegen diese Steuerpolitik Augusts II. wird auf einem Ausschußtag 1704 überwunden.

1703 Gründung der »Gewehr-Fabrique« in Olbernhau.

1703 Einsetzung eines **Kommerzienkollegiums** zur Förderung von Handel und Gewerbe durch den Kurfürsten.

1704 Nach der Niederlage des sächsisch-polnischen Heeres bei Pultusk wird auf Veranlassung des schwedischen Königs Karl XII. **Stanislaus Leszczynski zum König von Polen gewählt.**

1704 Bildung einer Kommerziendeputation zur Überwachung und weiteren Förderung der wirtschaftlichen Entwicklung. – Schon um 1700 gab es Bemühungen um die Einrichtung eines Kreditinstituts zur Belebung der Manufakturentwicklung.

1706 Aus der 1704 gebildeten »Geheimen Kabinettsexpedition« wird das **»Geheime Kabinett«** als oberste Zentralbehörde mit den drei Departements für innere, auswärtige und militärische Angelegenheiten geschaffen (1. Juni). – Der ständisch beeinflußte »Geheime Rat« verliert an Einfluß und besteht als »Geheimes Consilium« weiter. – Bereits 1703 waren durch ein neues Kammerreglement die wichtigsten Staatsangelegenheiten besonderen Departements zugewiesen worden. – Das Geheime Kabinett ist ein von der Person des Kurfürsten abhängiges Regierungsinstrument. – **Mit der Schaffung dieser neuen Zentralbehörde ist die absolutistische Regierungsweise Augusts II. verwaltungsmäßig abgesichert.** Es ist die erste Zentralbehörde dieser Art im deutschen Raum.

1706 Nach der vernichtenden Niederlage bei Fraustadt und der kampflosen Besetzung Kursachsens durch die Schweden muß **August II. im Frieden zu Altranstädt**

(24. Sept.) **auf die polnische Krone verzichten,** das Bündnis mit Rußland auflösen, die Bewahrung der evangelischen Religion in allen seinen Ländern zusichern und die feindlichen schwedischen Truppen in seinem Lande überwintern lassen. Die Kosten durch die Besetzung betragen mehr als 35 Millionen Reichstaler.

1706 Gründung der »Kurfürstlichen Spiegelschleife« für großformatiges Spiegelglas in Dresden. Sie besteht nur bis 1712.

1706 Beginn der Bautätigkeit **Daniel Pöppelmanns** (1662–1736) auf der Festung Königstein. Er stand bereits seit 1686 in sächsischen Diensten.

1707 **Generelle Einführung der Generalkonsumptionsakzise** in Sachsen. Diese neue Steuerart, eine indirekte Steuer auf Güter des täglichen Bedarfs, ist einträglicher als alle bisher üblichen Steuern.

1707 Mit der Bildung der **Oberrechenkammer** wird erstmals im deutschen Raum eine territorialstaatliche Finanzkontrollbehörde geschaffen.

1707 Einrichtung einer katholischen Hofkapelle in Dresden. 1710 folgt die Einrichtung katholischer Kapellen in den kurfürstlichen Schlössern Leipzig und Wermsdorf. Die Errichtung katholischer Gemeindekirchen wird von den Regierungsbehörden und den Ständen bis 1806 verhindert.

1707 August II. erhält für den Einsatz sächsischer Truppen gegen Frankreich von England und Holland 900 000 holländische Gulden.

1709 Nach dem Sieg Peters I. über die Schweden bei Poltawa besetzt eine sächsische Armee Polen. – **Die polni-**

sche Krone erhält August II. erst durch die Übereinkunft von Warschau 1716 wieder zurück (bestätigt auf dem »Stummen Reichstag« von 1717).

1709 August II. läßt die ständige Deputation des kursächsischen Landtages auflösen. Damit wird ein organisierter Widerstand der Landstände gegen landesherrliche Maßnahmen unmöglich gemacht. Später streicht er den Ständen noch das Bewilligungsrecht für Steuern und fürstliche Kreditoperationen.

1710 Gründung der Königlichen Porzellanmanufaktur: Sie wird aus Sicherheitsgründen in der nicht genutzten **Albrechtsburg in Meißen** untergebracht. Die bevorstehende Gründung der Porzellanmanufaktur war in einem in vier Sprachen abgefaßten Dokument vom 23. Januar 1710 bekanntgemacht worden. Bereits am 28. März 1709 hatte **Johann Friedrich Böttger** die Erfindung des Porzellans an August II. gemeldet. Die wissenschaftlichen Vorarbeiten gehen auf **Ehrenfried Walther von Tschirnhaus** zurück. Beteiligt waren ebenfalls Freiberger Hüttenbeamte wie Pabst von Ohain u. a. – Eine erste Produktionsstätte für Porzellan war bereits im März 1708 in Neu-Dresden im Hause des Dr. Bartholomaei in der Moritzstraße, Ecke Friesengasse, wenige Querstraßen von der Jungfernbastei entfernt, in Betrieb genommen worden. Ein am 24. April 1708 von August II. unterzeichnetes Dekret kann als Gründungsurkunde der Dresdner Porzellanmanufaktur angesehen werden. Ein Versuchsprotokoll vom 15. Jan. 1708 enthält bereits die Rezeptur für das weiße Porzellan. Das Bestehen der Dresdner Manufaktur erklärt, daß schon zur Ostermesse 1710 in Leipzig sächsisches Porzellan angeboten werden konnte. – **Manufakturgründungen sind Teil der merkantilistischen Aktivitäten Augusts II. zur Hebung der Wirtschaft und der Staatsfinanzen.**

1710 Den Universitäten Leipzig und Wittenberg wird es verboten, Rechtsbelehrungen und Urteile »in publicis causis« vorzunehmen. Rechtssachen mit politischen Konsequenzen dürfen danach nur noch von den kurfürstlichen Räten bearbeitet werden.

1711 Mit dem Ableben Kaiser Josephs I. nimmt August II. bis zur Wahl des neuen Kaisers das ihm zustehende Amt des Reichsvikars wahr, was zur Steigerung seines Ansehens beiträgt. – Seine Absichten auf den Kaiserthron gibt er bald wieder auf.

1711 **Gottfried Silbermann** (1683–1753) baut in Frauenstein seine erste Orgel; bis zu seinem Tode werden es 50 sein.

1711 Beginn der zweiten kartographischen Landesaufnahme Kursachsens durch **Adam Friedrich Zürner.** – August II. entwirft 1716 den Plan für einen Atlas von Sachsen.

1712 **Der Kurprinz** (Sohn Augusts II.) **tritt** auf Veranlassung des Vaters **heimlich in Bologna zum Katholizismus über. Die offizielle Bekanntgabe erfolgt erst 1717,** was dann am Hofe und im Lande große Empörung hervorruft. – Die Gemahlin Augusts II., Christiane Eberhardine von Brandenburg-Bayreuth, bleibt überzeugte Protestantin. Sie betritt auch niemals polnischen Boden.

1713 Neue Postordnung in Kursachsen.

1715 Einführung der Landeslotterie.

1717 In Dresden wird ein Armenhaus gebaut.

1718 **Matthäus Daniel Pöppelmann (1662–1736),** bedeutendster Architekt des sächsischen Barocks, **wird Ober-**

landbaumeister. Insbesondere faßt er Dresden zu einer baukünstlerischen Einheit zusammen. Seine wichtigsten Bauten in und um Dresden sind: Taschenbergpalais (1707), Zwinger (1710–1732; zusammen mit dem Bildhauer **Balthasar Permoser**), Opernhaus am Zwinger (1718), Japanisches Palais (1727–1737 Umbau des Holländischen Palais zur Vierflügelanlage als Japanisches Palais), Neubau der Dreikönigskirche (1732–1739; zusammen mit George Bähr), Umbau von Schloß Moritzburg (ab 1723), zahlreiche Dresdner Häuser, die Anlage der Neustädter Königstraße, Umbau der Augustusbrücke (1727–1731) und Umbau von Schloß Pillnitz (1720–1725).

1719 Die **Hochzeit des sächsischen Kurprinzen mit Maria Josepha,** der Tochter des verstorbenen Kaisers Joseph I., am 20. August in Wien zielt offensichtlich auf das habsburgische Erbe, denn das Aussterben der habsburgischen Linie im Mannesstamm ist absehbar.

1719 Außenpolitischer Erfolg Augusts II. durch Abschluß eines Bündnisses mit Karl VI. von Österreich, Georg I. von England und dem Kurfürsten von Hannover, um so dem weiteren Erstarken Rußlands und Brandenburg-Preußens entgegenzuwirken.

1719 **Bernhard Christoph Breitkopf** (1695–1777) gründet seinen Buch-, Kunst- und Musikverlag in Leipzig. Er wirkt bahnbrechend bei der Erfindung des Notendrucks.

1721 **Beendigung des Nordischen Krieges** mit dem Frieden von Nystadt. Im Gegensatz zu Brandenburg-Preußen und Rußland hat August II. seine Kriegsziele nicht erreicht. **Eine Landverbindung zwischen Sachsen und Polen ist nicht zustande gekommen. Hauptgewinner ist Rußland: An die Stelle der schwedischen tritt die russische Großmacht.**

1721 **Adam Friedrich Zürner erhält von August II. den Auftrag, alle Post- und Landstraßen mit Postmeilensäulen zu versehen.** Für die Durchführung von Vermessungsarbeiten hatte Zürner schon vorher einen speziellen Vermessungswagen entworfen und bauen lassen. – Die ersten Postmeilensäulen werden schon 1722 aufgestellt.

1722 Beginn der Heeresreform in Kursachsen.

1722 August II. erhält vom Kaiser den Orden vom Goldenen Vlies. – Seine Vorfahren, Kurfürst Ernst, Herzog Albrecht und Herzog Georg, waren ebenfalls Träger dieses Ordens.

1722 Verschärfung des 1721 ausgebrochenen Zollkrieges zwischen Brandenburg-Preußen und Kursachsen.

1722 Die Reste der **Böhmischen Brüder**, einer religiösen Gemeinschaft innerhalb des Protestantismus, verlassen Mähren unter Führung von Christian David und siedeln sich auf den Besitzungen des Grafen **Nikolaus Ludwig von Zinzendorf** (1700–1760) in der Oberlausitz an. Ihre Siedlung nennen sie **Herrnhut.** Hier formiert sich die **Herrnhuter Brüdergemeine.**

1723 **Johann Sebastian Bach** (1685–1750) **wird Thomaskantor in Leipzig.**

1723 Schaffung der umfangreichsten sächsischen Gartenanlage im französischen Stil nach dem Vorbild von Versaille in **Großsedlitz** nach Plänen von Pöppelmann, Knöffel und Longuelune. – **Der Raum um Dresden wird planmäßig zu einer beeindruckenden Residenzlandschaft umgestaltet.**

1723 / 24 **Das »Grüne Gewölbe« wird als Schatzkammer/**

Museum eingerichtet. Bereits 1721 begann die Neuordnung der Kunstsammlungen.

1724 Der **»Codex Augusteus«**, das zu diesem Zeitpunkt umfangreichste sächsische Gesetzeswerk (Gesetze, Verordnungen, Landtagsabschiede), erscheint und löst die »Konstitutionen« von 1572 ab.

1724 In der **Schulordnung** vom 20. Nov. werden in Kursachsen erstmals Sommerschulen vorgeschrieben.

1725 Der Gelehrte und Schriftsteller **Johann Christoph Gottsched** (1700–1766), der 1724 vor den Soldatenwerbern aus dem preußischen Königsberg nach Leipzig geflohen war, wird 1725 Privatdozent an der Leipziger Universität, 1734 ordentlicher Professor. – Er wagt mit Unterstützung der Schauspielerin und Theaterleiterin **Karoline Neuber** (1697–1760), der Neuberin, die sich oft in Leipzig aufhält, eine Reform des Theaters.

1725 Der Kaiser überträgt Kursachsen die Vertretung der Interessen der Magdeburger Ritterschaft gegen deren Lehnsherrn, König Friedrich Wilhelm I. von Preußen.

1726 Grundsteinlegung für den Bau der **Frauenkirche in Dresden**, einem Werk des Ratszimmermeisters **George Bähr** (1666–1738). – Vollendung 1743.

1728 Einführung einer neuen Landtagsordnung, welche die Rechte der Stände weiter einschränkt.

1729 Werbung für die sächsische Armee darf nur noch im Inland betrieben werden.

1730 **Zeithainer Lager:**
Abschluß, Höhepunkt und Demonstration der Augusteischen Heeresreform in Form eines eindrucksvollen,

mit Festlichkeiten aller Art verbundenen Manövers der sächsischen Armee (30 000 Mann), mit welchem August II. die Stärke seiner Armee und den Reichtum des Landes zur Schau stellt. Anwesend und stark beeindruckt von diesem »Spektakel des Jahrhunderts« sind u. a. der preußische König Friedrich Wilhelm I., der preußische Kronprinz Friedrich (ab 1740 König Friedrich II. der Große von Preußen) und weitere 47 Fürsten.

1731 Johann Adolph Hasse und seine Gemahlin Faustina Bordoni treten erstmals an der Dresdner Hofoper auf.

1731–1775 **Johann Joachim Kändler** wirkt als Modellmeister an der Königlichen Porzellanmanufaktur Meißen.

1732 Baubeginn der **Dreikönigskirche in Dresden** nach Plänen von Pöppelmann und George Bähr. – Umbenennung von Alt-Dresden in »Neue Königsstadt« Dresden im Zusammenhang mit ihrem Aufbau nach dem Stadtbrand von 1685.

1732 Im Verlag von **Johann Heinrich Zedler** in Halle/Leipzig erscheint von 1732 bis 1754 das **68bändige »Große Vollständige Universal-Lexikon Aller Wissenschaften und Künste«**. Es ist das berühmteste und lange Zeit meistbenutzte Lexikon seiner Art.

1733 August II. stirbt am 1. Febr. in Warschau.
Die Überführung von Warschau nach Krakau und die feierliche Beisetzung in der Kathedrale des Krakauer Schlosses erfolgt erst am 25. Jan. 1734 im Beisein seines Sohnes. **Das Herz Augusts II.** wird in einer silbernen, innen vergoldeten Kapsel nach Dresden gebracht und findet in der alten katholischen Kapelle zwischen

Schloß und Taschenbergpalais seine letzte Ruhestätte. Heute befindet es sich in der **Königsgruft der Katholischen Hofkirche**. Diese wird nach ihrer Fertigstellung 1755 Grablege der Wettiner.
Nachfolger wird sein Sohn **Kurfürst Friedrich August II., als König von Polen August III.** Krönung des Königspaares am 17. Jan. 1734 in Krakau. Der inzwischen am 12. Sept. 1733 zum polnischen König gewählte Stanislaus Leszynski entsagt erst am 27. Jan. 1736 in aller Form der polnischen Königskrone. – August III. ist wenig politikinteressiert und überläßt die Regierungsgeschäfte weitgehend dem Grafen Heinrich von Brühl (1700–1763). Durch seine von hohem Kunstverständnis geleitete sachkundige Sammlerleidenschaft entwickelt sich die königliche Gemäldesammlung zu einer der bedeutendsten Europas. **In seiner Regierungszeit wird Dresden zur ersten Kunststadt Deutschlands. Leipzig wird zum »Klein-Paris«, jener eigenwilligen Verbindung von Handel, Gelehrsamkeit und weltmännischer Bildung. – Politisch kommt es zur militärischen Konfrontation mit Preußen und zum völligen politischen Zusammenbruch Kursachsens. Kursachsen wird im Verlaufe des Siebenjährigen Krieges von Preußen verwüstet und systematisch ausgeplündert. 1763 steht es vor dem wirtschaftlichen Bankrott.**

1733 Denkmal Augusts II. in Dresden enthüllt (»Goldener Reiter«).

1734 Der Dichter **Christian Fürchtegott Gellert** (1715–1769) kommt als Student der Theologie an die Leipziger Universität, 1745 habilitiert er sich dort und wirkt von 1751 bis zu seinem Tode als Professor in Leipzig. Von 1729–1733 hatte er sich an der fürstlichen Landesschule in Meißen auf sein Universitätsstudium vorbereitet.

1734 Der Philologe und Theologe **Johann August Ernesti** (1707–1781) wird Rektor der Thomasschule in Leipzig, 1742 Professor. Er wirkt bis zu seinem Tode in Leipzig. – Seine Schulordnung für Sachsen von 1773 beruht zwar auf der klassisch-theologischen Gelehrsamkeit der Lateinschulen, gewährt aber auch schon der deutschen Muttersprache, der Mathematik und den Naturwissenschaften einen bescheidenen Raum.

1734 Durch die Berufung von Johann Adolf Hasse und seiner Frau Faustina nach Dresden gelangen Oper und Hofmusik zur Blüte.

1735 Einrichtung einer **Kommerziendeputation** (Nachfolgeeinrichtung der Kommerzienkollegien von 1703 und 1708) durch den Kurfürsten. Es handelt sich um keine weisungsbefugte Behörde, sondern die Entwicklung von Handel und Gewerbe wird auf der Grundlage von Analysen des Wirtschaftslebens über Fördermittel und Propagierung neuer Fabrikationsmethoden in die gewünschten Bahnen gelenkt.

1738 Nach dem Sturz des Jugendfreundes und Vertrauten Augusts III., Sulkowski, wird **Graf Heinrich von Brühl** zum **maßgeblichen Ratgeber Augusts III.** 1740 wird er de facto, 1746 tatsächlich allmächtiger Premierminister. Er versucht, seine außenpolitischen Ziele auf diplomatischem Wege zu erreichen und vernachlässigt die militärische Rüstung. Um 1740 stehen 17 000 sächsischen etwa 83 000 preußische Soldaten gegenüber. – Graf Brühl führt durch Günstlingswirtschaft, Korruption und persönliches Macht- und Gewinnstreben die Zerrüttung des Staatswesens und der Staatsfinanzen herbei.

1738 Gründung der **Freimaurerloge »Zu den drei weissen Adlern« in Dresden** durch Generalfeldmarschall August von Rutowski, einem unehelichen Sohn Augusts II. Es ist nach der Gründung einer Loge in Hamburg die zweite in Deutschland. Diese Ordensbewegung gehört bald zur Kulturszene Sachsens. Noch im gleichen Jahre entsteht in Dresden die Loge **»Zu den drei Schwertern«**, die, 1831 hier mit der Loge »Asträa zur grünen Raute« vereinigt, mit der Loge »Zum goldenen Apfel« unter dem Doppelnamen »Zu den drei Schwertern und Asträa zur grünen Raute« fast 200 Jahre in Dresden wirkt.

1740 Nach dem Tode Kaiser Karls VI. meldet August III. Ansprüche auf die Kaiserkrone an (seine Gemahlin Maria Josepha ist die Nichte des verstorbenen Kaisers). Die Ansprüche Maria Theresias, der Tochter Karls VI., werden nicht anerkannt. – August III. verbündet sich mit Preußen und Bayern gegen Österreich. Es kommt zum **1. Schlesischen Krieg (1740–1742)**. Während die Preußen Schlesien besetzen, marschieren die Sachsen 1741 in Böhmen und Mähren ein.

1740 **Die Schönburgischen Herrschaften geben ihre Reichsunmittelbarkeit auf und unterwerfen sich der kursächsischen Landesherrschaft**, behalten aber bis 1878 eine eingeschränkte Hoheit, insbesondere eine selbständige Gerichtsbarkeit. – **Damit ist jetzt das seit langem angestrebte territorial einheitliche kursächsische Herrschaftsgebiet nahezu Wirklichkeit geworden.** Vorangegangen waren langwierige Verhandlungen vor dem Reichskammergericht in Wetzlar, die mit einem Rezeß (vertragliche Übereinkunft) endeten. Seit dieser Zeit werden die Schönburgischen Herrschaften Glauchau, Waldenburg, Lichtenstein, Hartenstein und Stein als **»Rezeßherrschaften«** bezeichnet.

1741 **Gotthold Ephraim Lessing** besucht bis 1746 die fürstliche Landesschule (»Fürstenschule«) in Meißen. Etwa zur gleichen Zeit (1728–1734) ist der spätere satirische Dichter **Gottlob Wilhelm Rabener** dort Schüler.

1741 In **Leipzig** konstituiert sich die **Loge »Zu den drei Kompassen«** und **in Altenburg die Loge »Zu den drei Reißbrettern«**. – Es folgen 1789 in Plauen die Loge »Zur Pyramide«, 1798 in Freiberg die Loge »Zu den drei Bergen« und 1799 in Chemnitz die »Harmonie-Loge«.

1742 Im **Frieden von Breslau** (28. Juli) erhält Preußen Schlesien. Kursachsen geht leer aus. – **Mit dem Erwerb Schlesiens durch Preußen zerschlagen sich die Hoffnungen Kursachsens auf eine Landverbindung mit Polen**, weswegen Sachsen u. a. in den Krieg gegen Österreich gezogen war. In der Folgezeit wendet sich August III. deshalb von Preußen ab und verbündet sich wieder mit Österreich (Dez. 1743). **Die anhaltende politische Schwäche der Habsburger sowie der Wagemut und der Ehrgeiz des jungen Preußenkönigs (Friedrich II. der Große) stellen die sächsische Außenpolitik vor schwierige Probleme.**

1743–1751 Bedeutende Erweiterung des 1721 erbauten Jagdschlosses Hubertusburg bei Oschatz.

1745 Im Verlaufe des **2. Schlesischen Krieges (1744–1745)** kämpft Kursachsen im Bündnis mit Österreich, England/Hannover und Rußland gegen Preußen. **Das Ziel Kursachsens besteht in der Zerschlagung Preußens, dem Gewinn Magdeburgs und der Einverleibung von Cottbus, Krossen und Sternberg (Brücke von der Niederlausitz nach Polen).** Friedrich der Große weist jedoch den **österreichisch-sächsischen Einfall in Schlesien** durch seinen glänzenden Sieg bei **Hohenfriedeberg** (4. Juni 1745) zurück und erzwingt durch den Sieg des Fürsten Leopold von Anhalt-Dessau (des »Alten Dessauers«) bei **Kesselsdorf** (15. Dez. 1745) im **Frieden zu Dresden** (25. Dez. 1745) die Erneuerung der Bestimmungen des Breslauer Friedens von 1742.

1746 Bernardo Bellotto (1720–1780), genannt **Canaletto**, kommt nach Dresden und wird dort 1748 Hofmaler.

1754 **»Sixtinische Madonna«** von August III. für 12 500 Dukaten für seine Gemäldesammlung erworben.

1755 Die **Katholische Hofkirche in Dresden** (Grundsteinlegung 1739) wird im Barockstil nach den Plänen **Gaetano Chiaveris** von Sebastian Wetzl (ab 1749), Johann Christian Knöffel (ab 1750) und Julius Heinrich Schwarze (ab 1752) vollendet. Sie wird Grablege der katholischen Albertinischen Wettiner.

1756 Beginn des Siebenjährigen Krieges:
Einmarsch der Preußen in das schlecht gerüstete Sachsen. Kampflose **Kapitulation** der bei Pirna eingeschlossenen sächsischen Armee (14 000 Mann) am 17. Okt. Kursachsen kommt unter preußische Verwaltung. **August III. und Brühl gehen nach Warschau**, die Kurfürstin und der Kurprinz Friedrich Christian bleiben in Dresden.

1758 Der »Bauern-Astronom« **Johann Georg Palitzsch** aus Prohlis bei Dresden entdeckt den Kometen Halley wieder, wofür er von der Petersburger Akademie der Wissenschaften zum korrespondierenden Mitglied gewählt wird.

1759 **Die Preußen müssen Dresden** am 5. Sept. nach ihrer schweren Niederlage gegen ein österreichisch-russisches Heer bei Kunersdorf (12. Aug.) **aufgeben**. Der Versuch, Dresden wiederzugewinnen, endet mit der **Kapitulation des preußischen Generals Fink bei Maxen** (21. Nov.).

1760 Verheerende Beschießung der Altstadt von Dresden durch die Preußen (19./20. Sept.), die aber zunächst unverrichteterdinge nach Schlesien abziehen müssen. –

Durch die **Schlacht bei Torgau** (3. Nov.) gewinnen die Preußen den größten Teil Sachsens wieder zurück.

1762 **Berufung der Restaurationskommission** auf Initiative der zurückgekehrten Hofpartei mit **Kurprinz Friedrich Christian**. Diese unter dem Vorsitz des aus dem Leipziger Großbürgertum stammenden Thomas von Fritsch vom 30. April 1762 bis zum 5. August 1763 tätige Kommission erarbeitet die Grundprinzipien des wirtschaftlichen Wiederaufbaus und befaßt sich darüber hinaus mit nahezu allen Bereichen der Gesellschaft. Nach diesem Programm vollzieht sich nach dem Friedensschluß der Wiederaufbau des Landes.

1763 Friede von Hubertusburg (15. Febr.):
Nach allgemeiner Erschöpfung der kriegführenden Parteien kommt es durch die besonderen Bemühungen des Kurprinzen Friedrich Christian zum Frieden von Hubertusburg **auf der Grundlage des Besitzstandes von vor dem Kriege**. – Friedrich II. von Preußen kann seine Vormachtstellung behaupten. **Das Kräftespiel zwischen Österreich und Preußen bestimmt fortan das politische Geschehen in Mitteleuropa. Kursachsen spielt keine entscheidende Rolle mehr.**

1763–1830

Der aufgeklärte Absolutismus, politischer Stillstand und wirtschaftlicher Aufschwung

Nach dem totalen wirtschaftlichen und politischen Zusammenbruch Kursachsens fanden unter dem Einfluß des Kurfürsten Friedrich Christian und bürgerlicher Politiker Gedanken der Aufklärung in die Regierungstätigkeit Eingang. Der **aufgeklärte Absolutismus** schuf günstige Voraussetzungen für die wirtschaftliche Entwicklung des Bürgertums und die Verbreitung liberalen Gedankengutes, so daß diese Periode sächsischer Geschichte zur **unmittelbaren Vorstufe des bürgerlichen Zeitalters** werden konnte.

Diese Periode ist eng mit der Persönlichkeit des Kurfürsten Friedrich August III. verbunden. Die Neuordnung der Staatsfinanzen und der Wiederaufbau der Wirtschaft wurden zum Abschluß gebracht und ein gutnachbarschaftliches Verhältnis zu Preußen hergestellt. **Wirtschaftlicher Aufschwung, aber auch politischer Stillstand kennzeichneten die inneren Verhältnisse des Landes.** Die außenpolitischen Prinzipien des Kurfürsten waren Neutralität und unbedingte Reichstreue. Nach dem Zerfall des Reiches ging er 1806 ein **Bündnis mit Napoleon** ein, und **Sachsen wurde Königreich**. **König Friedrich August I.** stand nunmehr pflichtgetreu bis zur Völkerschlacht bei Leipzig auf der Seite Napoleons. Als Ergebnis dieses politischen Fehlverhaltens **mußte das Königreich Sachsen 58 % seines Staatsgebietes und 42 % seiner Einwohner hauptsächlich an Preußen abtreten** und verlor weiter an politischem Einfluß.

Während in Preußen die Lehren aus der Niederlage gegen Napoleon zu innenpolitischen Reformen führten, blieb im Königreich Sachsen alles beim alten.

1763 August III. stirbt (5. Okt.).
Zur Regierung kommt sein ältester Sohn **Kurfürst Friedrich Christian (5. Okt. 1763 bis 17. Dez. 1763),** der kurz darauf an den Blattern stirbt. Er ist der Wettiner mit der kürzesten Regierungszeit. – **Kurfürst Friedrich Christian regiert im Sinne des aufgeklärten Absolutismus. Er leitet umgehend die Neuordnung der zerrütteten Staatsfinanzen und den Wiederaufbau der darniederliegenden Wirtschaft ein. Die Personalunion mit Polen wird nicht erneuert.** – Nach der **Entlassung Brühls**, der kurze Zeit darauf stirbt, ordnet der Kurfürst eine Untersuchung der Brühlschen Mißwirtschaft an. – Im Rahmen einer **umfassenden Staatsreform** gelangen tüchtige Männer – teils bürgerlicher Herkunft – an die Spitze der Staatsverwaltung (z. B. der geadelte Thomas v. Fritsch; Graf Flemming, Graf Einsiedel u. a.). Unter Mitwirkung der Landstände wird ein **Tilgungsplan für die Landesschulden** (30 Millionen Reichstaler) aufgestellt. **Sparsamkeit, auch in der Hofhaltung, zieht ein** (z. B. Schließung der Oper, Entlassung des Direktors der italienischen Oper Johann Adolf Hasse und seiner Frau Faustina, Auflösung des Balletts). – **Das weitgesteckte Programm des »Retablissements« will mehr als nur die Beseitigung der Schäden des Krieges. Es zielt auf die Beseitigung feudaler Vorurteile und Privilegien und die Stärkung des bürgerlichen Einflusses und ist damit ein Vorbote des Reformwerkes nach 1831.** Jetzt kommt es jedoch nur zu kleinen Korrekturen der alten Ordnung. – **Außenpolitisch bahnt Kurfürst Friedrich Christian ein gutes Verhältnis zu Preußen an.**

Nachfolger Friedrich Christians wird sein noch unmündiger Sohn **Friedrich August III.** »der Gerechte« **(1763–1806 Kurfürst; 1806–1827 als Friedrich August I. König von Sachsen).** – Die **Regentschaft** übernimmt als Administrator bis 1768 **Prinz Xaver**, der Bruder des verstorbenen Kurfürsten Friedrich Christian. **Er führt die grundlegenden wirtschaftlichen und sozialen Reformen Friedrich Christians fort und reorganisiert das Heer** nach preußischem Vorbild.

1764 Aufgabe der im April eingesetzten **Landesökonomie-, Manufaktur- und Kommerziendeputation** ist die Ingangsetzung der Wirtschaft. Vorsitzender ist der fähigste Mitarbeiter der Restaurationskommission, Ludwig Wurmb. – Die **Wirtschaftsförderung erfolgt durch Bereitstellung staatlicher Mittel** für Erfindungen und Verbesserungen sowie zur Unterstützung privater Unternehmer. Aus der dafür eingerichteten **Prämienkasse** werden von 1764–1827 2¼ Millionen Taler gezahlt.

1764 **Gründung der Leipziger ökonomischen Sozietät**, welche die Verbesserung der landwirtschaftlichen und gewerblichen Produktion durch die Einführung neuer technischer Erkenntnisse anstrebt. – Einige Jahre später wird mit gleicher Zielstellung in Dresden die **Ökonomische Gesellschaft** gegründet.

1764 Gründung der **»Akademie der zeichnenden und bildenden Künste«** zu Dresden nach Plänen von **Christian Ludwig Hagedorn**. Ab 1765 werden von der Akademie Gemäldeausstellungen veranstaltet.

1764 Die Kreis- und Amtshauptleute meist adliger Herkunft übernehmen wieder obrigkeitliche Kontrollfunktionen. Damit wird die Reorganisation der Regional- und Lokalverwaltungen eingeleitet.

1765 Endgültiger Verzicht der Wettiner auf die polnische Krone zugunsten Stanislaus Poniatowskis, des Günstlings der russischen Zarin Katharina II. (Vereinbarung zwischen Prinz Xaver und dem polnischen König Stanislaus Poniatowski). In Polen gibt es aber auch weiterhin eine sachsenfreundliche Partei, die nach der 1. Polnischen Teilung den Wettinern im Jahre 1791 die erbliche Königswürde anbietet (polnische Verfassung vom 3. Mai 1791).

1765 Gründung der Bergakademie Freiberg, der ersten montanwissenschaftlichen Ausbildungsstätte und technischen Hochschule der Welt nach einem Vorschlag des Generalbergkommissars **Anton von Heynitz** und des Oberberghauptmanns **Friedrich Wilhelm von Oppel**. Im Frühjahr 1766 beginnen die Vorlesungen. **Diese Gründung trägt entscheidend zum weiteren Aufschwung des sächsischen Bergbaus bei.** – Die Bergakademie Freiberg entwickelte sich folgerichtig als Institution des staatlich organisierten wettinischen Bergbaus. Schon vorher gab es in Freiberg eine Ausbildung für Bergbeamte, die durch die Stipendiatenordnung von 1702 geregelt wurde. Bis zur Gründung der Bergakademie hatten bereits 128 Stipendiaten eine fundierte Ausbildung erhalten.

1765 Begründung des **Sanitätskollegiums** zu Dresden als **oberste Landesmedizinalbehörde** (für den Meißnischen, Erzgebirgischen und Vogtländischen Kreis sowie für die Oberlausitz), **die zusammen mit den medizinischen Fakultäten der Universitäten Leipzig** (für den Leipziger und den Thüringischen Kreis) **und Wittenberg** (für den Kurkreis und die Niederlausitz) **für die Hygieneaufsicht sowie die Kontrolle der Ärzte, Bader, »Chirurgen«, Hebammen und Apotheken, vor allem aber für die Bekämpfung von Seuchen zuständig ist.** – 1824 wird das Sanitätskollegium aufgelöst. Seine Aufgaben gehen an die Landesregierung über.

1765 Beginn der berühmt gewordenen **Merinoschafzucht** in Sachsen: Im Juli kommen zwei spanische Schafknechte mit 200 Merinoschafen, einem Geschenk König Karls III. von Spanien, in Dresden an und werden in den kurfürstlichen Vorwerken Hohenstein, Lohmen und Rennersdorf bei Stolpen untergebracht. – 1768 wird in Hohenstein eine **Schäferschule** gegründet.

1765–1768 Goethe studiert in Leipzig.

1766 Leipziger Theater erbaut, 1798 wird es städtisch. Bedeutende Pflegestätte des Schauspiels.

1768 Am 13. Sept. 1768 zieht sich Prinz Xaver, verstimmt durch die Haltung der Landstände gegenüber seiner Heeresreform, vorzeitig auf sein Gut Zabeltitz bei Riesa ins Privatleben zurück.
Kurfürst Friedrich August III. »der Gerechte« übernimmt die Regierung. Er zeigt von Anfang an eine große Selbständigkeit. Er liebt keine durchgreifenden Veränderungen und hält unverbrüchlich an alten Ordnungen fest. In seiner Regierungszeit können sich jedoch viele Neuerungen durchsetzen, die sich in aller Stille aus den alten Strukturen heraus entwickeln und bewähren. **Seine politischen Prinzipien sind Neutralität und Reichstreue.** In seiner bedingungslosen Treue zur Reichsverfassung sieht er die Garantie der kleineren Staaten, zu denen nach dem Hubertusburger Frieden auch Sachsen gehört, gegen Übergriffe der Großmächte Österreich und Preußen. Erst das energische Eingreifen Napoleons wird diese Prinzipien ins Wanken bringen. Diese Prinzipien sind es aber auch, die ihn dann wieder zum Schaden Sachsens an Napoleon binden.

1768 Johann Friedrich Mende baut die erste Wassersäulenmaschine im sächsischen Bergbau, ab 1770 wirkt er als Kunstmeister im Freiberger Revier und errichtet Schleusen und verbesserte Göpel.

1770 **Abschaffung der Folter** in Sachsen. – Humanere Gestaltung des Strafvollzuges in den Strafanstalten.

nach 1770 Die Rübe setzt sich als Futterpflanze durch.

um 1770 Erstmals ist der Einsatz von Düngesalzen in der sächsischen Landwirtschaft nachweisbar.

1771 / 72 Durch Mißernten katastrophale Hungersnot in Sachsen.

1772 Die **Armenordnung** regelt die Versorgung der Armen durch die Gemeinden.

1772 **Einführung des Papiergeldes** (»Kassenbilletts«) als neues Zahlungsmittel. Auch **das erste Kupfergeld** als Scheidemünze wird in Umlauf gesetzt.

1772 Das schwere Not- und Hungerjahr 1771/72 führt zur allgemeinen Verbreitung des Kartoffelanbaus.

1773 **Schulordnung** vom 17. März, wodurch eine vollständige Reorganisation des gesamten höheren, mittleren und niederen Unterrichtswesens erfolgt. Insbesondere wird das Volksschulwesen erneuert. Neben dem Unterricht in Religion, Lesen, Schreiben, Rechnen und Singen wird Unterricht in Erdbeschreibung, Geschichte und Naturkunde vorgeschrieben. – Dieses Gesetz ist bis 1835 gültig.

1774 **Abraham Gottlob Werner**, Mitbegründer der wissenschaftlichen Mineralogie und Geologie, nimmt seine Tätigkeit an der Bergakademie Freiberg auf und trägt zu ihrer internationalen Anerkennung bei.

1774 Jetzt und in der Folgezeit **Gründung weiterer wissenschaftlicher Gesellschaften**:
Jablonowskische Gesellschaft in Leipzig 1774; Oberlausitzer Gesellschaft der Wissenschaften in Görlitz 1779; Philologische Gesellschaft in Leipzig 1784; Naturforschende Gesellschaft in Leipzig 1787.

1775 **Gründung der Bergschule in Freiberg** zur Ausbildung von Steigern und Werkmeistern.

1775 Die bisher der obersten Bergbehörde unterstehende Dresdner Münze wird der obersten Finanzverwaltung unterstellt.

1776 Die wieder um ihre reichsunmittelbare Stellung bemühten Grafen und Herren von Schönburg rufen österreichische Truppen ins Land. Kurfürst Friedrich August III. wendet sich zunächst auf dem Verhandlungswege gegen diese Bedrohung.

1776 Landhaus in Dresden erbaut. Der Klassizismus löst den Barockstil ab. – Das Landhaus wird Sitzungsort der Landtage, die vordem im Dresdner Schlosse zusammentraten.

1776 Der erste Blitzableiter im Lande wird auf dem Schloßturm in Dresden angebracht.

1778 In Leipzig werden die zwecklos gewordenen Festungswerke abgetragen und zu Grünanlagen umgestaltet. In Leipzig, das immer mehr als Messestadt Bedeutung erlangt, setzt sich diese städtebauliche Entwicklung ein Vierteljahrhundert früher durch als in der Residenz Dresden.

1778 Errichtung des ersten deutschen **Taubstummeninstituts in Leipzig** und des ersten deutschen **Lehrerseminars** für Volksschullehrer in **Dresden-Friedrichstadt**. – Weitere Lehrerseminare entstehen in Weißenfels (1794), Freiberg (1797), Plauen (1810), Bautzen (1817).

1778–1779 Bayrischer Erbfolgekrieg:
Nach dem Tode des letzten bayrischen Wittelsbachers Max Joseph 1777 erhebt Kaiser Joseph II. (1765–1790)

Ansprüche auf Bayern und besetzt große Teile Bayerns. Kursachsen macht ebenfalls seine Ansprüche geltend. Die Kurfürstin Maria Antonia (Gemahlin des verstorbenen Kurfürsten Friedrich Christian) stammt aus dem Hause Wittelsbach. – Kursachsen besiegt in dem mit »Kartoffelkrieg« bezeichneten ereignisarmen Feldzug im Bündnis mit Preußen die Österreicher (dieser »Krieg« besteht im wesentlichen darin, daß sich die streitenden Parteien gegenseitig die Verpflegung abjagen). – **Im Teschener Frieden (1779) muß Kaiser Joseph II. auf Bayern verzichten und die Abtretung seiner Lehnshoheit über die Schönburger an Kursachsen endgültig bestätigen.** Obgleich die Schönburger sich bereits 1740 dem Kurfürsten unterworfen hatten, unterstanden sie bis jetzt immer noch der Lehnshoheit Böhmens. Von den kleineren Territorialgewalten innerhalb des kursächsischen Raumes hatten sie am längsten ihre Souveränität gegenüber dem Kurfürsten behaupten können. – Für den Verzicht auf seine Allodial-Ansprüche in Bayern wird Kursachsen mit 6 Millionen Gulden entschädigt.

1780 Als vierte ihrer Art entsteht in Dresden die **Staatliche Tierarzneischule**, hervorgegangen aus der 1774 von Dr. Christoph Friedrich Weber eröffneten Privatschule für Tierarzneikunde.

1780 Erfindung der Freiberger Langstoßherde und Einführung derselben in die Erzaufbereitung.

1781 Die **Leipziger Gewandhauskonzerte** (die Konzertdirektion bestand bereits seit 1743) werden in das neu erbaute Gewandhaus verlegt. Leitung Adam Hiller. – Während Kursachsen nach dem Siebenjährigen Krieg seine Vorrangstellung in Kunst und Literatur verliert, kann es seine Positionen in der Musik halten und ausbauen.

1782 Abschluß der Reorganisation der Kammer- und Finanzbehörden durch Bildung des **Geheimen Finanzkollegiums** als umfassender zentraler Finanzbehörde für die Kammer-, Berg-, Akzise- und Kommerziensachen, die bis 1831 besteht. – **In dieser neuen Zentralbehörde werden das Geheime Kammerkollegium, das Generalakziskollegium und das Bergratskollegium zusammengefaßt.** – Schon 1773 war zur konsequenten Durchführung des 1769 aufgestellten Finanzplanes anstelle der bisher bestehenden Landeskassen eine Generalhauptkasse geschaffen worden.

1784 Im metallurgischen Laboratorium von Detlev Carl von Einsiedel in Lauchhammer gelingt erstmals der Eisenkunstguß.

1784 Es erfolgt die Trennung der Domänenverpachtung von der Justizverwaltung der Ämter, die an Justizamtmänner übergeht, um Unparteilichkeit der Justizverwaltung zu sichern.

1785 Deutscher Fürstenbund zwischen Kursachsen, Preußen und Hannover (23. Juni) gegen die Eroberungsabsichten Kaiser Josephs II.

1785 Erste Realschule Sachsens in Dresden eröffnet.

1785 Der Freiberger Professor Johann Friedrich Lempe gibt das **»Magazin für Bergbaukunde«, die erste montanwissenschaftliche Zeitschrift**, heraus.

1785 **Georg Joachim Göschen** (1752–1828) gründet in Leipzig eine Verlagsbuchhandlung.

1787–1791 Bau und Inbetriebnahme des **Amalgamierwerkes Halsbrücke** zur Gewinnung des Silbers aus reichen Silbererzen durch kalte Amalgamation durch Chr. E. Gellert und J. F. W. von Charpentier. Dieses Amalgamierwerk wird als »8. Weltwunder« unter den Metallurgen international bekannt.

1787 Der Staat unterhält Landgestüte zur Förderung der Pferdezucht.

1787 Für das ganze Land kommt die Einrichtung einer Brandversicherung zustande. Ihr entspricht die Feuerordnung für die Dörfer von 1775.

1788 Eine Verordnung sieht die Förderung der Besiedlung von Wüstungen vor.

1788 / 89 Bau des **Churprinzer Bergwerkskanals** und des **Rothenfurther Kahnhebehauses**, des ersten Schiffshebewerkes, durch Mende.

1789 Der Staatskredit ist wieder hergestellt, 1806 sind die Staatsschulden fast völlig getilgt.

1789 **Karl Franz Gottfried Koehler** gründet in Leipzig seine Verlags-, Sortiments- und Kommissionsbuchhandlung.

1790 **Bauernunruhen in Sachsen** als unmittelbare Folge der Französischen Revolution:
Die Unruhen beginnen im August in der Gegend um Lommatzsch. Sie richten sich weniger gegen den Kurfürsten als vielmehr **gegen die von** einigen **Grundherren verschuldeten Mißstände, besonders aber gegen die Frondienste**, die immer mehr ausgeweitet worden waren. Schon im Juli hatte ein Bürger von Liebstadt (Christian Benjamin Geißler) in Flugblättern zum Aufstand aufgerufen. Er wurde verhaftet und als »Narr« bis 1809 in Torgau in Verwahrung genommen. – Der Kurfürst verspricht die Abstellung begründeter Mißstände. Das Militär wird zur Niederschlagung der Aufstände nur bei Rochlitz eingesetzt. Insgesamt werden

etwa 200 Verhaftungen vorgenommen und 34 Häftlinge auf den Königstein gebracht, jedoch bis 1791 wieder freigelassen.

1790 Aufstand der Freiberger Bergleute gegen Hungersnot und Wucher mit Lebensmitteln.

um 1790 Beginn des Hopfenanbaus in Sachsen.

1791 **Pillnitzer Treffen** (August) zwischen Kaiser Leopold II., König Friedrich Wilhelm II. von Preußen und dem französischen Grafen von Artois, dem späteren französischen König Karl X.:
Es werden Maßnahmen gegen das revolutionäre Frankreich besprochen, die in einer gemeinsamen Erklärung ihren Niederschlag finden. – **Friedrich August III. ist nur Hausherr dieses Treffens** und nimmt weder an den Verhandlungen teil noch unterzeichnet er die Abschlußerklärung. – **Die unmittelbare Folge der Pillnitzer Beschlüsse ist der Ausbruch des Ersten Koalitionskrieges (1792/93–1795) gegen das revolutionäre Frankreich.**

1791 Die **erste vollständig mit Spinnmaschinen ausgerüstete Fabrik** entsteht in Lößnitz. – Zwischen 1793 und 1800 werden mindestens 150 Manufakturen gegründet, privilegiert oder erstmals erwähnt. – 1806 laufen in Sachsen 13 200 Spindeln, 1813 sind es bereits 223 000.

1792 **Der Immerwährende Reichstag in Regensburg beschließt** am 23. Nov. auf der Grundlage eines Bündnisses zwischen Österreich und Preußen (7. Febr.) **den Reichskrieg gegen Frankreich**. Die formelle Kriegserklärung erfolgt erst am 22. März 1793. **Kursachsen nimmt nur als Reichsstand am Kriege teil. Demgegenüber gehen Österreich und Preußen auf Eroberungen aus.** – Das sächsische Kontingent beträgt erst 6 000, später 10 000 Mann und ist maßgeblich bei den Kämpfen um Mainz und bei Kaiserslautern beteiligt.

1797 **Beendigung des Reichskrieges** (des Ersten Koalitionskrieges) durch den **Frieden von Campo Formio** (17. Okt.):
Österreich muß das **linke Rheinufer an Frankreich abtreten.** Die dort zu erheblichen Gebietsabtretungen gezwungenen deutschen Fürsten sollen entsprechend den französischen Vorstellungen im rechtsrheinischen Gebiet auf Kosten der geistlichen Fürstentümer, der Reichsstädte und der Territorien der Reichsritterschaft entschädigt werden. Diese Fragen sollen auf dem **Rastatter Kongreß,** der von Dez. 1797 bis April 1799 tagt (unterbrochen durch den Zweiten Koalitionskrieg), durch eine Reichsdeputation, der auch Kursachsen angehört, geregelt werden. **Kursachsen spricht sich vom Grundsatz her gegen eine Säkularisation der geistlichen Fürstentümer aus.** – Preußen hatte schon am 5. April 1795 einen Separatfrieden mit Frankreich geschlossen.

1801 Der **Frieden von Luneville** (9. Jan.) beendet den Zweiten Koalitionskrieg (1798–1801) gegen das auch diesmal siegreiche Frankreich. Dieser Friedensvertrag bestätigt die Vereinbarungen von Campo Formio, nur daß Frankreich offen die Entschädigungsfrage hinsichtlich der linksrheinischen Gebiete anspricht. – **Kursachsen hatte im Bündnis mit Preußen seine Neutralität in diesem Zweiten Koalitionskrieg wahren können.**

1803 Regensburger Reichsdeputationshauptschluß:
Die deutschen Fürsten, die durch Frankreich ihre linksrheinischen Gebiete verloren haben, werden auf Kosten der Territorien der geistlichen Fürstentümer, der Reichsritterschaft und der Reichsstädte entschädigt. Das kommt einer Neuordnung des deutschen

Reichsgebietes gleich. 112 Reichsstände verschwinden von der Landkarte. – **Auch Kursachsen muß sich schließlich diesen französischen Forderungen beugen.** – Durch diesen Beschluß ist die Reichsverfassung von der Sache her schon aufgelöst.

1804 Kurz nach der Schaffung des Napoleonischen Kaiserreiches begründet der römisch-deutsche Kaiser Franz II. das österreichische Kaiserreich und läßt sich als Franz I. zum ersten Kaiser von Österreich krönen. Er bereitet damit die formelle Auflösung des Heiligen Römischen Reiches Deutscher Nation vor.

1805 Mit Verordnung vom 4. März »über das Anhalten der Kinder zur Schule und die Bezahlung des Schulgeldes betreffend« wird **die allgemeine Schulpflicht für den Besuch der Volksschule in Kursachsen eingeführt**.

1806 Nach der Gründung des Rheinbundes durch Napoleon (12. Juli 1806) sieht sich Kaiser Franz II. gezwungen, die römisch-deutsche Kaiserkrone niederzulegen (6. Aug. 1806). **Das Heilige Römische Reich Deutscher Nation besteht nicht mehr. Die norddeutschen Staaten, darunter Kursachsen und Preußen, sind sich selbst überlassen und geraten in die Schußlinie der Napoleonischen Eroberungspolitik.** Unter diesen Umständen muß Kursachsen seine Neutralitätspolitik aufgeben und sich mit Preußen verbünden.

1806 **Die preußisch-sächsische Armee erleidet eine erste Niederlage gegen die Franzosen unter Napoleon in der Schlacht bei Saalfeld (10. Okt.). Am 14. Okt. folgt die vernichtende Niederlage bei Auerstedt und Jena.** Dabei geraten 6 000 Sachsen in französische Gefangenschaft, werden aber kurz darauf in die Heimat entlassen, nachdem 122 sächsische Offiziere eine Ehrenerklärung abgegeben haben, nicht mehr gegen Frankreich zu kämpfen. – **Sachsen muß Kontributionen in**

Höhe von 25 Millionen Franken aufbringen, und die französische Armee behandelt Sachsen als besetztes Land.

1806 **Friedensvertrag von Posen (11. Dez.)** zwischen Frankreich und Kursachsen. Die wichtigsten Punkte dieses Vertrages sind:
Kurfürst Friedrich August III. tritt dem Rheinbund bei. – Das bisherige Kurfürstentum **Sachsen wird zum Königreich erhoben.** – Im Kriegsfall stellt Sachsen ein Kontingent aller Waffengattungen in Höhe von 20 000 Mann. – Für den bevorstehenden Feldzug gegen Preußen stellt Sachsen ein Truppenkontingent. – Nach dem Sieg über Preußen soll Sachsen den preußischen Cottbuser Kreis erhalten. – Gleichstellung der Katholiken und Protestanten in der Ausübung ihres Gottesdienstes in Sachsen. Damit wird jetzt auch die Errichtung katholischer Gemeindekirchen möglich. – Alle Kriegskontributionen hören mit Unterzeichnung dieses Vertrages auf. – **Im Nachgang zu diesem Vertrag läßt sich der Kurfürst als Friedrich August I. zum ersten König des Königreiches Sachsen proklamieren (20. Dez.).** Krönungsinsignien werden nicht angeschafft. Eine Krone ziert nur das neue sächsische Wappen (Reskript vom 29. Dez. 1806). – **Auf ausdrücklichen Wunsch von König Friedrich August I. bleibt die alte ständische Verfassung bestehen. Damit gerät Sachsen in bezug auf seine Verfassung und Verwaltung gegenüber Preußen in Zeitverzug,** denn Preußen nimmt seine Niederlage gegen Napoleon zum Anlaß, tiefgreifende Reformen durchzuführen. Überzeugt von der Stärke Napoleons und mißtrauisch gegenüber den Absichten der Preußen und Österreicher, hält König Friedrich August I. bis zur Völkerschlacht bei Leipzig treu zu Napoleon.

1807 Im **Frieden von Tilsit (7. Juli)** zwischen Frankreich und dem besiegten Preußen **erhält König Friedrich**

August I. den Cottbuser Kreis und das Herzogtum Warschau. Letzteres wird aus den polnischen Gebieten (außer Danzig) gebildet, welche durch die polnischen Teilungen zwischen 1793 und 1795 an Preußen gekommen waren. – **Diese Erwerbungen Sachsens verschärfen die Widersprüche zwischen den einstigen Verbündeten Sachsen und Preußen.**

1807 **Gleichstellung der Katholiken mit den Lutheranern** durch Königl. Dekret vom 16. Febr. im Nachgang zu den Festlegungen des Posener Friedensvertrages vom 11. Dez. 1806 hinsichtlich der Religionsausübung sowie der politischen und bürgerlichen Gleichberechtigung. – Dies wird durch die Verfassungsurkunde von 1831 mit der Einschränkung bestätigt, daß weder Klöster errichtet noch Jesuiten oder andere geistliche Orden jemals im Königreich Sachsen aufgenommen werden dürfen.

1808 Durch die Erfindung der Kohlennaßwäsche werden aus der Steinkohle des Zauckeroder Reviers (Nebental des Plauenschen Grundes bei Dresden) Spitzenqualitäten erzeugt.

1809 **Major Ferdinand von Schill mit seiner Schar vor Wittenberg** (1. Mai). Er muß sich aber aus Sachsen zurückziehen. – Im Lützowschen Freikorps kämpft 1813 der Dichter Theodor Körner (1791–1813), Sohn des Dresdener Appellationsrates Christian Gottfried Körner.

1809 **Abwehr der** gegen Napoleon kämpfenden **Schwarzen Schar des Herzogs von Braunschweig-Oels**. Dieser war am 21. Mai in Zittau eingerückt.

1809 Während der Teilnahme **sächsischer Truppen** auf der Seite Napoleons im Kampf gegen **Österreich (Schlacht bei Wagram** 5./6. Juli) wird das westliche Sachsen mit Dresden von den Österreichern besetzt, und der sächs.

König flieht nach Frankfurt/Main. Dieser Krieg wird mit dem **Frieden von Preßburg** (14. Okt.) beendet. Sachsen erhält einige böhmische Enklaven in der Oberlausitz. **Das Herzogtum Warschau wird um das österreichische Neu-Galizien vergrößert und von Napoleon zum Großherzogtum erhoben.**

1809 Zwischen 1809 und 1812 wird das erste sächsische Walzwerk im Messingwerk Niederauerbach im Vogtland eingerichtet.

1809 **Einrichtung einer Blindenanstalt in Dresden.**

1809–1831 Beseitigung der Stadtbefestigungen in Dresden.

1810 **Der Begründer der Homöopathie, Samuel Friedrich Christian Hahnemann** (geb. 1755 Meißen, gest. 1843 Paris), 1816–1822 Dozent an der Universität Leipzig, gibt seine Schrift »Organon der Rationellen Heilkunde« heraus.

1811 Eröffnung der mechanischen Maschinenbauwerkstatt von Weibrecht in Oberhof bei Thum.

1811 **Benedikt Gotthelf Teubner** (1784–1856) beginnt in Leipzig mit seiner verlegerischen Tätigkeit.

1811 Durch Erlaß vom 18. März **Gleichstellung der Reformierten mit den Lutheranern und den Katholiken** (ergänzt durch Regulativ vom 7. Aug. 1818).

1811 Auf dem Landtag regen Vertreter der Ritterschaft und der Städte eine Aussprache an, die das Ziel einer straffen verwaltungsmäßigen Zusammenfassung der einzelnen Landesteile hat, denn immer noch haben z. B. die Stiftsgebiete und die Lausitzen eine beträchtliche Selbständigkeit innerhalb des Königreichs Sachsen. Die allem Neuen abgeneigte Einstellung des Königs und die kriegerischen Ereignisse der folgenden Jahre lassen diese »Unionsbestrebungen« im Sande verlaufen.

1812 Ende März verläßt ein 21000 Mann starkes **sächsisches Armeekorps** (dazu 7000 Pferde und 48 Geschütze) unter dem französischen General Reynier das Land, um am **Feldzug Napoleons gegen Rußland** teilzunehmen. – Davon werden nur einige tausend Soldaten im Frühjahr 1813 wieder nach Sachsen zurückkehren. – Am 14. Dez. kommt der besiegte Napoleon auf seiner Flucht durch Dresden.

1812–1819 **Mit der zweiten Auflage des »Brockhaus« beginnt der Siegeslauf dieses Konversationslexikons um die Welt. Verleger ist der Leipziger Friedrich Arnold Brockhaus (1772–1823).**

1813 Nachdem Kosaken in die Lausitz eingedrungen sind, **verläßt der sächsische König Dresden** und geht nach Plauen (28. Febr.). Am 28. März verläßt er Plauen und begibt sich nach Regensburg, am 20. April geht er über Linz nach Prag, wo er am 27. April eintrifft.

Am 12. März Sprengung der Meißner und am 19. März Sprengung der Dresdner Elbbrücke durch die Franzosen.

Die Russen besetzen am 22. März die Neustadt und am 27. März die Altstadt von Dresden.

Nach dem **Sieg Napoleons (2. Mai) über die Verbündeten bei Großgörschen (Lützen)** gewinnt Napoleon die Elbe-Linie zurück, **besetzt Dresden** und nötigt dadurch den sächsischen König, sich ihm wieder anzuschließen und nach Dresden zurückzukehren (12. Mai), die Festung Torgau den Franzosen zu öffnen und ihm das sächsische Heer zur Verfügung zu stellen.

Nach dem Sieg Napoleons in der Schlacht bei Bautzen (20. / 21. Mai) müssen die Verbündeten bis nach Schlesien zurückgehen. Am 4. Juni Waffenstillstand von Poischwitz bei Jauer.

Seit dem 12. Aug. rücken die Verbündeten wieder nach Westen vor. **Napoleon muß am 7. Okt. Dresden verlassen und vereinigt seine Heere bei Leipzig,** wohin ihm auch König Friedrich August I. folgt.

In der **Völkerschlacht bei Leipzig (16. bis 19. Okt.)** kämpfen die erst am 17. Okt. von Torgau herangezogenen **Sachsen** bis zum 18. Okt. noch unter Napoleon tapfer mit, **gehen aber ab 18. abteilungsweise zu den Verbündeten über. Am 19. Okt. wird König Friedrich August I. in der erstürmten Stadt gefangengenommen.**

König Friedrich August I. wird als Kriegsgefangener nach Berlin gebracht (trifft am 26. Okt. dort ein und wohnt bis zum Sommer 1814 im Berliner Schloß, dann bis 22. Februar 1815 im Schloß Friedrichsfelde bei Berlin).

Die französische Garnison von Dresden (etwa 30 000 Mann) kapituliert am 11. Nov.

Das eroberte Königreich Sachsen wird zusammen mit dem Herzogtum Altenburg und den Reußischen Ländern **Generalgouvernement unter dem russischen Fürsten Repnin-Wolkonski** (Generalgouverneur vom 9. Dez. 1813 bis 9. Nov. 1814). Dieses untersteht dem am 21. Okt. 1813 gebildeten »General-Gouvernement der Hohen Verbündeten Mächte« unter Reichsfreiherr H. F. K. vom und zum Stein. – **Auf Befehl des Fürsten Repnin** werden die Brühlsche Terrasse in Dresden der Öffentlichkeit zugänglich gemacht, die Reorganisation der Dresdner Kunstakademie in Angriff genommen und **zur Förderung der Industrie eine »Industrieschule« mit angegliederter Sonntagsschule für Handwerker gegründet.** – Während nach 1815 durch den Sächsischen König die Reorganisation der Kunstakademie rückgängig gemacht wird, bleibt die Industrieschule bestehen.

Ab 31. Okt. formiert sich ein Freiwilligen-Korps unter dem Namen **»Banner der freiwilligen Sachsen«, das am Kampf gegen Napoleon auf der Seite der Verbündeten** teilnimmt. Es beteiligt sich aber lediglich an der Belagerung und Einnahme von Mainz, paradiert letztmalig in Wurzen vor dem Zaren (17. Juli 1814) und wird bald danach in Dresden größtenteils beurlaubt.

1815 Aufgrund eines auf dem **Wiener Kongreß** ausgehandelten **Vertrages vom 10. Jan. 1815** müssen der Thüringische Kreis, der Kurkreis Wittenberg, die gesamte Niederlausitz und der östliche Teil der Oberlausitz – letztere unter Aufhebung der böhmischen Erbansprüche – an das Königreich Preußen abgetreten werden, während der Neustädter Kreis an das Ernestinische Großherzogtum Sachsen-Weimar-Eisenach fällt. – König Friedrich August I. muß diesen Vertrag am 18. Mai 1815 anerkennen. **Sachsen verliert rund 58 % seines Staatsgebietes und 42 % seiner Einwohner hauptsächlich an Preußen. Preußen ist endgültig Großmacht.** – Im großen und ganzen erhält Sachsen damals die territoriale Ausdehnung, die es bis 1945 beibehalten sollte. **Kompensiert wird dieser Verlust in der Folgezeit durch den verstärkten Ausbau des Landes in wirtschaftlicher und kultureller Hinsicht. – Seit 1815 ist sächsische Geschichte im wesentlichen Wirtschafts- und Kulturgeschichte, die weit über die Grenzen Sachsens hinauswirkt. Durch die verstärkt einsetzende Industrialisierung kann Sachsen zwar die wirtschaftlichen Verluste ausgleichen, wird jedoch auch stärker**

mit sozialen Problemen konfrontiert, welche die Entwicklung der Arbeiterbewegung fördern. – Die politische Rolle Sachsens reduziert sich zunehmend auf eine vermittelnde und ausgleichende (»mittelstaatliche«) Position zwischen Preußen und Österreich.

Am 22. Mai verzichtet König Friedrich August I. im Schloß Laxenburg bei Wien **auf das Großherzogtum Warschau**. Dieses kommt als »Kongreßpolen« an Rußland.

Am 27. Mai schließt sich der sächsische König dem Bündnis gegen den aus Elba zurückgekehrten Napoleon an.

Mit Verordnung vom 22. Mai wird zur besseren Unterscheidung von anderen Armeen die beim Militär bisher übliche weiße Kokarde durch eine weiße Kokarde mit grünem Rand ersetzt. – **Die Farben Weiß-Grün sind fortan die Landesfarben Sachsens.**

Das Generalgouvernement des Königreiches Sachsen endet am 6. Juni. Die beiden preußischen Leiter des Generalgouvernements seit Nov. 1814, Staatsminister von der Beck und Generalmajor von Gaudi, übernehmen die Überführung der abgetrennten sächsischen Gebiete unter preußische Verwaltung.

Am 7. Juni kehrt König Friedrich August I. nach Dresden zurück und wird mit weiß-grünen Fahnen begrüßt.

Ab 8. Juni ist das Königreich Sachsen Mitglied des Deutschen Bundes. Als wichtigsten Zweck dieses Bundes bezeichnet die Bundesakte die Erhaltung der äußeren und inneren Sicherheit Deutschlands sowie die Souveränität der Mitgliedsstaaten. Für Sachsen, das mit einer Stimme in der Bundesversammlung vertreten ist, ergeben sich **innenpolitisch folgende Konsequenzen:** Beibehaltung bzw. Neueinführung einer landständischen Verfassung; gleiche Rechte und Pflichten für alle christlichen Konfessionen; Verbesserung der Lage der Juden; Garantien für jeden Untertan des Bundesstaates (u.a. freier Erwerb von Grundeigentum; Freizügigkeit von Bundesstaat zu Bundesstaat; Ableistung von Zivil- und Militärdiensten in einem beliebigen Bundesstaat). – **König Friedrich August I. überträgt alle seine Grundprinzipien des politischen Handelns konsequent auf diesen Staatenbund.**

1815 Umbildung der 1814 als Interimslösung gegründeten provisorischen Lehranstalt für Medizin und Chirurgie in die **Königlich-sächsische Chirurgisch-medizinische Akademie.**

1816 Gründung der bald international bekannten **Forstakademie Tharandt durch Heinrich von Cotta** (1763–1844). Vorläufer dieser Einrichtung war eine private Forstlehranstalt.

1816 **Errichtung der ersten Gasanstalt auf dem europäischen Festland** durch Wilhelm August Lampadius im Halsbrücker Amalgamierwerk zum Betreiben einer Gasbeleuchtung im Werk.

1816 Gründung einer Militärakademie durch die Vereinigung von Ingenieur- und Artillerieschule.

1816 Berufung **Carl Maria von Webers** (1786–1826) zum Aufbau und zur Leitung der deutschen Oper nach Dresden. – Uraufführung des »Freischütz« am 18. Juni 1821 in Berlin. – Von 1817–1826 ist er Hofkapellmeister in Dresden.

1817 Die Oberlausitzer Stände werden dem Landtag der Erblande angeschlossen (19. Okt.). Daneben bleibt ein in seiner Bedeutung geminderter Bautzener Sonderlandtag bestehen.

1817 **Verwaltungsreform:**
Das Geheime Consilium, bisher oberste Verwaltungsbehörde, wird unter der alten Bezeichnung Geheimer Rat zu einem nur beratenden Gremium zur Verfügung des Königs umgebildet. Seine Verwaltungsbefugnisse werden auf das Geheime Kabinett übertragen, das jeder ständischen Kontrolle entzogen ist **(auf den Landtagen von 1817/18 und 1821 protestieren die Landstände gegen diese Maßnahme). – Die Amtshauptleute erhalten wieder einen festumrissenen Verwaltungsbezirk** zugewiesen. Ihre Zuständigkeit erstreckt sich auf Justiz, Polizei, Finanzwesen, Handels- und Gewerbeaufsicht, Militärwesen, Kirche, Schule und Kommunalangelegenheiten. Damit wird die Einrichtung der Amtshauptmannschaften eingeleitet. – **Der hochkonservative Sinn des Königs und der seines Kabinettschefs seit 1813, Graf Detlev von Einsiedel (1773–1861), bewirken, daß innenpolitisch alles beim alten bleibt** (Bonmot des französischen Gesandten: »Das Königreich Sachsen ist eine »Einsiedel-ei«).

1818 **Die Stiftsregierung in Wurzen wird aufgelöst, und das Stiftsgebiet wird voll in das Königreich Sachsen integriert.** – Schon nach den Gebietsabtrennungen von 1815 waren die wenigen bei Sachsen verbliebenen Orte der Stifter Naumburg-Zeitz und Merseburg in die Erblande (diese entsprechen jetzt im wesentlichen dem Territorium des Königreiches Sachsen ohne die Oberlausitz und die Schönburgischen Rezeßherrschaften) eingegliedert worden. Die Stiftsregierungen hatten nach der Säkularisation die Herrschaftsgebiete der ehemaligen Bistümer verwaltet.

1818 In der Kattunfabrik von Johann Jacob Bodemer in Zschopau erfolgt die Aufstellung eines mechanischen

Baumwollwebstuhles, der durch einen Pferdegöpel angetrieben wird.

1819 Am 13. Nov. werden die am 20. Sept. im **Frankfurter** Bundestag gefaßten **Beschlüsse im Königreich Sachsen in Kraft gesetzt.** Damit verbunden sind die staatliche Aufsicht über die Universität Leipzig, das **Verbot der Burschenschaften** und die **Einführung der Zensur.** – Insgesamt wird ein repressives Überwachungssystem aufgebaut. In Sachsen kommt es aber zu keinen Demagogenverfolgungen wie in anderen Bundesländern.

1819 Der Dichter **Ludwig Tieck** (1773–1853) bestimmt bis 1841 das literarische Leben in Dresden.

1820 Einsatz der ersten Dampfmaschine im sächsischen Steinkohlenbergbau.

1821 **Auflösung der gegenüber den Erblanden bisher weitgehend selbständigen Oberbehörden in der Oberlausitz** (Oberamt Bautzen in Verbindung mit dem obersten Gerichtshof, Landeshauptmannschaft und Hofgericht), und **Bildung der Oberamtsregierung Bautzen** (zugleich Konsistorialbehörde) **als erster kollegialischer Oberbehörde** in der Oberlausitz. Sie wird schon 1835 wieder aufgelöst.

1821 Gründung einer Unteroffiziersschule in Struppen.

1822 Herausgabe eines neuen **Militärstrafgesetzbuches**, das wegen der Beibehaltung von Körperstrafen auf Widerspruch stößt.

1822 Auf Initiative von **Carl Gustav Carus** (1789–1869) und **Lorenz Oken** (1779–1851) kommt es zur Gründung der **»Gesellschaft deutscher Naturforscher und Ärzte«.**

1822 In Chemnitz wird eine Dampfmaschine in Betrieb genommen. Damit **beginnt die rasante Entwicklung dieser Stadt zur bedeutendsten Industriestadt Sachsens und zum Zentrum der sächsischen Arbeiterbewegung.**

1823 In Pfeilhammer wird das erste Walzwerk für Stabeisen in Betrieb genommen.

1823 Die erzgebirgischen Nickelerze werden durch die Erfindung des Argentans durch August Geitner nutzbar.

1824 Gründung einer **Realschule** in Dresden durch Justus Blochmann, einen langjährigen Mitarbeiter Pestalozzis. Seit dieser Zeit beginnt sich dieser Schultyp in Sachsen durchzusetzen.

1825 Börsenverein des Deutschen Buchhandels in Leipzig gegründet (30. April). Damit wird Leipzig das Zentrum des deutschen Buchhandels.

1825 Auf Anregung der Regierung Bildung des **Königlich-Sächsischen Vereins zur Erforschung und Erhaltung Vaterländischer Altertümer.**

1825 Gründung von Muldenhütten durch Zusammenschluß der oberen und der unteren Hütte.

1825 Das verkleinerte Heer wird auf inländischer Aushebung (mit Stellvertretung) begründet.

1826 Maschinenbauanstalt Haubold in Chemnitz gegründet.

1827 König Friedrich August I. stirbt (5. Mai). Nachfolger wird sein Bruder **König Anton** »der Gütige« **(1827–1836)**. In Regierungsgeschäften völlig unerfahren, glaubt König Anton, daß es für das Land das beste sei, alles beim alten zu belassen. Das entspricht auch seiner tiefverwurzelten konservativen Grundhaltung.

1827 In Wittigsthal geht das erste Eisenblechwalzwerk in Betrieb.

1828 Gründung der Technischen Bildungsanstalt in Dresden (Vorläufer der heutigen Technischen Universität Dresden) auf Anregung der über die Landesgrenzen hinaus bekannten Techniker Brendel, Lohrmann, Blochmann und Schubert. – Der Lehrbetrieb wird am 1. Mai in einem kleinen Pavillon auf der Brühlschen Terrasse aufgenommen.

1828 Einführung der Reifeprüfung an den Gymnasien.

1828 Friedrich Georg Wieck gründet ein bedeutendes Maschinenbauunternehmen.

1828 Bildung des **Mitteldeutschen Handelsvereins** als Gegenmaßnahme zur preußischen Zollpolitik (Aufhebung der Binnenzölle in Preußen und Erhebung hoher Durchgangszölle; 1828 Zollvereinigung zwischen Preußen und dem Großherzogtum Hessen-Darmstadt) unter maßgeblicher Beteiligung von Hans Georg von Carlowitz. Ihm gehören außer Sachsen die thüringischen Staaten, Hessen-Kassel, Hannover, Braunschweig, Hessen-Homburg, Nassau, Oldenburg und die Städte Bremen und Frankfurt an. – Dies ist die bisher bedeutendste außenpolitische Aktivität Sachsens seit 1815.

1828 Der romantische Maler **Adrian Ludwig Richter** (1803–1884) kommt als Leiter der Zeichenschule der Königlichen Porzellanmanufaktur nach Meißen (1828–1836), anschließend wirkt er an der Akademie in Dresden (1836–1877).

1828 Karl Benjamin Preusker gründet in Großenhain die **erste »wirkliche Bürgerbibliothek« in Sachsen.**

1828 Johann Gottlob von Quandt (1787–1859) und von Böttger gründen den **Sächsischen Kunstverein**.

1828 **Anton Philipp Reclam** (1807–1896) gründet seine Verlagsbuchhandlung und Druckerei in Leipzig.

1829 Eine Leistung nationaler Dimension stellt der industrielle Einsatz der Bobinetmaschine in der Textilbranche durch den Plauener Mechaniker Wilhelm Schönherr dar.

1829 Landesherrliche Bestätigung des **Industrie-Vereins** (10. Febr.), der sich zum Ziel gesetzt hat, Fabrik- und Maschinenwesen, Handel und Verkehr zu fördern.

1830–1918–1932

Das Zeitalter der bürgerlich-liberalen Verfassung und der konstitutionellen Monarchie

Von der französischen Julirevolution gingen 1830 jene Impulse aus, die das Königreich Sachsen aus seiner konservativ-restaurativen Phase herausführten und es politisch aktivierten. Infolge der sich auf ganz Sachsen ausbreitenden revolutionären Bewegung wurden der Monarchie Zugeständnisse abgerungen, welche die Voraussetzung für den Übergang des Königreiches Sachsens zum Verfassungsstaat (konstitutionelle Monarchie) bildeten. **Träger dieser Entwicklung in Sachsen waren neben dem wirtschaftlich aufstrebenden Bürgertum das jüngere Beamtentum und die jüngeren Mitglieder des königlichen Hauses.**

Am Anfang des Reformwerkes stand der politisch-verfassungsrechtliche Akt der **Staatsreform (Verfassung) von 1831**. Auf die damit verbundene **Konstitutionalisierung der Monarchie** folgten epochemachende **Reformen**, wie Agrarreform mit der Abschaffung des gesamten Feudalsystems, Abschaffung der privilegierten Gerichtsstände und der Patrimonialgerichtsbarkeit, Gewaltenteilung, Selbstverwaltung der Städte und Gemeinden, Steuerreform, Gewerbefreiheit, Aufhebung des Gesindezwanges usw. **Dadurch wurden Kräfte freigesetzt, welche die Entwicklung des Königreiches Sachsen zum modernen Industriestaat einleiteten.**

Ausdruck der wirtschaftlichen Entwicklung waren der Beginn des **Eisenbahnbaus** 1835, die Eröffnung der **Dampfschiffahrt** auf der Elbe 1837, die **Gründung industrieller Unternehmen**, große **Leistungen auf wissenschaftlich-technischem Gebiet** usw. Der **Beitritt Sachsens zum Deutschen Zollverein** 1834 förderte Handel und Industrie und bereitete die nationalstaatliche Einheit auf wirtschaftlichem Gebiet vor.

Andererseits führte die Industrialisierung zur **Krisenanfälligkeit der Wirtschaft und damit zu sozialen Spannungen.** Das Industriezentrum Chemnitz entwickelte sich zum »sächsischen Manchester« mit sozialer Not, Frauen- und Kinderarbeit und Wohnungselend. Viele wanderten nach Nordamerika aus. – **Das Königreich Sachsen wurde zu einem Zentrum der deutschen Arbeiterbewegung, zum »roten Königreich« Sachsen,** eine Entwicklung, die weder durch das Zensuswahlrecht noch durch das Dreiklassenwahlrecht aufzuhalten war. – Die Revolution von 1848/49 verfolgte neben liberalen schon demokratische Ziele.

Im Krieg zwischen Österreich und Preußen stand Sachsen auf der Seite Österreichs und gehörte zu den Verlierern. Die nationalstaatliche Einheit Deutschlands unter Führung Preußens war nicht mehr aufzuhalten. **Das Königreich Sachsen trat 1867 dem von Preußen beherrschten Norddeutschen Bunde bei und gab damit seine staatliche Souveränität in wesentlichen Teilen auf.** 1871 wurde Sachsen unter weiterer Einschränkung eigenstaatlicher Befugnisse **Teilstaat des Deutschen Kaiserreiches**. Die Eingliederung verlief problemlos.

Nach der **Novemberrevolution 1918** und der Abdankung des sächsischen Königs wurde **Sachsen als Freistaat Teil der Weimarer Republik.** Gegenüber seiner Stellung im Kaiserreich wurde seine Souveränität weiter eingeschränkt. **Die Demokratisierung des Staatswesens wurde zum Abschluß gebracht** (Wahlrecht, Selbstverwaltung der Städte und Gemeinden, Trennung von Staat und Kirche usw.). – **Revolutionäre Unruhen, häufiger Regierungswechsel, Inflation und Arbeitslosigkeit,** die das hochindustrialisierte Sachsen besonders hart traf, **ließen das Land nicht zur Ruhe kommen und mündeten 1933 in die faschistische Diktatur ein.**

1830 Unruhen in Dresden und Leipzig aus Anlaß der Jubiläumsfeierlichkeiten zum dreihundertsten Jahrestag der Augsburgischen Konfession am 25. Juni und an den folgenden Tagen. Man hatte in den Stadtverwaltungen zuwenig Rücksicht auf das protestantische Empfinden des Volkes und zuviel auf das katholische Bekenntnis des Hofes genommen.

Am 2. September bildet das ungeschickte Eingreifen der Polizei bei einem Polterabend Anlaß für **revolutionäre Unruhen in Leipzig.** Bei den Beschwerden, die an den folgenden Tagen vorgetragen werden, geht es um die Reform der Stadtverfassung, die Beseitigung wirtschaftlicher Beschränkungen, die Trennung von Verwaltung und Justiz, die Aufhebung von Privilegien, die Einführung der Pressefreiheit und um die Abschaffung des Monopols der »Leipziger Zeitung« (einziges politisches Presseorgan in Sachsen).

Am 9. Sept. kommt es in Dresden zu revolutionären Unruhen:
Zerstörung des Polizeihauses, Rathausbesetzung, Aktenverbrennungen und Angriffe auf mißliebige Personen. Polizei und Militär werden so ungeschickt eingesetzt, daß die Unruhen eskalieren. Der König ruft keine fremden Truppen zur Niederschlagung der Aufstände nach Sachsen. Nach der Devise »Vertrauen schafft wieder Vertrauen« (Prinz Friedrich August) werden Ruhe und Ordnung durch die auf freiwilliger Basis gebildeten Kommunalgarden und Studentenkompanien wiederhergestellt. – Die Forderungen der Bürger nach Liberalisierung der Stadt- und Staatsangelegenheiten werden vom König entgegengenommen.

Die Unruhen breiten sich auf das ganze Land aus. Mehr als 30 Städte werden von ihnen erfaßt.

Am 13. Sept. wird der allseits beliebte Prinz Friedrich August, ältester Sohn des Prinzen Maximilian, auf Initiative liberaler Kräfte am Hofe **vom König zum Mitregenten bestimmt,** nachdem Prinz Maximilian, Bruder König Antons, auf seine Thronrechte verzichtet hatte. – Zugleich mit der Ernennung Friedrich Augusts zum Prinz-Mitregenten nimmt **König Anton** das Rücktrittsgesuch seines bisherigen konservativen Kabinettsministers Graf Detlev von Einsiedel an und **ernennt den liberal gesinnten Geheimen Rat Bernhard August von Lindenau (1779–1854)** zu dessen Nachfolger. Bernhard von Lindenau wird zur Schlüsselfigur des Reformwerkes der folgenden Jahre.

Am **18. Sept.** werden von der **Regierungskommission**, die am 10. Sept. zur Wiederherstellung von Ruhe und Ordnung vom König eingesetzt worden war und bis 11. Nov. in Permanenz im Dresdner Schloß tagt, folgende **Zugeständnisse bekanntgegeben:**
Ausarbeitung einer Verfassung, einer Städteordnung und eines Agrarreformgesetzes, Einberufung des ständischen Landtages für den 6. Jan. 1831. Einige drükkende Steuern und Abgaben, wie Niederlags- und Brückengeld, Abgaben auf Brot, Fleisch, Bier und inländische Weine werden aufgehoben oder herabgesetzt.

Am 29. November wird das Gesetz über die sächsischen Kommunalgarden verkündet. Danach sollen in 36 sächsischen Städten Kommunalgarden zur Aufrechterhaltung von Ruhe und Ordnung bestehen. Diese hatten sich während der Septemberunruhen besser bewährt als die Organe der Staatsmacht (Polizei und Armee). – Generalkommandant aller Kommunalgarden war schon seit dem 23. Sept. Prinz Johann von Sachsen, der spätere König.

1831 Wie die Unruhen des Jahres 1830 gezeigt hatten, bestand die Hauptforderung der Bürger in der Gewährung einer zeitgemäßen liberalen Landesverfassung. – Auf Initiative des Königshauses werden die weitreichenden Reformen der folgenden Jahre auf der

Grundlage einer dem Lande gegebenen liberalen Verfassung eingeleitet. Schon am 7. Januar liegen zwei Verfassungsentwürfe vor, einer davon von Bernhard von Lindenau.

Mit der militärischen Niederschlagung der radikaleren revolutionären Bewegung in Dresden im April und der Verhaftung von Moßdorf (Verfasser der »Constitution wie sie das sächsische Volk wünscht«) und Bertholdy, die zu je 15 Jahren Festungshaft verurteilt werden und auf dem Königstein umkommen, finden die revolutionären Ereignisse in Sachsen ihr Ende.

Am 4. Sept. 1831 tritt die neue Verfassung in Kraft. – Sachsen wird erstmals in seiner Geschichte zu einem unteilbaren, in seinen Bestandteilen und Rechten unveräußerlichen Staat. Damit wird zugleich stillschweigend die seit 1635 bestehende Lehnsabhängigkeit der sächsischen Oberlausitz von Böhmen beseitigt. – Der König unterwirft sich der Verfassung (Konstitution). **Das Königreich Sachsen wird damit konstitutionelle Monarchie. – Erstmals werden in Sachsen bürgerliche Freiheiten verfassungsmäßig garantiert. – Die Landesvertretung, der sächsische Landtag, setzt sich jetzt aus zwei Kammern zusammen.** In der **Ersten Kammer** bestehen die **alten Landstände** in veränderter Zusammensetzung weiter fort (konservatives Element der neuen Verfassung). **In der Zweiten Kammer sind 20 Rittergutsbesitzer, 25 Vertreter der Städte, 25 Vertreter des Bauernstandes und 5 Angehörige des Handels und der Industrie vertreten. Nicht vertreten sind die kleinen Handwerker und die Industriearbeiter, also große Teile der Bevölkerung.** – Beim Landtag liegt das alleinige Recht der Gesetzgebung. Damit ist das **Prinzip der Gewaltenteilung verwirklicht.** – Ergänzt wird die neue Verfassung durch das ebenfalls im Sept. in Kraft gesetzte **Wahlgesetz** (24. Sept. 1831), das mit einem **Zensuswahlrecht** die Zahl der Wahlberechtigten stark einschränkt. – An die Stelle der historisch gewachsenen kollegialischen Zentralbehörden (Geheimes Kabinett, Geheimer Rat, Landesregierung, Geheimes Finanzkollegium) mit ihren Kompetenzüberschneidungen und gegenseitigen Abhängigkeiten treten mit der Verordnung über die Errichtung des Ministerialdepartements vom 7. Nov. **sechs Ressortministerien mit klar voneinander abgegrenzten Aufgabenbereichen.** Es handelt sich um die Ministerien der Justiz, der Finanzen, des Innern, des Krieges, des Kultus und öffentlichen Unterrichts und der Auswärtigen Angelegenheiten. Die Staatsminister sind zwar dem Landtag gegenüber verantwortlich, werden aber vom König berufen bzw. entlassen. **Die Vorstände der einzelnen Ministerien bilden unter dem Vorsitz eines der Staatsminister das Gesamtministerium als oberste kollegialische Staatsbehörde.** Die Ressortministerien arbeiten nach dem auf Einzelentscheidungen beruhenden Bürosystem und sind auch deshalb leistungsfähiger als die alten kollegialischen Behörden. – Dem Gesamtministerium untersteht die alle Ministerien kontrollierende **Oberrechnungsdeputation** (seit 1842 mit der Bezeichnung Oberrechnungskammer, die seit 1922 im Staatsrechnungshof, einer gegenüber den Ministerien selbständigen Behörde, aufgeht). – Diese **neue Organisationsform tritt am 1. Dez. 1831 in Kraft. Die Regional- und Lokalverwaltungen bleiben zunächst in der alten Form bestehen.** Auch haben die Ministerien bis 1835 noch keine Weisungsbefugnis gegenüber der Oberlausitz. – Die Domänen gehen gegen Zahlung einer Zivilliste an den König in Staatseigentum über. Damit **erfolgt eine Trennung des Eigentums der Krone vom Staatseigentum.**

Mit Verordnung vom 1. Okt. wird die Gleichberechtigung der Adligen und der Bürgerlichen bei den juristischen Examina festgeschrieben. Praktisch werden jedoch auch weiterhin Adlige bei der Vergabe höherer Verwaltungsposten bevorzugt.

Bildung eines **Staatsrates** nach preußischem Vorbild zur Beratung des Königs in wichtigen Staatsangelegenheiten unter dem Vorsitz des Prinzen Johann. Ihm gehören die volljährigen Prinzen des königlichen Hauses, die Staatsminister und weitere vom König ernannte Personen an. Die neu eingerichtete **Kabinettskanzlei** übernimmt die Bearbeitung der unmittelbar an den König gerichteten Beschwerden, Gesuche und sonstigen Eingaben.

Gründung des dem Ministerium unterstehenden **Statistischen Vereins**, dessen Aufgaben 1850 auf das Statistische Büro beim Ministerium des Innern übergehen.

1831 Gründung einer **Handelsschule in Leipzig.**

1832 Mit der neuen Städteordnung (2. Febr.) erhalten die Städte eine weitgehende Selbstverwaltung:
Durch die Wahl von Stadtverordneten gibt es erstmals in der sächsischen Geschichte eine Vertretung der Bürgerschaft, die Stadtrat und Bürgermeister wählt, den Stadthaushalt beschließt und kontrolliert sowie ein Mitspracherecht bei der Stadtverwaltung ausübt. – Die Stadtgerichte und die Zunftrechte bleiben vorerst noch erhalten. – **Mit der neuen Städteordnung wird erstmals eine einheitliche Stadtverfassung in Sachsen eingeführt.** – Jedes Gemeinwesen, das diese Städteordnung angenommen hat, gilt seit 1832 amtlich als Stadt.

Gesetz über Ablösungen und Gemeinheitsteilungen wird verabschiedet (17. März):
Damit wird die Befreiung der Bauern von den Feudallasten eingeleitet und die Leistungsfähigkeit der Land-

wirtschaft gesteigert, was für die Entwicklung Sachsens zum Industriestaat besonders wichtig ist. **Insbesondere werden alle Fronden und Dienstbarkeiten vom 1. Jan. 1833 an für ablösbar erklärt.** Wachdienste und Vormiete (Verpflichtung, sich dem Grundherrn zum Dienst anzubieten, bevor eine andere Arbeitsstelle angenommen wird) werden unentgeltlich abgeschafft. Der Dienstzwang soll bis 1836 aufgehoben werden. – Der Erbpächter kann sein Erbpachtgrundstück in sein Eigentum umwandeln, muß aber dann einen jährlichen Grundzins zahlen, der höher liegt als die vorherige Erbpacht und nicht ablösbar ist. – **Die Grundherren müssen von den Bauern entschädigt werden. Diese Entschädigung ist vorzugsweise durch Geldzahlungen möglich,** so daß die bäuerlichen Wirtschaften in der Regel nicht durch Landabtrennungen geschwächt werden, wie das in Preußen geschehen war.

Gesetz über die Gründung der **Landrentenbank** (17. März) zur Kreditierung der Ablösung durch den Staat. Damit wird die Ablösung der Feudallasten praktisch erst möglich. Die Landrentenbank erfüllt ihre Aufgabe schon bis 31. März 1859.

Aufhebung der Erbuntertänigkeit in der sächsischen Oberlausitz (1. April):
Die Erbuntertänigkeit stellt eine Form der Einschränkung der persönlichen Freiheit der Bauern dar. Diese hat es nur in den Lausitzen, niemals jedoch in den kursächsischen Erblanden gegeben.

Die Oberlausitz wird in allgemeinen Angelegenheiten auf Landesebene den Erblanden gleichgestellt (9. Dez.). Ihre selbständige politische und kirchliche Verfassung bleibt bestehen.

1833 Beitritt Sachsens zum Preußischen (Deutschen) Zollverein (18. März):
Dieser Schritt war notwendig geworden, weil der Mitteldeutsche Handelsverein durch den Übertritt von Sachsen-Weimar und Kurhessen zum Preußischen Zollverein 1831 an Bedeutung verloren hatte.

1833 **Der erste nach der neuen Verfassung gebildete Landtag** tritt am 22. Jan. zusammen.

1833 **Albert Lortzing** wirkt bis 1845 am Leipziger Theater und bringt dort 7 seiner Opern zur Uraufführung.

1834 Sachsens Beitritt zum Deutschen Zollverein wird am 1. Januar wirksam. 18 deutsche Staaten hatten sich darin auf Initiative Preußens zusammengeschlossen. Der Zollverein umfaßt vier Fünftel Deutschlands außerhalb Österreichs. – **Damit wird ein einheitlicher nationaler Markt geschaffen, der die Grundlage für die künftige politische Einheit Deutschlands bildet.** – Besonders profitiert von diesem einheitlichen Markt die sächsische Textilindustrie (von 1834–1837 erhöht sich die Zahl der mechanischen Baumwollspinnereien von 91 auf 130; 102 neue Wollspinnereien entstehen), die nach der Aufhebung der Napoleonischen Kontinentalsperre und durch die Zollpolitik Preußens nach 1815 große Einbußen erlitten hatte.

1834 Aufhebung des mittelalterlichen Lehnsverbandes (Gesetz über die Allodifikation der Lehen vom 22. Febr.): Es beseitigt die Verpflichtung, bei jedem Thronwechsel um die Erneuerung der Lehen nachzusuchen u. a.

Gesetz über die Zusammenlegung von Grundstücken (14. Juni), ergänzt durch das Dismembrationsgesetz von 1843. – Beide Gesetze wirken der Zerstückelung von Grundbesitz entgegen, um die Lebensfähigkeit der landwirtschaftlichen Betriebe zu erhalten.

Gesetz über die Erfüllung der Militärpflicht (26. Okt.): Es beinhaltet die allgemeine Wehrpflicht, allerdings mit den Möglichkeiten von Loskauf und Stellvertretung. – Die Stärke der sächsischen Armee beträgt zu dieser Zeit 12 605 Mann.

Gewerbe- und Personalsteuergesetz (22. Nov.).

Das **Heimatgesetz** (26. Nov.) regelt **Heimatrecht**, Wohnsitz usw. Z. B. sind die Bedingungen für selbständige Wohnsitznahme Vollendung des 25. Lebensjahres, ausreichendes Vermögen und Erwerbsfähigkeit. – **Die Gemeinden werden für die öffentliche Armenfürsorge verantwortlich gemacht.** Zu diesem Zwecke wird im Gesetz der Unterstützungswohnsitz definiert.

1834 **Gottfried Semper** wird an die Akademie in Dresden berufen. 1841 stellt er den **Neubau des Dresdner Hoftheaters** fertig; weiterhin erbaut er in Dresden die **Synagoge** (1838–1840) und beginnt 1847 mit dem Bau des Galeriegebäudes am Zwinger.

1834 **Robert Schumann** (1810–1856) gründet in Leipzig die **»Neue Zeitschrift für Musik«.**

1834 Die Universität Leipzig erhält eine neue Verfassung.

1834 **Gründung des Hauptstaatsarchivs** in Dresden. Von hier gehen entscheidende Anregungen und Arbeiten zur sächsischen Landesgeschichte aus. Im **»Archiv für sächsische Geschichte«** und seiner Fortsetzung, dem **»Neuen Archiv für sächsische Geschichte und Landeskunde«**, werden von **1862 bis 1943** die Ergebnisse der landesgeschichtlichen Forschung publiziert. **Ab 1860 erscheint der »Codex diplomaticus Saxoniae«,** eine regional und chronologisch geordnete Edition der Urkunden Sachsens im Originaltext.

1835 **Das erste Dampfschiff** (Heckraddampfer zum Schleppen von Kähnen) **wird im Königreich Sachsen in Dienst gestellt.** Der Schiffskörper war 1834 in Krippen hergestellt worden. In Hamburg baute man eine englische Dampfmaschine ein. Seine erste Fahrt auf der Elbe absolviert der Dampfer im Winter 1834/35.

Die **Gesindeordnung** vom 10. Jan. regelt das Anstellungsverhältnis der Haus- und Wirtschaftsangestellten und setzt an Stelle der in den älteren Ordnungen dem Dienstherrn eingeräumten uneingeschränkten Gewalt ein durch Vertrag geregeltes Rechtsverhältnis. – **Die Aufhebung des Gesindezwangsdienstes erfolgte bereits durch Gesetz vom 15. Juni 1833.**

Gleichstellung der Oberlausitz mit den Erblanden (24. Jan.) unter Aufhebung der besonderen Provinzialverfassung der Oberlausitz.

Die Trennung von Verwaltung und Justiz wird durch das Gesetz über die Kompetenzverhältnisse zwischen Justiz- und Verwaltungsbehörden (28. Jan.) und über das Verfahren in Administrativjustizsachen (30. Jan.) eingeleitet (endgültige Trennung erst 1873).

Neues Militärstrafgesetzbuch (14. Febr.).

Zivilstaatsdienergesetz erlassen (7. März).

Verordnung über die Vorbereitung eines neuen Grundsteuersystems erlassen (7. März).

Reform der Mittelbehörden:
Mit Verordnung vom 6. April **wird das Königreich Sachsen in 4 Kreisdirektionen (Dresden, Leipzig, Zwickau, Bautzen) gegliedert,** denen die 14 amtshauptmannschaftlichen Aufsichtsbezirke zugeordnet werden. **Die dem Ministerium des Innern unterstellten Kreisdirek-**

tionen werden zu regionalen Verwaltungsbehörden ausgebaut. Die lokale Verwaltungsebene wird zunächst nur durch ständische Einzelpersonen, die Amtshauptleute, mit weniger fest umrissenen Kontrollfunktionen repräsentiert (Ein-Mann-Behörde). Unter den Amtshauptleuten stehen noch die alten mittelalterlichen Ämter, die – 1855 in Gerichtsämter mit Justiz- und Verwaltungsaufgaben umgewandelt – im Rahmen der Abwicklung der feudalen Strukturen noch bis 1873 bestehen. – Ab. 1. Mai 1835 werden die Landesdirektion (einstweilige Zentralbehörde für die innere Verwaltung seit 1831), die Oberamtsregierung zu Bautzen und die erbländischen Kreishauptmannschaften aufgehoben.

Justizreform (wirksam ab 1. Mai 1835):
Die Trennung von Justiz und Verwaltung auf zentraler und regionaler Ebene (Ober- und Mittelbehörden) macht die Bildung neuer Justizorgane erforderlich. – **Höchste Instanz im Königreich Sachsen** in Zivil- und Strafsachen ist jetzt das **Oberappellationsgericht** in Dresden, dem seit 1856 die neue Behörde der Staatsanwaltschaft angehört. Ihm unterstehen die auf der **regionalen Ebene** wirkenden **4 Bezirks-Appellationsgerichte** in Dresden, Leipzig, Zwickau und Bautzen. – **An der Organisation der auf lokaler Ebene wirkenden Untergerichte wird zunächst nichts geändert.** – Das seit 1483 bestehende Oberhofgericht wird aufgelöst, da der privilegierte Gerichtsstand der Schriftsassen aufgehoben worden ist. Schon seit 1822 war das Oberhofgericht nicht mehr Berufungsinstanz. – Gleichzeitig erfolgt die Auflösung des 1559 eingerichteten Appellationsgerichtes.

Am 6. Mai wird der **Leipzig-Dresdner Eisenbahn-Compagnie die staatl. Konzession für den Bau der Leipzig-Dresdner Eisenbahn erteilt.** Die Idee dazu publizierte 1833 Friedrich List in seinem Buch »Über ein sächsisches Eisenbahnsystem als Grundlage eines allgemeinen deutschen Eisenbahnsystems und insbesondere über die Anlegung einer Eisenbahn von Leipzig nach Dresden«. **Die Bauarbeiten beginnen mit dem Bau der Muldenbrücke bei Wurzen im Herbst.** – Im Zusammenhang mit dieser Eisenbahnstrecke wird von **Freiberger Bergleuten der erste Eisenbahntunnel Deutschlands bei Oberau gebaut** (1837–1839).

Volksschulgesetz (6. Juni):
Es bringt die allgemeine Volksschule für das ganze Land (achtjährige Schulpflicht, Verpflichtung der Gemeinden zum Unterhalt der Schulen usw.)

Im Juni **Aufhebung der Konsistorien zu Leipzig und Dresden** und Überweisung ihrer Ressorts teils an die Appellationsgerichte und Kreisdirektionen, teils an das Evangelische Landeskonsistorium.

1835 **Felix Mendelssohn Bartholdy** zum Direktor des Gewandhausorchesters in Leipzig berufen.

1836 **Gründung der Elbedampfschiffahrts-Gesellschaft:**
1836–1837 werden auf der Schiffswerft Dresden-Übigau **die ersten zwei Elbdampfer** unter Leitung von Professor **Johann Andreas Schubert** (1808–1870) gebaut. Die Probefahrt des ersten Personendampfers findet am 30. Juli 1837 statt. – Prof. Schubert baut ebenfalls die erste Lokomotive in Sachsen (erste Probefahrt der **»Saxonia«** 1839 zur Eröffnung der Leipzig-Dresdner Eisenbahn, wobei sie allerdings nur hinter dem Eröffnungszug, der von einer englischen Lokomotive gezogen wird, herfahren darf) und berechnet 1845 die **Göltzschtalbrücke** (erbaut 1849–1851).

1836 **Gründung der Höheren Gewerbeschule in Chemnitz.**

1836 König Anton stirbt (6. Juni).

Nachfolger wird der Prinz-Mitregent (ab 1830) **König Friedrich August II. (1836–1854).** Er sympathisierte zwar ab 1830 mit liberalen Ideen, nimmt jedoch als Monarch zunehmend eine konservative Haltung ein und enttäuscht 1848/49 die politisch vorwärtsstrebenden Kräfte im Lande.

1836 Mit Verordnung vom 13. Okt. wird die **Presse einer strengen Zensur unterworfen.** Die Erteilung von Konzessionen für Zeitschriften wird in das Ermessen des Staatsministeriums gestellt. Das ruft auf dem **Landtag** von 1836 die **liberale Opposition** auf den Plan. **Führer der Liberalen** sind der Bürgermeister **R. Todt (»Vater des sächsischen Liberalismus«)** aus Adorf im Vogtland und der Advokat **v. Dieskau** aus Plauen. **Bis 1848 gewinnt die liberale Opposition in der Zweiten Kammer des Landtages immer größeren Einfluß.** 1845/46 erreicht sie bereits 14 Mandate und stellt mit dem Advokaten **Carl Alexander Braun** erstmalig den Kammerpräsidenten der Zweiten Kammer des sächsischen Landtages.

1837 Der Schmiedemeister **Richard Hartmann** richtet in **Chemnitz** eine Werkstatt ein, aus der sich einer der größten **Maschinenbau**betriebe Sachsens entwickelt. Die Fabrik beschäftigt 1845 bereits 350 Arbeiter. Hartmann widmet sich besonders dem Lokomotivbau.

1838 Aufhebung der Geschlechtsvormundschaft, d. h. der Unselbständigkeit der Frau vor Gericht (8. Jan.).

1838 Aufhebung des Bier- und Mahlzwanges (27. März.).

Sachsen erhält sein **erstes einheitliches Strafgesetzbuch** (30. März).

Mit Gesetz vom 9. Okt. **wird das unzünftige Gewerbe freigegeben,** auch die Strumpfwirkerei und die Weberei, ferner die Gewerbe der Maurer und Zimmerer, der Schwarzbäcker und Schuhflicker; andere werden unter mancherlei Beschränkungen gestattet. In der Regel soll in jeder Gemeinde nur ein Meister von jedem Gewerbe und gegen Konzession ein Krämer zugelassen werden. **Damit wird die Jahrhunderte währende Benachteiligung der Dörfer gegenüber den Städten hinsichtlich der Ausübung von Handel und Gewerbe abgebaut.**

Eine **Landgemeindeordnung vom 7. Nov. (Inkrafttreten am 1. Mai 1839)** wird analog der Städteordnung von 1832 erlassen: **Obrigkeit und Ortspolizeibehörde für die Landgemeinden bleiben aber die alten grund- und gerichtsherrlichen Gewalten (Ämter, Grundherrschaft).** Auch die Patrimonialgerichtsbarkeit bleibt damit erhalten. – Der Gemeinderat wird nur von den hausbesitzenden Gemeindemitgliedern gewählt. Der Gemeinderat bestimmt den Gemeindevorstand und den Gemeindeältesten, welche die Gemeinde vertreten. Die Wahl zum Gemeinderat findet noch bis 1864 unter Leitung der Obrigkeit statt. – **Damit haben die Landgemeinden eine geringere Selbständigkeit als die Stadtgemeinden.** – Die Landgemeindeordnung fördert den Zusammenschluß von Gemeinden. – Staatswaldungen, Staatsgüter, Rittergüter und königliche Schlösser gehören nicht zu den Landgemeinden.

1838 **Gründung der Leipziger Bank, der ersten sächsischen Notenbank auf Aktienbasis.**

1838 Die Mitgliedstaaten des Zollvereins beschließen die **Münzkonvention zu Dresden,** die das Wertverhältnis zwischen dem Taler und dem Gulden feststellt. **Dadurch wird** bei Annahme des preußischen Münzfußes **ein einheitliches norddeutsches Zahlungsmittel geschaffen** (1 feine Mark Silber = 14 Reichstaler = 20 rheinische Gulden).

1838 Leipziger Schriftsetzer schließen sich aus Gründen eines gemeinsamen Lohnkampfes zusammen.

1839 Die **erste deutsche Ferneisenbahnstrecke von Leipzig nach Dresden** kann durchgehend befahren werden (7. April erster Zug von Leipzig nach Dresden, am 8. April Zug mit dem sächs. König von Dresden nach Leipzig, am 9. April Freigabe der Strecke für den öffentlichen Personen- und Güterverkehr).

1839 Der »Anzeiger« wird Dresdner Amtsblatt (begründet 1630 durch Gottlob Christian Hielscher).

1840 Erlaß einer **Armenordnung (22. Okt.)**, nach der die Armenversorgung Sache der Gemeinden unter der Oberaufsicht des Staates ist.

1840 **Ernennung von Bezirksärzten.**

1840 Eröffnung der Eisenbahnstrecke Leipzig–Magdeburg.

1842 Der Bildhauer **Ernst Rietschel** kommt nach Dresden und wird mit **Ernst Hähnel** zum Begründer der **Dresdner Bildhauerschule.**

1842 **Richard Wagner** siedelt nach Dresden über (1843 Hofkapellmeister).

1842 **Gründung des »Leipziger Schriftsteller-Vereins«** (28. Jan.) als soziale Bewegung (Bildung von Unterstützungsfonds). Zu diesem Kreis gehört auch die aus Meißen stammende spätere Begründerin der deutschen Frauenbewegung **Louise Otto-Peters (1819–1895).**

1843 Im September wird der liberale »Reformminister« **Bernhard von Lindenau**, der einen Ausgleich der politischen Widersprüche anstrebt, vom König entlassen und **in seiner Funktion als Vorsitzender des Gesamt-**

ministeriums durch den konservativen Traugott von Könneritz ersetzt. Die Zensur wird sofort verschärft. Später richten sich die repressiven Maßnahmen auch gegen oppositionelle Bewegungen im religiösen Gewande (Deutsch-Katholiken; Lichtfreunde).

1843 **Erstes deutsches Konservatorium in Leipzig gegründet** (von Mendelssohn Bartholdy). **Leipzig wird zum Mittelpunkt des deutschen Musiklebens** (Mendelssohn Bartholdy, Robert und Clara Schumann, Albert Lortzing, Kreuzkantor Julius Otto usw.).

1843 **Erfindung der Papierherstellung aus Holzschliff** durch den aus Hainichen gebürtigen Weber und Mechaniker **Friedrich Gottlob Keller.**

1844 **Einführung des neuen Grundsteuersystems** (1. Jan.) nach einem Gesetz vom 9. Sept. 1843. Bereits 1834 hatten die dafür erforderlichen Landvermessungsarbeiten begonnen. Auch die adligen Grundbesitzer werden jetzt besteuert.

1844 Erste Lohnstreiks der Arbeiter auf den Baustellen der Sächsisch-Schlesischen Eisenbahn in der Nähe von Dresden. Ebenfalls Lohnstreiks in Riesa.

1844 Baubeginn des 13 km langen oberhalb Meißens in die Triebisch mündenden **Rothschönberger Stollens** nach den Plänen des Oberberghauptmanns v. Herder, **wodurch die Entwässerung des gesamten Freiberger Bergbaureviers möglich wird (vollendet 1877).**

1844 Konzessionierung der Eisenbahnlinien Chemnitz–Riesa und Dresden–Görlitz.

1845 **Anläßlich einer Inspektion der Kommunalgarden durch Prinz Johann von Sachsen kommt es in Leipzig am 12. Aug. zu einem von der Leipziger Garnison ver-**

schuldeten Blutvergießen. Die Leipziger Bürger hatten den Prinzen Johann der Begünstigung der Jesuiten verdächtigt und demonstrierten vor seiner Leipziger Unterkunft. – Die Geheimhaltung der Untersuchungsergebnisse dieses Vorfalls bestärkt die Leipziger Bürgerschaft in ihren Verdächtigungen.

1845 Verabschiedung des Gewerbe- und Personalsteuergesetzes (Dez.).

1845 Taschenuhrenfertigung von Adolf Lange in Glashütte begründet.

1845/46 Mißernten, dazu 1847 Wirtschaftskrise.

1846 **Erstes Kirchenkonzil der Deutschkatholiken in Leipzig** (23.–26. März), auf der die Artikel eines einheitlichen Glaubensbekenntnisses beschlossen werden. – Diese Bewegung entwickelte sich in Sachsen ab 1844 zunächst aus Protest gegen die Wallfahrt zum hl. Rock nach Trier, verfolgte aber dann neben rein glaubensmäßigen Zielen die Schaffung einer von Rom unabhängigen deutschen Nationalkirche. In Leipzig setzt sich der Schriftsteller und liberale Politiker **Robert Blum** an die Spitze dieser Bewegung. – Mit Verordnung vom 27. Juni 1846 wird der Deutschkatholizismus in Sachsen geduldet und erhält gewisse Rechte einer kirchlichen Gemeinschaft. Erst 1848 wird diese Bewegung als kirchliche Gemeinschaft voll anerkannt. – 1845 hatte schon die evangelische freireligiöse Bewegung der **»Lichtfreunde«** von der preußischen Provinz Sachsen auf das Königreich übergegriffen und war hier verboten worden. – **Beide Bewegungen wirken maßgeblich im Sinne einer politischen Opposition.**

1846 Die **»Königlich Sächsische Gesellschaft der Wissenschaften zu Leipzig«** wird auf Initiative des Mathematikers Moritz Wilhelm Drobisch gegründet (1. Juli). –

1919 Umbildung zur Sächsischen Akademie der Wissenschaften.

1846 **Die Gymnasien erhalten eine neue Ordnung.** Sie wandeln sich von Lateinschulen zu Institutionen einer humanistischen Bildung, die naturwissenschaftliche, christliche und nationale Elemente einbezieht.

1846 Zusammenschluß von 160 Buchdruckergehilfen zum **»Gutenberg-Verein«** zwecks Durchsetzung von Lohnforderungen. Trotz Verbot im Dez. bleibt der Verein weiterhin aktiv.

1846 **Arbeiterverein in Leipzig gegründet.**

1847 **Eröffnung der Eisenbahnstrecke Leipzig–Nürnberg** (Baubeginn 1841)

1848 Trotz des umfassenden Reformwerkes in den Jahren nach 1830 ist die konstitutionelle Monarchie noch mit vielen entwicklungshemmenden feudalen Relikten behaftet. Die Verfassung und besonders das Wahlrecht bedürfen dringend einer Überarbeitung. Besonders seit etwa 1843 setzen sich zunehmend konservative Tendenzen durch. Dem entspricht auf der Gegenseite das Erstarken der liberalen Opposition. – Auf den Bauern lastet die »Ablösung«. Die Not wird noch verstärkt durch die Mißernten der Jahre 1845 und 1846; 1847 kommt eine Wirtschaftskrise hinzu. Im Frühjahr 1847 müssen etwa 60 000 Arbeitslose in Sachsen aus öffentlichen oder privaten Mitteln versorgt werden. – An politischem und sozialem Zündstoff fehlt es also nicht, als am 28. Februar die aufrüttelnde Nachricht von den revolutionären Ereignissen in Frankreich (Februar-Revolution) nach Sachsen gelangt und hier einen revolutionären Prozeß in Gang bringt. Die revolutionären Vorgänge von 1848/49 unterscheiden sich qualitativ von jenen der Jahre 1830/31, denn zu den li-

beralen Forderungen gesellen sich jetzt demokratische, in ersten Ansätzen auch sozialistische.

Im Leipziger Redeübungsverein verkündet Herrmann Semmig ein sozialistisches Programm, das weitgehend den Forderungen der Arbeiterschaft entspricht.

Am **1. März** fordern die **Leipziger Stadtverordneten** in einer **Adresse an den König** in sehr devoter Formulierung die Aufhebung der Ausnahmegesetze des Deutschen Bundes, Pressefreiheit und die Einberufung einer aus Vertretern des deutschen Volkes bestehenden Nationalversammlung an den Sitz des Bundestages in Frankfurt. Dieser Adresse schließen sich auch die Radikalen um Robert Blum an. – **Der König lehnt ab.** – Bis zum 5. März überreichen zwei weitere Deputationen der Leipziger Stadtverordneten dem König in Dresden ihre Forderungen, darunter die von Robert Blum ausgehende Forderung des Rücktritts des Ministeriums. – Der König lehnt wieder ab und verspricht lediglich die vorzeitige Einberufung des Landtages zu Ostern. – **Nachdem sich der Minister von Carlowitz in Leipzig vom Ernst der Lage überzeugt hat (11. März), entläßt der König am 13. März das konservative Ministerium von Könneritz.**

Am 16. März wird die liberal orientierte neue Staatsregierung, das sog. »Märzministerium«, gebildet. Vorsitzender dieses Ministeriums wird auf Anregung Lindenaus, der nicht mehr in den Staatsdienst zurückkehren will, der bisherige Vorsitzende der Zweiten Kammer des Landtages und Führer der liberalen Opposition **Dr. Alexander Carl Braun.** Weitere Mitglieder des Staatsministeriums sind Martin Gotthart Oberländer (seit 20. März Inneres), der Großindustrielle Robert Georgi (Finanzen), Ludwig Freiherr von der Pfordten (Äußeres und Kultus) und Oberst Albrecht Ernst Graf von Holzendorf (Kriegsminister). Maßnahmen des Ministeriums: Vereidigung des Heeres auf die Verfassung (22. März).

Einführung der Pressefreiheit (23. März).

Der liberale Landtagsabgeordnete K. G. Todt wird ständiger sächsischer Vertreter am Bundestag in Frankfurt (27. März).

Allgemeine Amnestie für politische Vergehen (beraten Ende März, in Kraft gesetzt 17. April)

Das Königreich Sachsen sagt sich von den repressiven Ausnahmegesetzen des Deutschen Bundes von 1832 los (30. April). Das Verbot der Burschenschaften an den Universitäten wird aufgehoben.

Die Leipziger Arbeiterschaft nimmt in Versammlungen am 18. und 25. März Stellung zu politischen Tagesfragen und entscheidet sich für Robert Blum.

Das Vorparlament, bestehend aus Landtagsabgeordneten aller Bundesstaaten, **nimmt in Frankfurt seine Tätigkeit auf (31. März).** Von den 26 sächsischen Abgeordneten gehören 20 den Linken an.

Notleidende zünftige Nagelschmiede zerstören in Elterlein und Mittweida zwei Nagelfabriken.

Aufstände der ländlichen Bevölkerung vor allem im Osterzgebirge (Aufstand erfaßt, ausgehend von Purschenstein, etwa 70 Herrschaften), in der Umgebung Leipzigs, im Vogtland und in der Oberlausitz.

Höhepunkt und gleichzeitig Wendepunkt der Unruhen in Sachsen bildet der Sturm auf das Waldenburger Schloß und dessen Zerstörung am 5. April. Danach flauen die Unruhen ab.

Liberales Gedankengut zeigt sich auch auf einer Kirchenversammlung am 8. April in Leipzig, an der Vertreter aller Konfessionen teilnehmen und auf der ein christlicher Staat auf der Grundlage der Zusammenarbeit aller Konfessionen und die konsequente Trennung zwischen Staat und Kirche propagiert werden.

Als unmittelbare Folge der sich häufenden Unruhen wird die **Bildung von Bürger- und Gemeindewehren** im Anschluß an die bereits bestehenden Kommunalgarden angeordnet (11. April), um die Aufstellung ordnungswidriger Volkswehren zu verhindern.

Ausgehend von Leipzig und auf Initiative von Robert Blum schließen sich die **Demokraten**, meist aus den Reihen der städtischen Kleinbürger und der Arbeiter, zu **»Vaterlandsvereinen«** zusammen und bauen innerhalb weniger Wochen eine starke Landesorganisation auf. Wenige Tage später beginnen die **Liberalen**, meist Kaufleute, Fabrikanten, Intellektuelle, Beamte und wohlhabende Handwerksmeister, **»Deutsche Vereine«** zu gründen, in denen sich ab Mai republikanische Gruppierungen bilden. Von Leipzig ausgehend, bilden sich **Arbeitervereine.** Seit 1. Mai erscheint die »Leipziger Arbeiterzeitung«. Am 18. Juni Generalversammlung der sächsischen Arbeitervereine in Leipzig. Mitwirkung derselben bei der Gründung der überregionalen **»Arbeiterverbrüderung«** auf dem Arbeiterkongreß in Berlin (23. Aug.–2. Sept.). Sachsen verfügt derzeit mit 57 Arbeitervereinen über die regional größte Organisationsdichte in Deutschland. Ab Okt. erscheint in Leipzig die Zeitung »Die Verbrüderung« unter der Redaktion von Stephan Born. Am 17. April Gründung des **»Demokratischen Vereins«** mit sozialistischem Programm durch Herrmann Semmig durch Abspaltung vom Leipziger Vaterlandsverein. – Mit wirtschaftlicher Zielstellung bilden sich in Sachsen etwa 700 **Gewerbevereine.**

Die Nationalversammlung tritt in der Paulskirche zu Frankfurt zusammen (18. Mai):
Von den 24 sächsischen Abgeordneten gehören 20 der Linken (Radikale) und nur 2 dem Zentrum (gemäßigte Liberale) und 2 der Rechten (Konservative) an. Ihre Wahl hatte vom 30. April bis zum 18. Mai stattgefunden. Die große Mehrheit der Linken ist vor allem auf die politische Arbeit der »Vaterlandsvereine« unter Robert Blum zurückzuführen.

Der außerordentliche sächsische Landtag nimmt seine Arbeit auf (21. Mai, Beendigung der Sitzungsperiode 17. Nov.). – Am 22. Mai wird von der Ritterschaft in beiden Kammern ein Antrag auf **völlige Gleichstellung des ritterschaftlichen und bäuerlichen Grundbesitzes unter Wegfall der Jagd-, Patronats-, Gemeindesteuer- und anderer Privilegien** eingebracht. Diesem Antrag wird von beiden Kammern stattgegeben. – Weiterhin werden **liberale Gesetze** über die Presse (in Kraft getreten am 18. Nov.; Abschaffung der Zensur, uneingeschränkte **Pressefreiheit**) sowie über das **freie Vereins- und Versammlungsrecht (14. Nov.) angenommen. – Wichtigstes Ergebnis der Arbeit dieses außerordentlichen Landtages ist die Verabschiedung eines neuen Wahlgesetzes** (»Provisorisches Gesetz wegen einiger Änderungen der Verfassungsurkunde« vom 15. Nov.). Es unterteilt das Land in **75 Wahlbezirke**, von denen durch **direkte Wahl** jeder einen Abgeordneten in die Zweite Kammer, je drei Wahlbezirke zwei Abgeordnete in die Erste Kammer entsenden. Für die Zweite Kammer ist wahlberechtigt jeder volljährige (24. Lebensjahr) und selbständige Staatsbürger, für die erste Kammer sind es nur die Ansässigen. Wählbar ist für die Zweite Kammer jeder 30 Jahre alte selbständige Staatsbürger, für die Erste nur, wer jährlich mindestens 10 Taler direkte Steuern entrichtet. Das Wahlrecht gilt auch für Angehörige des Heeres. – Die Bedeutung der nur 50 Abgeordnete zählenden Ersten

Kammer wird noch dadurch verringert, daß bei Meinungsverschiedenheiten beide Kammern in gemeinsamer Sitzung mit einfacher Stimmenmehrheit entscheiden. Damit ist die **ständische Gliederung des Landtages praktisch aufgehoben.** – Weiterhin beschließt der Landtag am 23. Nov. ein Gesetz über die **Umgestaltung der Untergerichte** (u. a. werden die Geschworenen auf der Grundlage freier allgemeiner Wahlen bestimmt), führt auch **für die Gemeinden das direkte Wahlrecht** ein und läßt **für das Heer die Losziehung und die Stellvertretung abschaffen.**

Arbeiterunruhen in Chemnitz (11.–13. Sept.) aus Anlaß der Einstellung der Arbeiten an der Eisenbahnstrecke Chemnitz–Riesa. Barrikadenkämpfe. Niederschlagung des Aufstandes durch Kavallerie.

Nach der Niederschlagung der revolutionären Bewegung in Wien (31. Okt.) wird **Robert Blum**, der sich im Auftrage der Frankfurter Nationalversammlung in Wien aufhält, **am 9. Nov. erschossen.** Große Empörung im Königreich Sachsen.

Bei der **Neuwahl aller Gemeindevertretungen** in Sachsen am 17. Nov. liegt die Demokratische Partei Robert Blums vorn.

Landtagswahlen (15. Dez.) nach dem neuen Wahlgesetz:
Von den 75 Sitzen der Zweiten Kammer entfallen 66 auf die demokratischen Vaterlandsvereine, 7 auf die gemäßigt-liberalen Deutschen Vereine und nur 2 auf die konservativ eingestellten Konstitutionellen Vereine. Ein ähnliches Ergebnis bringen die Wahlen für die Erste Kammer.

1849 **Konstituierende Sitzung des ersten aus allgemeinen und direkten Wahlen hervorgegangenen sächsischen Landtages (10. Jan.):**
Um die Einführung der in der Reichsverfassung festgelegten Grundrechte in Sachsen kommt es zu Kontroversen zwischen der demokratischen Landtagsmehrheit, welche für die Einführung der Grundrechte eintritt, und der Staatsregierung.

Die Staatsregierung Braun-Oberländer tritt am 24. Febr. zurück. – An die Spitze der neuen Staatsregierung tritt Dr. Gustav Friedrich Held. Zum Staatsminister der Auswärtigen Angelegenheiten ernennt der König den gemäßigt-konservativen Freiherrn **Ferdinand Friedrich von Beust** (1809–1886), der ununterbrochen bis 1866 Staatsminister bleibt.

Am 2. März treten die Grundrechte für das Königreich Sachsen in Kraft.

Ein kleiner Kreis revolutionärer Demokraten bereitet im Frühjahr illegal eine gesamtdeutsche Volkserhebung vor, die von Berlin ausgehen soll. In Dresden arbeitet daran eine **Gruppe um den Landtagsabgeordneten Tzschirner** mit dem Musikdirektor August Röckel und dem Journalisten Ludwig Wittig. Die militärische Planung übernimmt der russische anarchistische Revolutionär Michail Bakunin. **Richard Wagner steht dieser Gruppe nahe. – Dresden wird zum Treffpunkt deutscher, polnischer und tschechischer Revolutionäre.**

Im März verlassen sächsische Truppen mit Kronprinz Albert Dresden, um auf Beschluß der Reichsregierung am Krieg gegen Dänemark teilzunehmen (in diesem Zusammenhang Sturm auf die Düppeler Schanzen durch bayrische und sächsische Truppen am 13. April). Rückkehr im August, wo dieses Truppenkontingent die noch im Lande verbliebenen preußischen Truppen ablöst.

Die Arbeiter der Chemnitzer Spinnereien schließen sich am 8. April mit der industriellen Arbeiterschaft des Erzgebirges und des Vogtlandes in Chemnitz zu einem sächsischen Verband zusammen, welcher der »Arbeiterverbrüderung« angehört.

Nachdem König Friedrich August II., dem Beispiel Preußens folgend, auch weiterhin die Anerkennung der von der Frankfurter Nationalversammlung ausgearbeiteten gemäßigt liberalen Reichsverfassung ablehnt und daraufhin der Landtag die Bewilligung der Steuern ablehnt, löst der König am 28. April den sächsischen Landtag auf. Am selben Tage wird das Rücktrittsgesuch der Staatsminister Held, Weinlig und Ehrenstein vom König unter der Bedingung angenommen, daß die Minister bis zur Bildung einer neuen Regierung die Amtsgeschäfte weiterführen. Erst mit der Ernennung von Dr. Ferdinand Zschinsky zum Staatsminister für Justiz und zum Vorsitzenden des Gesamtministeriums (2. Mai) und des Freiherrn Richard v. Friesen zum Innen- und Finanzminister ist die Staatsregierung wieder voll arbeitsfähig.

Maiaufstand in Dresden 3.–9. Mai:
Anlaß ist die Verweigerung der Annahme der Reichsverfassung durch den König, in letzter Konsequenz wird jedoch von den entscheidenden Führern dieses Aufstandes eine bürgerlich-demokratische Umwälzung angestrebt.

Am **3. Mai** kommt es nach Gerüchten über preußische Truppenbewegungen in Richtung auf Sachsen zum vergeblichen und verlustreichen **Sturm der Aufständischen auf das Zeughaus.**
Am **4. Mai verläßt der König** mit einem Teil der Staats-

regierung **Dresden** und begibt sich auf den Königstein. Dies führt zur **Bildung der provisorischen Regierung** mit Samuel Erdmann Tzschirner (Linksradikaler), dem Freiberger Kreishauptmann Otto Leonhard Heubner (Linker) und Carl Gotthelf Todt (liberales Zentrum).
Am **5. Mai beginnt der Barrikadenkampf,** der seitens des Militärs mit größter Grausamkeit geführt wird. Preußische Truppen greifen in die Kämpfe ein. Die Verstärkung für die Aufständischen aus dem Lande kommt nur zögernd und ungenügend, obgleich sich viele Stadträte mit ihnen solidarisch erklären.
Viele Mitglieder der Kommunalgarden kämpfen nur widerwillig. Militärischer Führer des Aufstandes ist Bakunin. **Trotz heldenhaften Kampfes unterliegen die Aufständischen am 9. Mai.** – 2 000 von ihnen können sich noch geordnet aus Dresden zurückziehen.
Die übrigen trifft ein **grausames Strafgericht.** Etwa 50 Personen werden von der Brücke in die Elbe geworfen und erschossen, viele anderweitig ermordet oder gefangengenommen (die letzten von ihnen kommen erst Anfang der 60er Jahre wieder frei). Berüchtigt wird das Zuchthaus in Waldheim. – Auch viele Unbeteiligte werden getötet, mißhandelt und gedemütigt.
Viele Demokraten müssen Dresden verlassen und gehen in die Emigration, so auch **Richard Wagner** und **Gottfried Semper.**

Unter dem Eindruck der revolutionären Ereignisse in Deutschland wird das **Dreikönigsbündnis (26. Mai) zwischen Sachsen, Preußen und Hannover abgeschlossen,** dem fast alle deutschen Staaten außer Bayern und Württemberg beitreten. Es wird allerdings schon im Mai 1850 von Sachsen wieder aufgekündigt.

1850 **Am 1. Juni Auflösung des Landtages,** der im Herbst 1849 noch einmal nach dem Wahlgesetz vom Nov. 1848 gewählt worden war, durch den König.

Durch königliche Verordnung vom 3. Juni werden die alten Verhältnisse, wie sie vor der Revolution bestanden hatten, wiederhergestellt. Vor allem nehmen die beiden Kammern des Landtages unter den Bedingungen der Verfassungsurkunde vom 4. Sept. 1831 und nach dem zugehörigen Wahlrecht ihre Tätigkeit wieder auf. Gleichzeitig werden das Vereins-, Versammlungs- und Presserecht drastisch eingeschränkt (Vereins- und Versammlungsgesetz vom 22. Nov.). – Zur **Symbolgestalt dieser Periode der Reaktion und Restauration** wird der **Staatsminister Friedrich Ferdinand von Beust,** der in verschiedenen Ministerämtern bis 1866 die Politik Sachsens maßgeblich mitbestimmt.

Am 1. Juli ist die Reorganisation des Heeres abgeschlossen (Friedensstärke 25 000 Mann, Kriegsstärke 37 000 Mann).

Durch die Konferenzen vom 23. Dez. 1850 bis 15. Mai 1851 in Dresden erlangt der Deutsche Bund seine Stellung aus der Zeit des Vormärz wieder zurück.

1850 Im Zusammenhang mit dem Beitritt Sachsens zum deutsch-österreichischen Postverein erfolgt die **Einführung der Briefmarke** (der roten »Sachsendreier«). – Weiterhin Einführung des elektrischen Telegrafen.

1851 Am 10. Mai wird der Schneidergeselle **Peter Nothjung** aus Mühlheim bei einer Routinekontrolle auf einem Leipziger Bahnhof verhaftet und erweist sich als ein **Abgesandter des Bundes der Kommunisten.** Dieser Bund war schon mehrfach in Sachsen wirksam geworden.

1853 **Erneuerung des Deutschen Zollvereins** auf den alten Grundlagen **für weitere zwölf Jahre.** Die Bestrebungen Sachsens, Österreich mit in den Zollverein aufzunehmen, scheitern am Widerstand Preußens. Mit dem Beitritt Hannovers (mit Braunschweig und Oldenburg) am 1. Jan. 1854 reicht das Gebiet des Zollvereins bis zur Nordsee.

1853 Die Unterhaltungszeitschrift **»Die Gartenlaube«** erscheint erstmals in Leipzig (bis 1944).

1854 König Friedrich August II. verunglückt auf einem Ausflug nach Tirol im Pitzthal tödlich.
Nachfolger wird der Bruder Friedrich Augusts II., **König Johann (1854–1873).** König Johann ist vor allem Jurist und Verwaltungsfachmann. Schon 1822 trat er in das Geheime Finanzkollegium ein und wurde 1825 Vizepräsident dieser Behörde. Während ausgedehnter Inspektionsreisen durch Sachsen vervollkommnete er seine Kenntnisse. Seit 1831 gehörte er dem Geheimen Rat und ab 1831 der Ersten Kammer des Sächsischen Landtages an. Auch an der Ausarbeitung der Verfassung von 1831 war er beteiligt. – Zu seinen wissenschaftlichen Leistungen gehört die Übersetzung und Kommentierung von Dantes »Göttlicher Komödie«, die er von 1828 bis 1849 unter dem Pseudonym Philalethes veröffentlichte.

1855 **Mit der Verstaatlichung der Justiz durch Gesetz vom 11. Aug. 1855** (Gesetz über die künftige Einrichtung der Behörden erster Instanz für Rechtspflege und Verwaltung) werden mit Wirkung vom 1. Okt. 1856 die **Patrimonial- und Stadtgerichte aufgehoben.** An ihre Stelle treten 19 kollegialische **königliche Bezirksgerichte** und 116 nachgeordnete **königliche Gerichtsämter** (mit Schöffen- und Geschworenengerichten für Strafsachen). In den Schönburgischen Rezeßherrschaften werden erst 1865 sieben Gerichtsämter gebildet, die dem Bezirksgericht Glauchau unterstehen. – **Die Gerichtsämter haben neben der Justiz- noch die Verwaltungshoheit.** – Mit der Abschaffung der Patrimonialgerichtsbarkeit ist das Rittergut nicht mehr Inhaber öffentlich-rechtlicher Befugnisse, sondern Objekt bürgerlichen Rechts. Nur im Kirchenpatronat der Rittergutsbesitzer, Stadträte, geistlichen Stiftungen und Schulen erhält sich ein Rest der ehemaligen grundherrlichen Funktion.

1855 Nachdem verschiedene Nachtragsgesetze von 1850/51 eine neue große Ablösungswelle eingeleitet hatten und dadurch die letzten Verfahren von der Landrentenbank 1859 abgewickelt werden können, **sind Ende der 50er Jahre die Reste der Feudalordnung im Königreich Sachsen faktisch beseitigt.** Dies sind gute Voraussetzungen für die Entwicklung der Landwirtschaft in Sachsen. 1871 ist die sächsische Landwirtschaft in ihren Erträgen der des Reiches um etwa 20 Jahre voraus.

1855 Clemens Müller eröffnet in Dresden die **erste Nähmaschinenfabrik Deutschlands.**

1856 Inkrafttreten eines neuen **Strafgesetzbuches.**

1856 Abgabe der Berggerichtsbarkeit an die Zivilgerichte und **Aufhebung des Bergschöppenstuhls.**

1856 **Gründung der Allgemeinen Deutschen Credit-Anstalt** (ADCA) in Leipzig, die zu den ersten deutschen Aktienbanken gehört.

1856 Steingutfabrik von Villeroy & Boch in Dresden gegründet.

1858 **Ablösung der gutsherrlichen Jagdrechte.**

1858 **Errichtung der Altersrentenbank** und zahlreicher Sparkassen. Damit wird den sozial Schwachen die Fürsorge für das Alter erleichtert.

1858 Die Lehrerseminare, deren Zahl sich wesentlich erhöht hatte, erhalten eine neue Ordnung. – Ein Sportlehrerseminar war 1850 in Dresden gegründet worden.

1859 Gründung des liberal orientierten **Nationalvereins** als erster politischer Organisation nach der Revolution.

1860 Die zahlreichen Realschulen erhalten eine neue Ordnung.

1860 Die Baptisten fassen in Sachsen Fuß (Oederan).

1861 Einführung der Gewerbefreiheit:
Mit dem **Gewerbegesetz** vom 15. Okt. fallen die Vorrechte der Innungen und die alten Bannrechte, während Handels- und Gewerbekammern die Vertretung dieser Interessen übernehmen. – Schon vor 1861 waren die Konzessionen für die Gründung von Fabriken und Aktiengesellschaften großzügig erteilt und die Zunftfesseln immer mehr gelockert worden. – Die Folge der Gewerbefreiheit ist die Gründung vieler kleinerer Betriebe, die sich jedoch nicht alle halten können. Sachsen bleibt auch in Zukunft im Gegensatz zu den Industriegebieten im Westen Deutschlands ein Land mit vielen Klein- und Mittelbetrieben. **Gleichzeitig regelt das Gewerbegesetz eine Reihe sozialpolitischer Probleme in einem für die damalige Zeit fortschrittlichen Sinne** (z. B. Kinderarbeit, Schutz der Arbeiter gegen Gefahren, Lehrlingswesen, Kranken- u. Unterstützungskassen).

1861 Gründung des **»Gewerblichen Bildungsvereins«** in Leipzig (19. Febr.). Diesem gehören Liberale und Demokraten der Revolutionszeit 1848/49 (Otto Peters, Emil Adolph Roßmäßler u. a.), August Bebel u. a. an.

1861 Die Zahl der Vertreter von Handel und Industrie in der zweiten Kammer des Landtages wird von 5 auf 10 erhöht.

1862 Sachsen stimmt als erster deutscher Staat dem zwischen Preußen und Frankreich im Namen des Deutschen Zollvereins abgeschlossenen freihändlerischen Handelsvertrag zu.

1862 Auf der Weltausstellung in London zeigt sich, daß der **sächsische Werkzeugmaschinenbau den Anschluß an das englische Niveau erreicht hat.** – Seit Mitte der dreißiger Jahre ist die Industrialisierung in Sachsen in einem Maße vorangeschritten wie in keinem deutschen Lande in der gleichen Zeitspanne.

1862 Die Schaffung eines gemeinsamen **Handelsgesetzbuches** für die Zollvereinsstaaten und die Angleichung der Gewichtssätze bringen eine weitere Vereinheitlichung auf wirtschaftlichem Gebiet.

1862 **Erste Zigarettenfabrik (Laferme)** Deutschlands in Dresden gegründet.

1863 **Auf der Oberelbe wird der Schiffsverkehr von allen Zöllen befreit.** – Die Fahrrinne der Elbe wird durch kostspielige Ausbaggerungen und die Errichtung von Korrekturdämmen freigehalten.

1863 Gründung des Allgemeinen Deutschen Arbeitervereins in Leipzig (23. Mai), der ersten selbständigen politischen Organisation der deutschen Arbeiterschaft nach Auflösung des Bundes der Kommunisten.

1863 **Sachsen protestiert gegen die förmliche Eingliederung des Herzogtums Schleswig in den dänischen Gesamtstaat und besetzt Ende 1863 zusammen mit hannoverschen Truppen das benachbarte und ebenfalls von**

Dänemark beanspruchte Herzogtum Holstein, um es den Augustenbergern, den rechtmäßigen Besitzern, zu sichern. Sachsen nimmt hier seine Bündnispflichten als Mitglied des Deutschen Bundes wahr.

1864 Krieg Österreichs und Preußens gegen Dänemark. Ohne Abstimmung mit Sachsen erobern Österreich und Preußen Schleswig. – Im Frieden zu Wien (30. Okt.) tritt Dänemark die Herzogtümer Schleswig, Holstein und Lauenburg an Österreich und Preußen ab. **Sachsen muß Holstein räumen.** – Durch den **Vertrag von Gastein (1865)** übernimmt Österreich vorübergehend die Verwaltung in Holstein, Preußen die in Schleswig. Lauenburg kommt an Preußen (gegen finanzielle Abfindung Österreichs). – **Es zeigt sich erneut, daß die Großmächte Preußen und Österreich – hier noch einmal durch gemeinsames Vorgehen – ohne Rücksicht auf die Mittelstaaten, wozu auch Sachsen gehört, ihre eigenen Ziele verfolgen, obgleich alle diese Staaten dem Deutschen Bund angehören. Den Mittelstaaten ist es auch hier nicht gelungen, die angestrebte Vermittlerrolle einzunehmen und die »Mittelstaatspolitik« (außenpolitisches Konzept der »Trias« des sächsischen Staatsministers v. Beust) zu verwirklichen. – Der Entscheidungskampf zwischen Preußen und Österreich um die Vormachtstellung im Ringen für die nationalstaatliche Einheit Deutschlands steht kurz bevor.**

1864 Mit der **Abschaffung der veralteten Wuchergesetze** (25. Okt.) gewinnt der Geldverkehr größere Freiheiten.

1864 Aufhebung (26. März) des Bundestagsbeschlusses von 1856, das den Arbeitervereinen jede Tätigkeit verbot.

1865 Inkrafttreten eines neuen **Bürgerlichen Gesetzbuches,** das bis zum Inkrafttreten des allgemeinen deutschen

Bürgerlichen Gesetzbuches im Jahre 1900 seine Gültigkeit behält.

1865 Der Landtag beschließt für die sächsische Landeskirche eine **neue Kirchen- und Synodalordnung** (erste Landessynode 1871).

1865 Die Überwachung des Gesundheitswesens wird dem **Landesmedicinal-Kollegium** übertragen.

1865 Die **Leipziger Universität** erfährt durch die besondere Förderung König Johanns und des Kultusministers v. Falkenstein einen **neuen Aufschwung** und wird insbesondere für **Medizin, Rechtswissenschaft und Philologie** wieder eine der ersten Universitäten Deutschlands. – Schon 1853 wurde hier der erste deutsche Lehrstuhl für Augenheilkunde eingerichtet.

1865 Gründung einer Staatsbank, der Sächsischen Bank, in Dresden.

1865 Mehrmonatiger Streik der Leipziger Buchdrucker.

1865 In Leipzig findet unter Leitung von Louise Otto-Peters und Auguste Schmidt **der erste deutsche Frauenkongreß** statt, der die Gründung eines allgemeinen deutschen Frauenvereins beschließt.

1866 Deutscher Krieg:
Preußen unter König Wilhelm und Bismarck rüstet zum Krieg gegen Österreich. In Sachsen ist man sich darüber im klaren, daß Neutralität in diesem Entscheidungskampf nicht möglich ist. König Johann entscheidet sich für ein Bündnis mit Österreich. Dabei spielen auch die traditionellen Verbindungen der Wettiner zu den Habsburgern eine Rolle. **Kriegserklärung Preußens an Sachsen (15. Juni). – Bereits am 16. Juni dringen preußische Truppen in Sachsen ein, besetzen in-**

nerhalb von 4 Tagen kampflos das ganze Land und errichten ein Besatzungsregime. – Die 32000 Mann starke sächsische Armee unter dem Befehl des Kronprinzen Albert räumt Sachsen, überschreitet am 18. Juni die Grenze nach Böhmen und vereinigt sich am 24. Juni mit österreichischen Armee-Einheiten. Mit der Armee verlassen König Johann und sein Staatsminister v. Beust das Land. Zurück bleibt eine vom König eingesetzte Landeskommission. – **Die Entscheidung fällt in der Schlacht bei Königgrätz (3. Juli).** Nachdem die Preußen die österreichische Armee unter Benedek geschlagen haben, werden auch die in günstiger Stellung befindlichen sächsischen Truppen zurückgenommen und können, von den Preußen weitgehend unbehelligt, den allgemeinen Rückzug decken. – Im **Vorfrieden zu Nikolsburg** (26. Juli) stimmt Österreich der Auflösung des Deutschen Bundes und seiner Nichtbeteiligung bei einem zukünftigen deutschen Staatsverband zu. **Nur der österreichischen und französischen Diplomatie ist es zu verdanken, daß Preußen die Wahrung der territorialen Integrität Sachsens verspricht.** König Johann erkennt, daß er das Königreich Sachsen nur retten und damit die föderative Struktur des Reiches gegen den preußischen Zentralismus stärken kann, wenn er die Vormachtstellung Preußens vorbehaltlos anerkennt. Der auch in Sachsen verhaßte sächsische Staatsminister v. Beust wird auf Druck Bismarcks von König Johann entlassen und von Kaiser Franz Joseph zum österreichischen Außenminister ernannt. **Am 21. Okt. wird der Frieden zwischen Preußen und Sachsen in Berlin unterzeichnet. Die sächsische Regierung erkennt darin die politischen Veränderungen in Deutschland an und tritt dem Norddeutschen Bund bei.** Sachsen verzichtet damit u. a. auf eine eigene Außenpolitik. Die sächsische Armee wird nach Reorganisation nach preußischem Vorbild in das Bundesheer eingegliedert. Bis zur Reorganisation untersteht sie einem preußischen Oberbefehlshaber. Sachsen zahlt 10 Millionen Taler Kriegsentschädigung. – König Johann trifft am 26. Okt. in Pillnitz ein und kehrt am 3. Nov. wieder nach Dresden zurück. – **Mit diesem Friedensschluß hat das Königreich Sachsen seine Eigenstaatlichkeit aufgegeben und fügt sich in der Folgezeit problemlos in die Entwicklung zur nationalstaatlichen Einheit Deutschlands unter Führung Preußens ein und trägt maßgeblich dazu bei, daß in kurzer Zeit die schon seit langem überfällige deutsche Kleinstaaterei überwunden wird und ein wirtschaftlich und politisch starkes Deutsches Reich entsteht. – Das Königreich Sachsen wird aber auch weiterhin seine volksmäßigen, kulturellen und wirtschaftlichen Eigenheiten bewahren.**

1866 Gründung der **Sächsischen Volkspartei** (19. Aug.) in Chemnitz durch August Bebel und Wilhelm Liebknecht. Sie bildet die Keimzelle der Sozialdemokratischen Arbeiterpartei in Sachsen. – **Als Kandidat dieser Partei gelangt August Bebel schon 1867 in den Reichstag.**

1867 Die Gesetzgebungsbefugnisse des Bundesstaates Sachsen werden durch die Verfassung des Norddeutschen Bundes (vom 17. April 1867, in Kraft tretend am 1. Juli 1867) **wesentlich beschnitten**. Der alleinigen Kompetenz Sachsens unterliegen noch das Polizei-, Gemeinde-, Schul-, Hochschul- und Staatskirchenrecht. Auf anderen Gebieten, darunter dem Handels-, Gewerbe-, Bank-, Eisenbahn-, Presse- und Vereinsrecht können Gesetze erlassen werden, solange der Bund seine Kompetenz nicht ausübt oder Rahmengesetze des Bundes ergänzende Regelungen erfordern. Die Beziehungen zum Ausland und das Konsularwesen, Post und Telegraphie, Bundeshaushalt, Zölle und Bundesabgaben werden ausschließlich durch Bundesgesetze geregelt. Sachsens Staatshaushalt stützt sich nur auf die direkten Steuern. Zölle und indirekte Steuern sowie die Einnahmen aus Post und Telegraphie gehören dem Bund. **Die eigentliche Aufgabe des sächsischen Staates bleibt die Verwaltung, weil der Vollzug der Reichsgesetze auf dem Verwaltungswege in den Händen der Bundesstaaten liegt.** Auch das Justizwesen liegt überwiegend in seiner Kompetenz, obgleich Gerichtsverfassung und Prozeßordnung durch Bundesgesetze geregelt werden.

1867 **Militärkonvention zwischen Preußen und Sachsen** (7. Febr.), in der Sachsen Souveränitätsrechte hinsichtlich der Militärverwaltung erhält. Das Königlich-Sächsische Kriegsministerium ist oberste Reichsmilitärbehörde für Sachsen. – Die preußischen Truppen verlassen Sachsen; auf dem Königstein verbleiben sie noch bis Herbst 1871.

1867 **Feudal-bürokratischen Schranken, die der wirtschaftlichen Entwicklung entgegenstehen, werden durch Bundesgesetze aufgehoben:** 1867 Gesetz über die Freizügigkeit; **1869** Gesetz über die Aufhebung des Konzessionszwanges für Aktiengesellschaften; **1870** freihändlerische Zoll- und Handelsgesetze; **1872** Inkrafttreten des 1868 beschlossenen metrischen Systems für Maße und Gewichte; **1873** Münzeinheit durch Einführung der Mark-Währung auf Grundlage einer Goldwährung.

1867 Im Februar finden in Sachsen die **Wahlen zum konstituierenden Reichstag des Norddeutschen Bundes** statt. Vorn liegen die Konservativen, gefolgt von den entschieden Liberalen.

1867 Wahl August Bebels zum Präsidenten des Verbandes deutscher Arbeitervereine in Leipzig.

1867 Wahlen zum gesetzgebenden Reichstag des Norddeutschen Bundes in Sachsen (31. Aug.).

1867 In Mittweida entsteht als Privatanstalt ein **Technikum zur Ausbildung von Maschinenbau-Ingenieuren**. Bald wird auch die Elektrotechnik in den Lehrplan aufgenommen.

1868 Gründung des »**Lutheraner-Vereins**« (später »Synode der lutherischen Freikirche Sachsens«).

1868 **Neuordnung der Bergverwaltung durch das neue Berggesetz** (tritt am 3. Jan. 1869 in Kraft).

1868 Das neue **Wahlgesetz vom 3. Dez.** bestimmt die direkte und geheime Wahl der Abgeordneten zur Zweiten Kammer. Wahlberechtigt sind alle Männer mit Vollendung des 25. Lebensjahres bei einem Zensus von einem Taler. **Die ständische Gliederung der Zweiten Kammer wird aufgehoben.** In 35 städtischen und 45 ländlichen Wahlkreisen wird je ein Abgeordneter gewählt. – Die Zusammensetzung der Ersten Kammer bleibt unverändert.

1869 Die Eisenbahnstrecke Dresden–Zwickau ist in ihrer ganzen Länge befahrbar. – Den Bedürfnissen der Wirtschaft entsprechend, finanziert jetzt der Staat den Eisenbahnbau selbst. – Während 1854 die **Länge des Eisenbahnnetzes** erst 520 km betrug, kommen bis 1873 weitere 707 km hinzu. **Um 1870 besitzt Sachsen das dichteste Eisenbahnnetz unter den deutschen Staaten.**

1869 Die Einführung der **Kettenschleppschiffahrt** führt zu einer erheblichen Steigerung des Verkehrs auf der Elbe.

1869 Ein Grubenunglück in Steinkohlengruben des Plauenschen Grundes bei Dresden fordert 276 Todesopfer. Schon 1867 waren in Lugau 101 Bergleute durch Vernachlässigung elementarer Sicherheitsvorkehrungen ums Leben gekommen.

1869 Liberales Pressegesetz beschlossen.

1869 **Leipzig** wird Sitz des neuen **Bundesoberhandelsgerichts**, das später durch das Reichsgericht abgelöst wird.

1870 / 71 Der Deutsch-Französische Krieg:

Sachsen nimmt an diesem Krieg als Mitgliedstaat des Norddeutschen Bundes teil und verfolgt keine eigenen Kriegsziele.

Die **Mobilmachung in Sachsen** beginnt nach der französischen Kriegserklärung am **19. Juli 1870.** Kronprinz Albert erhält den Oberbefehl über das sächsische Truppenkontingent. Entscheidender Anteil der sächsischen Truppen unter Kronprinz Albert am **Sieg bei St. Privat (18. Aug. 1870).** Kronprinz Albert wird danach Oberbefehlshaber der neuaufgestellten Maas-Armee, Prinz Georg Oberbefehlshaber der sächsischen Truppen.

Sieg der Maas-Armee unter Kronprinz Albert von Sachsen über die Franzosen bei **Beaumont** (30. Aug. 1870), der sich als Voraussetzung für den Sieg der deutschen Truppen in der Entscheidungsschlacht bei **Sedan** (1. Sept. 1870) gegen die Franzosen unter Mac Mahon erweist.

Am 19. Sept. 1870 trifft Kronprinz Albert mit seiner Armee vor Paris ein. Die **Belagerung von Paris** beginnt. Der Versuch eines Ausfalls der Franzosen (30. Nov.–2. Dez. 1870) wird unter maßgeblicher Beteiligung der sächsischen Truppen zurückgeschlagen.

An der feierlichen **Kaiserproklamation im Schloß von Versailles am 18. Jan. 1871 nehmen für das Königreich Sachsen Kronprinz Albert und Prinz Georg teil.** König Wilhelm von Preußen wird als Kaiser Wilhelm I. von den deutschen Fürsten als gemeinsames Staatsoberhaupt anerkannt. **Das Kaiserreich Deutschland ist begründet. Die nationalstaatliche Einheit Deutschlands ist vollendet** (Verfassungsurkunde des Deutschen Reiches vom 16. April 1871).

Maßgeblicher Anteil der sächsischen Truppen am **Sieg bei St. Quentin.** Paris kapituliert. Waffenstillstand. Kronprinz Albert kommandiert die große Siegesparade vor Kaiser Wilhelm I. am 3. März 1871 (nach dem Inkrafttreten des Vorfriedens) in Paris. – Am 18. März übernimmt Kronprinz Albert nach einem kurzen Heimaturlaub wieder das Oberkommando vor Paris. – Die nach der Niederschlagung der Pariser Kommune durch französische Truppen durch die sächsischen Linien flüchtenden Kommunarden werden nicht gefangengenommen.

Am 11. Juli 1871 Einzug der sächsischen Truppen in Dresden. Ernennung von Kronprinz Albert zum preußischen Generalfeldmarschall mit Zustimmung König Johanns. Schon am 15. Juni war er von Kaiser Wilhelm I. zum Generalinspekteur der 1. Armeeinspektion ernannt worden. – **Kronprinz Albert gilt als einer der bedeutendsten deutschen Heerführer seiner Zeit.**

1870 **Erste sächsische Landeskonferenz der sozialdemokratischen Arbeiterpartei in Chemnitz (16. Juli).** Schon bei der Gründung der SDAP in Eisenach (9. Aug. 1869) kamen etwa 25 % der Delegierten aus Sachsen. **Damit ist eine Arbeiterpartei entstanden, die immer mehr Zustimmung findet, so daß man vom »roten Königreich« Sachsen spricht.** Die industrielle Entwicklung Sachsens und die damit verbundene Anfälligkeit gegenüber wirtschaftlichen Konjunkturschwankungen, die eine ständige Bedrohung der Existenz der Arbeiterschaft darstellt, ist die Ursache für die ständig zunehmenden Aktivitäten der sächsischen Arbeiterbewegung. **Das Königreich Sachsen wird zu einem Zentrum der deutschen Arbeiterbewegung.** – Dieser Entwicklung wird vom König und seinem Staatsministerium durch eine liberale Innenpolitik entgegengesteuert.

1870 In Crimmitschau wird die erste sozialdemokratische Tageszeitung herausgegeben.

1870 **Gründung des Gewerbehausorchesters, des Vorläufers der Dresdner Philharmonie.**

1871 Hermann Credner beginnt mit der **kartographischen Landesaufnahme in Sachsen.** 1896 liegt die für Deutschland bahnbrechende Spezialkartierung vor.

1871 Das Krankenhaus St. Jacob in Leipzig wird zur Musteranstalt ausgebaut.

1871 Der »Katholisch-apostolischen Gemeinde« wird in Leipzig die Genehmigung zur Gemeindebildung erteilt.

1871 Die sächsische Post wird dem Deutschen Reich eingegliedert und heißt jetzt »Kaiserliche Post«.

1872 Berufung von **Ernst von Schuch** (1846–1914) als Hofkapellmeister nach Dresden.

1872 Die Arbeiten zum **»Fürstenzug«, einem berühmt gewordenen Denkmal der Geschichte des Hauses Wettin, am Langen Gang des Stallhofes** (erbaut 1586–91) **in Dresden** beginnen. Der Entwurf ist von **Wilhelm Walther** (1826–1913). Die Ausführung in **Sgrafittotechnik** beginnt 1872 und ist 1876 abgeschlossen. 1907 wird es aus Haltbarkeitsgründen durch eine **Ausführung auf Porzellanfliesen** ersetzt. Die Herstellung der Fliesen erfolgt 1905/06 in der Königlichen Porzellanmanufaktur Meißen. 1978/79 wird der Fürstenzug restauriert.

1872 **Hochverratsprozeß** (26. März.) gegen Bebel, Liebknecht und Hepner im Schwurgericht Leipzig. Urteil: je zwei Jahre Festungshaft in Schloß Hubertusburg.

1873 König Johann stirbt in Pillnitz bei Dresden (29. Okt.). – Ein von dem namhaften Dresdner Bildhauer Johannes Schilling geschaffenes Denkmal wird 1889 auf dem Platz vor der Semperoper enthüllt. Nachfolger wird sein ältester Sohn **König Albert (1873–1902).** Er besitzt ausgezeichnete persönliche Kontakte zu Kaiser Wilhelm I., Bismarck und Moltke. Persönliche Freundschaft verbindet ihn mit Kaiser Franz Josef, eine wichtige Voraussetzung für die Aussöhnung mit Österreich.

1873 **Revidierte Städteordnung vom 24. April:**
Das Bürgerrecht kann jetzt jeder Einwohner erwerben, der das 25. Lebensjahr vollendet hat und mindestens 1 Taler Staatssteuer entrichtet. – **Für Städte mit weniger als 6 000 Einwohnern wird unter dem gleichen Datum eine Städteordnung für mittlere und kleinere Städte erlassen**, die manches vereinfacht. Stadtrat und Stadtverordnete werden zum Stadtgemeinderat zusammengelegt. Der Bürgermeister erhält größere Vollmachten. – Die Aufsicht über alle Städte liegt beim jeweiligen Amtshauptmann und nicht mehr unmittelbar beim Ministerium des Inneren.

Revidierte Landgemeindeordnung (24. April):
Jetzt dürfen auch Gemeindemitglieder ohne Grundbesitz im Gemeinderat vertreten sein, sie dürfen jedoch nur maximal 25 % der Gemeinderatsmitglieder stellen. Der Gemeindevorstand wird als örtliches Organ der Landes- und Bezirksverwaltung eingesetzt und übt eine eingeschränkte Ortspolizeigewalt aus.

Gesetz über das Volksschulwesen (26. April):
Die Volksschulen werden der Aufsicht von königlichen Bezirksschulinspektoren unterstellt und durch die Einführung von Fortbildungsschulen ergänzt (Fortbildungspflicht für Jungen vom 15. bis zum 17. Lebensjahr).

Das **neu geschaffene Landeskonsistorium** (Konsistorialgesetz vom 15. April 1873) ist nicht mehr Mittelbehörde des Kultusministeriums, sondern **eine von der Staatsverwaltung unabhängige oberste Leitung der Evangelisch-Lutherischen Kirche.** Die **Verwaltung des Schulwesens**, die bis dahin vom alten Landeskonsistorium ausgeübt wurde, **bleibt beim Kultusministerium. Damit erfolgt ein erster wichtiger Schritt zur Trennung von Staat und Kirche.** – Krankenpflege und innere Mission gewinnen in Zukunft für die Kirche eine größere Bedeutung.

1873 Schaffung der Münzeinheit im Deutschen Reich.

1874 **Die Reorganisation der unteren Verwaltungsbehörden wird abgeschlossen (Gesetz vom 21. April 1873; Inkrafttreten 1874):**
Die Kreisdirektionen (Mittelbehörden) werden in 4 Kreishauptmannschaften (unterstehen direkt dem Ministerium des Inneren und sind hauptsächlich Aufsichtsbehörden für die ihnen unterstellten Amtshauptmannschaften) umgewandelt, denen **jetzt 25 Amtshauptmannschaften** (Landkreise) unterstehen, **die zu Lokalbehörden (Unterbehörden) mit Selbstverwaltungscharakter ausgebaut werden, in denen sich ab jetzt der Hauptteil der Verwaltungsarbeit vollzieht.** Die Städte Dresden, Leipzig und Chemnitz gehören keiner Amtshauptmannschaft an. **Die Gerichtsämter treten ihre Verwaltungsfunktionen an die Amtshauptmannschaften ab. Damit ist auch auf der unteren Ebene die längst überfällige Trennung von Justiz und Verwaltung vollzogen.** – Gerichtsämter (untere Justizbehörden) und Amtshauptmannschaften (untere Verwaltungsbehörden) stimmen territorial nicht überein. – **Diese 1874 in Kraft getretene Verwaltungsstruktur ist nahezu unverändert bis zur Verwaltungsreform von 1952 erhalten geblieben** (geringfügige Änderungen 1880, 1900, 1910, 1919, 1932). – Von 1939 bis 1952 be-

stehen die Kreishauptmannschaften als Regierungsbezirke, die Amtshauptmannschaften als Landkreise weiter.

1874 Neun Sozialdemokraten werden in den Reichstag gewählt (10. Jan.), darunter Bebel (in Glauchau) und Liebknecht (in Stollberg).

1874 Das **»Bibliographische Institut«** siedelt von Hildburghausen nach Leipzig über. »Meyers Großes Konversationslexikon« erscheint in dritter Auflage.

1875 Riesa wird Stadt. Die Entwicklung vom Dorf zur Stadt erfolgte erst nach Eröffnung der Leipzig-Dresdner-Eisenbahn.

1876 **Das höhere Schulwesen erhält eine gemeinsame gesetzliche Grundlage** und eine weitere Ausbildung durch Erhöhung der Anzahl der Gymnasien (18), der Realgymnasien (30; ohne Latein, aber mit verstärktem naturwissenschaftlichem Unterricht) und der Seminare (22; werden erstmals als höhere Schulen anerkannt). Dieses Reformgesetz sieht auch den Bau zweckentsprechender Schulgebäude und die Verbesserung der Lehrergehälter vor. Eine gewisse Modernisierung des Unterrichts bewirken die Regulative für die humanistischen Gymnasien von 1882 und 1893 und das Regulativ für die Realgymnasien von 1902.

1876 Mit Gesetz vom 23. Aug. wird die Oberaufsicht des Staates über die katholische Kirche festgelegt.

1876 Die Eisenbahnen gehen fast alle in das Eigentum des sächsischen Staates über oder werden von ihm betrieben. – Der sächsische Staat beginnt das Netz der Schmalspurbahnen auszubauen. Um 1900 erreicht das Streckennetz der sächsischen Eisenbahnen eine Gesamtlänge von etwa 3 200 km.

1876 In Leipzig Gründung des »Vorwärts« als zentrales Presseorgan der Sozialdemokraten.

1877 Bebel, Liebknecht, Most und Motteler wieder in den Reichstag gewählt. – Auch während des Sozialistengesetzes (1878–1890) rege illegale Tätigkeit der Sozialdemokraten, vor allem im Chemnitzer Raum. – Welche Entwicklung die Arbeiterbewegung bis dahin in Sachsen genommen hat, erkennt man daran, daß von den 1878 in Deutschland verbotenen 647 Vereinen und Druckschriften allein 156 auf Sachsen entfallen.

1878 **Neuordnung des Steuerwesens:**
Die progressive Einkommenssteuer tritt anstelle der bisherigen Gewerbe- und Personalsteuer neben die Grundsteuer. – Zur Deckung ihrer Schuldenlasten erhalten die Gemeinden als zusätzliche finanzielle Einnahmequelle einen Teil der Grundsteuer.

1878 **Der sächsische Staat übernimmt die volle Justiz- und Verwaltungshoheit in den Schönburgischen Rezeßherrschaften** Glauchau, Waldenburg, Lichtenstein, Hartenstein und Stein. Daraus wird die **Amtshauptmannschaft Glauchau** gebildet. Kleinere Teile fallen an die schon bestehenden Amtshauptmannschaften Zwickau und Schwarzenberg.

1878 **In Dresden wird das nach den Plänen von Gottfried Semper erbaute neue Königliche Hoftheater** am 2. Febr. mit Goethes »Iphigenie« **eröffnet.** Der alte Semper-Bau war am 21. Sept. 1869 abgebrannt.

1878 **Gründung einer Klöppelschule in Schneeberg.** – Um diese Zeit entstehen noch weitere Fachschulen, welche die traditionellen Gewerbe fördern sollen.

1879 **Neuordnung der Gerichtsverfassung Sachsens** auf Grundlage der Reichsgesetze von 1878. Die Gerichte bleiben jedoch sächsische Gerichte und unterstehen dem sächsischen Justizministerium: Danach gibt es ab 1. Okt. 1879 **1 Oberlandesgericht** in Dresden, **7 Landgerichte und 105 Amtsgerichte**, die bis 1925 auf 112 erhöht werden. – Diese Gerichtsorganisation bleibt im wesentlichen bis zur Verwaltungsreform von 1952 bestehen. – »Kammern für Handelssachen« werden bei den Landgerichten in Chemnitz, Dresden, Freiberg, Leipzig, Plauen und Zwickau (1895) sowie bei den Amtsgerichten Glauchau, Zittau und Annaberg (1891) eingerichtet.

1879 **Höchster Gerichtshof des Deutschen Reiches wird ab 1. Okt. 1879 das Reichsgericht mit Sitz in Leipzig. – 1895 ist das Reichsgerichtsgebäude fertiggestellt.**

1879 Mit Wirkung vom 1. Jan. 1879 wird eine **neue kirchliche Organisation** wirksam. Die neuen Kirchenbezirke, die **Ephorien**, stimmen territorial fast mit den Amtshauptmannschaften überein und sind mit geringfügigen Änderungen bis in die Gegenwart beibehalten worden.

1880 Die Amtshauptmannschaft Dresden wird in die Amtshauptmannschaften Dresden-Altstadt und Dresden-Neustadt aufgeteilt. 1924 erfolgt wieder die Zusammenlegung.

1881 Die restaurierte Königliche Albrechtsburg zu Meißen wird als Gedenkstätte sächsischer Geschichte eingeweiht. Die Restaurierung ist durch den Königlich-Sächsischen Altertumsverein (Vorsitzender: Prinz Georg von Sachsen) gefördert worden. Dieser Verein übt auch in der Folgezeit maßgeblichen Einfluß auf die Erhaltung kulturhistorischer Denkmale aus (z. B. Afra- und Nikolaikirche in Meißen, »Goldene Pforte« des Freiberger Doms usw.).

1882 Erstaufführung der »Walküre« in der Dresdner Hof-Oper. – Das musikalische Interesse König Alberts gilt besonders dem Werk Richard Wagners. Neben Wagner sind Puccini und Verdi Favoriten des Dresdner Theaterpublikums. – Ein Drittel der Einnahmen des Königs Albert aus der Zivilliste wird für das Theater ausgegeben.

1883 Auf Anregung des Königlich-Sächsischen Altertumsvereins erscheint die **»Beschreibende Darstellung der älteren Kunstdenkmäler des Königreiches Sachsen«** in Fortsetzungsbänden bis 1923 (Herausgeber: **Steche**, ab 1894 **Cornelius Gurlitt**), ein Generalinventar aller bedeutenden und bemerkenswerten kulturhistorischen Baudenkmäler Sachsens in Wort und Bild, das noch heute zur Standardliteratur gehört.

1883 Das Industriedorf Limbach wird Stadt. – **Die Industrialisierung von Dörfern ist eine typisch sächsische Erscheinung.**

1884 Nach dem Tode des Herzogs Wilhelm von Braunschweig-Oels fällt durch testamentarische Verfügung die **Herrschaft Sybillenort bei Breslau in Schlesien an König Albert.** Bis zum Ende des zweiten Weltkrieges 1945 bildet Sybillenort die wirtschaftliche Grundlage des Hauses Wettin Albertinische Linie. Zum Besitz gehören 31 Rittergüter mit 23 000 ha Land im Werte von 20 Millionen Mark. König Albert ist der reichste Mann Sachsens. – Nach seiner Abdankung im Jahre 1918 ist Sybillenort Wohnsitz von Friedrich August III.

1887 Der Schriftsteller Ferdinand Avenarius gibt in Dresden die **Zeitschrift »Der Kunstwart«** heraus (ästhetische Volkserziehung im konservativen Sinne).

1887 Die Zeitung **»Der Wähler«** (Untertitel: **»Leipziger Volksblatt«)** wird als Organ der sozialdemokratischen

Partei gegründet und heißt ab 1. Jan. 1895 **»Leipziger Volkszeitung«.** Von 1933–1945 verboten.

1888 Das Siemenssche Glaswerk in Dresden wird Aktiengesellschaft und besitzt bald 3000 Beschäftigte und weltweite Absatzmärkte. – **Die Entwicklung der Großindustrie in Sachsen macht Fortschritte.**

1889 Feierlichkeiten zum 800sten Herrschaftsjubiläum der Wettiner.

1889 Einführung des Königlich Sächsischen Majestätswappens (7. Juni).

1889 **Fertigstellung des 140 m hohen Fabrikschornsteins bei Halsbrücke**, um die Auswirkungen der schädlichen Abgase zu vermindern.

1889 Ernemann-Werk (Anfänge der Kamera-Industrie in Dresden) gegründet.

1889 **Gründung der Tierärztlichen Hochschule in Dresden.**

1890 Umwandlung des Polytechnikums in die **Technische Hochschule Dresden.** 1900 steht sie bereits an der dritten Stelle der meistbesuchten technischen Hochschulen Deutschlands. Bereits 1884 wurde ein Elektrotechnikum aufgebaut. Die Ausbildungsstätten für Chemie gelten als musterhaft.

1890 Gewerbegerichtsgesetz vom 29. Juni; Einrichtung von 78 Gewerbegerichten.

1890 Unmittelbar vor Aufhebung des Sozialistengesetzes (30. Sept.) werden die Sozialdemokraten Schippel in Chemnitz, A. Schmidt in Mittweida, Auer in Glauchau/Merane, Stolle in Zwickau und Seifert in Stollberg in den Reichstag gewählt. – Am 1. Mai wird in Leipzig, Chemnitz und einigen anderen Industrieorten der internationale Kampftag für den Achtstundentag begangen. – Am 1. Juli Gründung eines vereinigten Textilarbeiterverbandes. Erste sächsische Textilarbeiterkonferenz in Kappel bei Chemnitz. Am 21. Sept. erste sächsische Metallarbeiterkonferenz in Chemnitz.

1890 **Die Mormonen in Sachsen.**

1891 **Landtagswahlen in Sachsen:**
Trotz des Zensuswahlsystems erhalten die Sozialdemokraten ein Drittel der abgegebenen Stimmen und damit von allen Parteien die höchste Stimmenzahl. Die Zahl der Abgeordneten steigt von 7 auf 11. 1893 / 94 erhöht sich die Zahl der sozialdemokratischen Abgeordneten auf 14.

1895 Nach der statistischen Erhebung im Deutschen Reich sind **58 % der Bevölkerung Sachsens in der Industrie, 14 % im Handel und nur noch 15 % in der Landwirtschaft beschäftigt** (1870 waren noch 25 % in der Landwirtschaft beschäftigt). – Der Durchschnitt im Deutschen Reich liegt bei 39 % Industriearbeitern und 36 % Beschäftigten in der Landwirtschaft.

1896 Das **Landtagswahlgesetz vom 28. März bringt das allgemeine Wahlrecht für Sachsen, aber nach dem Maße der Steuerleistung werden die Wähler in drei Klassen eingeteilt (Dreiklassenwahlrecht nach preußischem Muster)**, von denen jede ein Drittel der Abgeordneten zur Zweiten Kammer wählt. Außerdem wird die indirekte Wahl eingeführt. Damit werden die arbeitenden Klassen tatsächlich von der Volksvertretung ausgeschlossen. – **Dieses Gesetz hat viel zur Radikalisierung der Arbeiterbewegung beigetragen.**

1896 Gründung der **Königlich Sächsischen Kommission für**

Geschichte als Einrichtung für die landesgeschichtliche Forschung.

1897 Gründung des **Vereins für sächsische Volkskunde**, der unter Leitung von Prof. Oskar Seyffert bedeutende wissenschaftlich-museologische Leistungen vollbringt.

1898 **Die erste Handelshochschule Deutschlands wird in Leipzig gegründet.** Hervorgegangen ist sie aus einer 1831 von der Kramerinnung in Leipzig gegründeten öffentlichen Handelslehranstalt.

1898 Hohenstein (1521 Stadtrecht) und Ernstthal schließen sich zur Doppelstadt Hohenstein-Ernstthal zusammen. Weitere **Doppelstädte** folgen: Ober- und Unterwiesenthal zu Oberwiesenthal (1921), Lichtenstein–Callenberg (1920), Radebeul und Kötzschenbroda zu Radebeul (1935), Schneeberg-Neustädtel (1939), Annaberg-Buchholz (1945), Limbach-Oberfrohna (1950).

1898 Die Gemeinschaft der »Siebenten-Tags-Adventisten« kann sich in Chemnitz etablieren.

1898 Die religiöse Gemeinschaft der »Christlichen Wissenschaft« faßt in Sachsen Fuß.

1899 Verstärkung der sächsischen Truppen von 34 000 auf 44 000 Mann.

1899 Die sächsischen Krankenkassen haben bereits 962 000 Mitglieder, das Vermögen der Sächsischen Versicherungsanstalt beträgt ca. 48 Millionen Mark. – Gleichlaufend mit den Maßnahmen gegen die Arbeiterorganisationen im Zusammenhang mit dem Sozialistengesetz war staatlicherseits mit dem Aufbau der **Kranken-, Unfall- und Invalidengesetzgebung** begonnen worden.

1899 Grundbuchordnung vom 26. Juli.

1900 Das deutsche **Bürgerliche Gesetzbuch** tritt in Kraft (1. Jan.).

1900 **Allgemeines Baugesetz** vom 1. Juli.

1900 Von der Kreishauptmannschaft Zwickau wird eine neue Kreishauptmannschaft Chemnitz mit den Amtshauptmannschaften Chemnitz, Annaberg, Flöha, Glauchau und Marienberg abgetrennt.

1901 Der Zusammenbruch der Leipziger Bank trägt zur Krise der sächsischen Staatsfinanzen bei. 1906 ist der Staatshaushalt Sachsens wieder ausgeglichen. – Sachsen ist finanzpolitisch weitgehend vom Reich abhängig.

1901 Die Dresdner Hofoper erreicht mit den Uraufführungen der Werke von **Richard Strauss** europäische Geltung (1901 »Feuersnot«, 1905 »Salome«, 1909 »Elektra«, 1911 »Der Rosenkavalier«).

1902 **König Albert stirbt** (19. Juni) in Sybillenort. Die Einpassung Sachsens in den Reichsverband und die Aussöhnung mit Österreich sind maßgeblich sein Werk. Nachfolger wird **König Georg (1902–1904)**, Bruder König Alberts. 30 Jahre lang war Prinz Georg Vorsitzender der Finanzdeputation der Ersten Kammer des Landtages, 25 Jahre lang kommandierender General des XII. Armeekorps. Von seinem Bruder König Albert wurde er mit in die Regierungsgeschäfte einbezogen.

1902 **Mit Olbernhau beginnend, werden weitere zu groß gewordene Landgemeinden zu Städten erhoben:**
Radebeul und Oelsnitz/Erzgeb. 1923; Planitz, Heidenau, Rodewisch und Kötzschenbroda 1924; Siegmar 1927; Flöha 1933; Wilkau-Haßlau und Markkleeberg

1934; Klotzsche, Oberfrohna und Bad Elster 1935; Oberlungwitz 1936; Coswig 1939. Bis 1933 war Flöha das einzige Dorf in Sachsen, das sowohl Sitz einer Amtshauptmannschaft als auch einer Superintendentur war.

1903 Crimmitschauer Textilarbeiterstreik (Aug.).

1903 Von 23 sächsischen Reichstagswahlkreisen fallen 22 den Sozialdemokraten zu.

1904 König Georg stirbt am 15. Okt. in Pillnitz. Nachfolger wird **König Friedrich August III. (1904–1918)**, der älteste Sohn König Georgs. Als Politiker versucht er, das Gleichgewicht der Kräfte zwischen Tradition und Fortschritt aufrechtzuerhalten. Dem Militärdienst fühlt er sich zeitlebens verbunden.

1904 Reichsgesetz betreffend Kaufmannsgericht vom 6. Juli: Einrichtung von 42 Kaufmannsgerichten. – Später wird der Justizapparat noch durch Arbeitsgerichte und das Oberverwaltungsgericht (Sitz Dresden) ergänzt.

1905 **Gründung der Künstlergemeinschaft »Brücke« in Dresden**, die sich um die Erneuerung der Grafik verdient macht und internationale Anerkennung erlangt. Ernst Ludwig Kirchner, Erich Heckel, Franz Bleyl, Karl Schmidt-Rottluff, Emil Nolde, Max Hermann Pechstein, Otto Mueller u. a. leisten einen entscheidenden Beitrag zur Herausbildung des deutschen Expressionismus.

1906 Den Frauen wird in Sachsen das Universitätsstudium gestattet.

1907 Aufnahme der Produktion nahtloser Stahlrohre in Riesa. Bis 1913 wird Riesa zum wichtigsten Standort der Walzstahlproduktion in Sachsen.

1908 Unter Mitwirkung der führenden Architekten der **Werkbundbewegung Richard Riemerschmid, Heinrich Tessenow und Hermann Muthesius** entstehen am Rande der Dresdener Heide die neuen Fabrikgebäude der **»Deutschen Werkstätten Hellerau«** und die **Gartenstadt Hellerau.**

1908 **»Landesverein Sächsischer Heimatschutz«** gegründet. Seine Mitglieder vollbringen große Leistungen auf den Gebieten der Denkmalpflege, des Naturschutzes, der Volkskunde u.a. Die Zeitschrift »Mitteilungen des Landesvereins Sächsischer Heimatschutz« (1908–1941) erreicht einen großen Leserkreis und trägt u. a. wesentlich zur Verbreitung des Naturschutzgedankens bei.

1909 Neues **Wahlgesetz vom 25. Jan.** (gültig ab 5. Mai) **als letzter Versuch einer organischen Weiterbildung der Verfassung von 1831. Das Dreiklassenwahlrecht wird aufgegeben und durch ein Mehrstimmenwahlrecht ersetzt**, bei dem ein Wähler je nach Bildung, Besitz und Alter bis zu vier Stimmen abgeben kann. Die Wahlkreiseinteilung, nach Städten und Landbezirken getrennt (43 städtische und 48 ländliche Wahlkreise), zerreißt den landschaftlichen Zusammenhang und bevorzugt in maßvoller Weise die konservativen Kräfte im Lande. Trotzdem gelangen im gleichen Jahre durch dieses Wahlrecht 25 sozialdemokratische Abgeordnete in den Landtag, 1905 war es nur einer gewesen.

1909 **Gesetz gegen die Verunstaltung von Stadt und Land** vom 10. März.

1909 **Wassergesetz** vom 12. März.

1909 Aus Teilen der Amtshauptmannschaft Chemnitz wird die **Amtshauptmannschaft Stollberg gebildet.** 1950 wird sie wieder unter die Nachbarkreise aufgeteilt.

1910 **Allgemeines Berggesetz** vom 31. Aug.

1911 Der AEG-Konzern errichtet bei Hirschfelde in der Oberlausitz ein hochmodernes Kraftwerk.

1911 **Der Dresdner Pharmazie-Großindustrielle Karl August Lingner organisiert die 1. Internationale Hygiene-Ausstellung in Dresden.**

1912 Gründung der Deutschen Bücherei in Leipzig unter Beteiligung des sächsischen Staates. – Durch die 1. Weltausstellung für Buchgewerbe und -graphik 1914 festigt die Messestadt Leipzig weiter ihren Ruf als Buchstadt.

1912 Der aus Hohenstein-Ernstthal gebürtige Reise- und Abenteuerschriftsteller **Karl May** verstirbt in Radebeul.

1912 In die Stadt Brand wird das Dorf Erbisdorf eingemeindet (zu Brand-Erbisdorf). 1920 entsteht analog aus der Stadt Regis und dem Dorf Breitingen die Stadt Regis-Breitingen.

1913 Auch in Sachsen verstärkte militärische Rüstung. Von 1870 bis 1914 Erhöhung der Zahl der Infanterie-Bataillone von 29 auf 82, der Kavallerie-Eskadrons von 24 auf 48, der Feldbatterien von 16 auf 62.

1913 **Einweihung des Völkerschlachtdenkmals in Leipzig (18. Okt.)** unter Anwesenheit König Friedrich Augusts III., des russischen Zaren Nikolaus II. und anderer Monarchen.

1913 Die **Internationale Baufach-Ausstellung** in Leipzig erzielt internationale Aufmerksamkeit und ist ein Spiegelbild des Gewerbefleißes in Sachsen.

1913 **Landgemeindeordnung** vom 11. Juli:
Die Zahl der nicht ansässigen, also nicht grundbesitzenden Gemeindevertreter in der Gemeindevertretung darf jetzt bis zu 50 % betragen. Damit wird den veränderten Verhältnissen in den großen Industriegemeinden Rechnung getragen.

1914 Der 1. Weltkrieg von 1914 (1. Aug.) bis 1918 (11. Nov.):
Die gesamte sächsische Armee wird bei Kriegsbeginn geschlossen unter dem Befehl des sächsischen Generalobersten Max Freiherr von Hausen als 3. Deutsche Armee eingesetzt und nimmt bis 9. Sept. mit erheblichen Verlusten (12 402 Mann) an der Marneschlacht teil (5.–12. Sept. 1914). – Im Verlaufe des Krieges werden die sächsischen Verbände zusammen mit Kontingenten der anderen deutschen Bundesstaaten eingesetzt, so daß häufig selbst die Einheitlichkeit der Divisionen nicht mehr gegeben ist. – **Die Bilanz dieses Krieges: Sachsen, 1914 ein Land mit rund fünf Millionen Einwohnern, hat etwa 750 000 Mann in den Krieg geschickt, von denen etwa 210 000 fallen und 19 000 vermißt bleiben.**

1916 Am 1. Mai kommt es zu Friedensdemonstrationen in Dresden, Leipzig und Pirna. Streiks und politische Massendemonstrationen finden im Sommer in Leipzig und Chemnitz und im Spätherbst in Dresden statt.

1917 Während des Aprilstreiks bemühen sich Leipziger Arbeiter um die Bildung des ersten Arbeiterrates in der deutschen Geschichte.

1918 Die im Januar im Reich ausbrechenden Streiks unter Mitwirkung der Spartakusgruppe erfassen den Leipziger und Dresdner Raum im Februar.

Durch sein Eintreten für einen Verständigungsfrieden setzt sich der sächsische König Friedrich August III. offen in Gegensatz zur Obersten Heeresleitung.

Im Zuge der im ganzen Reich ablaufenden Veränderungen **treten vom 23. bis 26. Oktober die sächsischen Staatsminister zurück. Auf Vorschlag der Mehrheitsparteien, also ohne Konservative und Unabhängige, übernimmt der bisherige Justizminister und nationalliberale Parlamentarier Rudolf Heinze die Führung der Regierung (5. Nov.).** Das Regierungsprogramm sieht einen Staatsumbau im Sinne einer weitgehenden Demokratisierung vor. Diese Umbildung erweist sich als unwirksam, da sich die Ereignisse im Reich überstürzen.

Die Unabhängigen der Zweiten Kammer fordern schon am 1. Nov. die Revolution. Zwei Sozialdemokraten, ein Freisinniger und ein Linksliberaler, werden ins Kabinett berufen.

Revolutionäre Soldaten der Dresdner Garnison gehen am **5. Nov.** zu Antikriegsaktionen über. Einen Tag später wählen 3000 Soldaten der Großenhainer Fliegerkaserne den **ersten Soldatenrat Sachsens.**

Am **8. Nov. Massendemonstrationen in Dresden** und **anderen Orten des Königreiches Sachsen.** In Dresden nehmen auch Soldaten an den Demonstrationen teil. – In Leipzig kommen Abgesandte der revoltierenden Kieler Matrosen an und übernehmen mit einem in den Betrieben gewählten Arbeiterrat unblutig die Macht. – In Chemnitz bildet sich ebenfalls ein Arbeiter- und Soldatenrat.

Am späten Abend des 9. Nov. werden in Dresden das Haupttelegraphenamt, das Generalkommando des Heeres, das Polizeipräsidium und die Regierungsge-

bäude von den Demonstranten besetzt. Der Arbeiter- und Soldatenrat (USPD und Spartakusgruppe) übernimmt die öffentliche Gewalt. König Friedrich August III. verläßt am Abend sein Residenzschloß und begibt sich nach Moritzburg.

Am 10. Nov. Bildung des Vereinigten revolutionären Arbeiter- und Soldatenrates, in dem die Rechten und das Zentrum die Mehrheit besitzen. Er erklärt König und Regierung für abgesetzt und die Monarchie für beseitigt. Auf dem Dresdner Schloß wird die rote Fahne aufgezogen. Im Zirkus Sarasani in Dresden wird durch den Sozialdemokraten Fleißner die Republik ausgerufen.

Am 13. November entsagt König Friedrich August III. von Schloß Gutenborn bei Ruhland aus in Schriftform **förmlich dem Throne** und entläßt alle Offiziere, Beamten, Geistlichen und Lehrer aus ihrem Dienstverhältnis.

Am **15. Nov. übernehmen sechs Volksbeauftragte** (je drei USPD und SPD), die in einer Versammlung der Leipziger, Dresdner und Chemnitzer Arbeiter- und Soldatenräte gewählt worden waren, **die Regierungsgewalt.** In einer Erklärung an das »sächsische Volk« (18. Nov.) werden wirtschaftliche Veränderungen nach sozialistischen Grundsätzen und der Übergang von der kapitalistischen zur sozialistischen Gesellschaft in Aussicht gestellt. Ein Großdeutschland unter Einschluß Deutsch-Österreichs wird befürwortet. – **Die Behörden bleiben zunächst funktionell und personell unverändert bestehen.** Nur das mit der Demobilisierung beauftragte Kriegsministerium wird in Ministerium für Militärwesen umbenannt. **Die Minister führen vorübergehend die Bezeichnung »Volksbeauftragte«.**

Am 19. Nov. konstituieren sich die Arbeiter- und Soldatenräte aus Dresden, Leipzig und Chemnitz zu einem »Landes-Arbeiter- und Soldatenrat«.

Die wirtschaftliche Not der Nachkriegszeit und die Notwendigkeit der Arbeitsbeschaffung für die zurückgekehrten Soldaten führten zur **Bildung eines Arbeits- und Wirtschaftsministeriums (21. Nov. 1918)**, das am 22. Jan. 1919 in ein **Wirtschafts- und ein Arbeitsministerium** umgewandelt wird. Am 24. März 1924 wird das Arbeitsministerium in das **Arbeits- und Wohlfahrtsministerium** umgebildet, da ihm mit der Zunahme der sozialen Probleme nun auch die gesamte öffentliche Fürsorge zufällt.

Durch Regierungsverordnung wird das ehemalige Königliche Hoftheater als Sächsisches Landestheater (Oper und Schauspielhaus) vom Staat übernommen und jetzt dem Kultusministerium unterstellt (22. Nov.).

Die neue Regierung führt mit **Verordnung vom 28. Nov. das allgemeine, gleiche, unmittelbare und geheime Verhältniswahlrecht** für alle über 21 Jahre alten Deutschen, Männer wie Frauen, für die Wahl der sächsischen Gemeindevertretungen ein.

Die Regierung löst den alten Landtag auf und erläßt am 27. Dez. eine Verordnung über die Wahlen zur Volkskammer der Republik Sachsen.

Aufhebung der selbständigen Gutsbezirke und Eingliederung derselben in benachbarte Gemeinden.

1919 In Leipzig konstituiert sich die erste Ortsgruppe der Kommunistischen Partei in Sachsen (4. Jan.). – Der Dresdner Arbeiter- und Soldatenrat verbietet im Jan. kommunistische Versammlungen. – In Dresden kommt es bei kommunistischen Demonstrationen zu Unruhen, die 12 Todesopfer fordern.

Nach dem Rücktritt der Volksbeauftragten der USPD am 16. Jan. bildet Georg Gradnauer am 22. Jan. eine reine SPD-Regierung, die Wahlen zur Sächsischen Volkskammer ausschreibt.

Die **Wahlen zur Nationalversammlung** am 19. Jan. ergeben für Sachsen folgende Verteilung:
SPD 17 Mandate, bürgerliche Parteien 12 Mandate, USPD 3 Mandate.

Die Wahlen zur Sächsischen Volkskammer am 2. Febr. ergeben eine Mehrheit von SPD (42 Mandate) und USPD (15) gegenüber den bürgerlichen Parteien: Deutsche Demokratische Partei (22), Deutsche Nationale Volkspartei (13), Demokratische Volkspartei (4). – Gewählt wurde nach dem allgemeinen, unmittelbaren, gleichen und geheimen Verhältniswahlrecht. Wahlberechtigt waren jetzt alle Deutschen mit Vollendung des 21. Lebensjahres, erstmals in Sachsen auch die Frauen.

Eröffnungsvorstellung (23. Febr.) der **Sächsischen Landesbühne** in Dresden. – Sie bereist in der Folgezeit 18 Städte des Freistaates.

Am 25. Febr. tritt die am 2. Febr. nach dem neuen Wahlgesetz gewählte Volkskammer zusammen. Die Volksbeauftragten treten zurück.

Die Volkskammer beschließt die Vorläufige Verfassung für den Freistaat Sachsen (28. Febr.). Ein von der Volkskammer gewählter Ministerpräsident wird für die Politik des Gesamtministeriums verantwortlich gemacht. Das Amt des Ministerpräsidenten und seine Wahl durch eine Volksvertretung sind ein Novum in der sächsischen Verfassungs- und Verwaltungsgeschichte.

Mitteldeutscher Generalstreik (27. Febr. – 10. März).

Die erste verfassungsmäßige Regierung des Freistaates Sachsen tritt am 14. März ihr Amt an (SPD-Regierung mit Georg Gradnauer als Ministerpräsident).

Die Sächsische Volkskammer erklärt den 1. Mai und den 9. Nov. zu gesetzlichen Feiertagen (31. März).

Ab April blutige Zusammenstöße zwischen Rechtskräften und Arbeitern. **Der von Rechtskräften provozierte Mord (12. April) am sächsischen Minister für Militärwesen Gustav Neuring führt am 13. April zur Verhängung des Ausnahmezustandes über Sachsen. Einmarsch von Reichstruppen (Freicorps Görlitz) und Niederschlagung der Unruhen.**

Die »Rote Fahne« wird in Sachsen verboten (18. April).

In Leipzig erringt die USPD mit Hilfe des »Großen Arbeiterrates« die Macht. Am 10. Mai wird auf Befehl des Reichspräsidenten und mit Zustimmung der sächsischen Landesregierung durch Truppen unter General Maerker (11. Mai) die ordentliche Regierungsgewalt wiederhergestellt. Er verhängt das Standrecht und löst den Arbeiterrat auf. Die KPD verlegt ihre Zentrale wieder nach Berlin.

In Leipzig erscheint die Monatsschrift für das Volkshochschulwesen »Die Arbeitsgemeinschaft« (1. Juli).

Entsprechend dem durch die Sächsische Volkskammer verabschiedeten **Volksschulgesetz** wird an den Schulen kein Religionsunterricht mehr erteilt (11. Juli). – Durch das Schulübergangsgesetz sollen in Sachsen die Bekenntnis- in Gemeinschaftsschulen umgewandelt werden (22. Juli). Das Reichsgericht spricht sich aber gegen die Abschaffung der Bekenntnisschulen aus (Urteil vom 9. Nov. 1920).

Bei **blutigen Straßenkämpfen und Plünderungen werden in Chemnitz** 29 Menschen getötet und einige hundert verletzt. Am Hauptbahnhof wird eine Reichswehrtruppe grausam niedergemetzelt (8. Aug.).

Die Polizei löst in Leipzig die Zentrale der KPD auf (11. Nov.).

Die neue Volksbühne in Leipzig wird eröffnet (19. Dez.).

1919 Die **Landeskirche mit einem Landesbischof an der Spitze bleibt** mit leicht an die neuen Verhältnisse angepaßten Strukturen **bestehen** (Landessynode im Mai). – **Endgültige Trennung von Staat und Kirche: Das Landeskonsistorium, das spätere Landeskirchenamt, wird eine vom Staat unabhängige Körperschaft öffentlichen Rechts.** Bestehen bleiben nur finanzielle Verbindlichkeiten des Staates gegenüber der Kirche, die teilweise auf die Säkularisation von Kirchengut im 16. Jh. zurückgehen.

1919 Gründung der Sächsischen Staatsbank zur Finanzierung von Staatsunternehmen.

1919 Die Maler **Otto Dix** und **Conrad Felixmüller** gründen die Dresdner linke Gruppe der Neuen Sezession (23. Mai).

1919 Von der Amtshauptmannschaft Zwickau wird das amtshauptmannschaftliche Zweigamt **Werdau** abgetrennt, das **1920 Amtshauptmannschaft** und 1933 wieder mit Zwickau vereinigt wird.

1919 Mit Inkrafttreten der Reichsverfassung verliert Sachsen auch seine Autonomie im militärischen Bereich. Die Reichswehr untersteht nach ihrer Aufstellung dem Reich. Sachsen bildet den Wehrkreis IV mit Sitz in Dresden.

1920 Im März Generalstreik gegen den Kapp-Putsch (14. März). – Die geflüchtete Reichsregierung hält sich kurzzeitig in Dresden auf.

Die Eisenbahn-, Post- und Fernmeldeverwaltungen gehen von Freistaat Sachsen an das Reich über (1. April).

Der Kommunistenführer Max Hölz besetzt das Plauener Rathaus (3. April). An den folgenden Tagen durchstreift er mit bewaffneten Trupps das Vogtland.

Auflösung des Ministeriums für Militärwesen (4. Mai).

Die sächsische Regierung löst alle Arbeiterräte auf (21. Juni).

Landeswahlgesetz für den Freistaat Sachsen und Landeswahlordnung vom 4. Sept.

Gemeindesteuergesetz vom 20. Okt.

Die Bergakademie Freiberg erhält das Promotionsrecht (22. Okt.).

Die Volkskammer nimmt am 26. Okt. die Verfassung des Freistaates Sachsen an (Inkrafttreten 1. Nov.). – Diese bindet den Freistaat Sachsen fest in die Weimarer Republik ein. Sachsen verliert weitere Elemente seiner Selbständigkeit (z. B. Eisenbahn- und Finanzhoheit).

Landtagswahlen (14. Nov.):
SPD 27 Mandate, USPD 16, KPD 6, Bürgerliche 47.

1920 Die Tänzerin und Choreographin **Mary Wigman** begründet in Dresden die Schule für künstlerischen Tanz, aus der **Gret Palucca** hervorgeht, die 1925 in Dresden ihre eigene Schule gründet.

1921 Die **Internationale Elbekommission** nimmt in Dresden ihre Beratungen zur Regelung der Elbeschiffahrt auf (24. Jan.).

Dresden wird an das Flugnetz nach Berlin angeschlossen (1. Febr.).

In Leipzig wird der Staatsgerichtshof für das Deutsche Reich eröffnet (21. Febr.).

Verhaftung (16. April) des Führers des mitteldeutschen Aufstandes Max Hölz und Verurteilung zu lebenslänglichem Zuchthaus (22. Juni).

Die katholische Kirche errichtet das exemte Bistum Meißen mit Sitz in Bautzen (24. Juni), dessen Zuständigkeit sich auf den Freistaat Sachsen und ehemalige altenburgische und reußische Teile Thüringens erstreckt. Es löst das Apostolische Vikariat Dresden und das Bautzener Domdekanat ab. Als erster Bischof von Meißen wird Christian Schreiber am 18. Sept. in Bautzen inthronisiert.

Gesetz über die Trennung des Kirchen- und Schuldienstes der Volksschullehrer vom 10. Juli. Danach darf mit einer Schulstelle kein Kirchendienst verbunden sein.

Am 11. Okt. wird in Zwickau die **erste sächsische** und damit erste außerbayrische **NSDAP-Gruppe** durch Fritz Tittmann gegründet. **1922 setzt von Zwickau aus die Expansion der NSDAP in Sachsen ein.**

Gründung der Gesellschaft der Freunde der Bergakademie Freiberg (3. Dez.). Erster Vorsitzender wird Kurt Sorge, Vorsitzender des Reichsverbandes der Deutschen Industrie.

Die außerordentliche Hauptversammlung der Dresdner Bank erhöht das Aktienkapital der Bank von 200 auf 550 Mill. Mark.

1922 Der Sächsische Landtag lehnt den Regierungsantrag, den 1. Mai und den 9. Nov. zu gesetzlichen Feiertagen zu erklären, ab (19. Jan.).

Am 12. Juni stirbt in der Untersuchungshaft in Leipzig der Führer des Kapp-Putsches, Wolfgang Kapp.

In Leipzig wird der sozialdemokratische deutsche Beamtenbund gegründet (17. Juni).

Die sächsische Regierung erläßt eine Verordnung über die Schulerziehung der Jugend im republikanischen Geist (17. Juli).

Durch Verordnung des sächsischen Kultusministers wird Lehrern und Schülern für religiöse Veranstaltungen an nichtgesetzlichen Feiertagen keine Befreiung vom Unterricht mehr erteilt.

Gesetz über den Übergang der Ordnungs- und Kriminalpolizei auf den Staat vom 14. Sept.

In Leipzig wird die Deutsche Gesellschaft für Gewerbehygiene gegründet (21. Sept.).

Landtagswahlen in Sachsen (5. Nov.). SPD und KPD erringen gegenüber den bürgerlichen Parteien die Mehrheit.

Verordnung über die Errichtung der Staatspolizeiverwaltung vom 11. Nov.

Verbot der NSDAP in Sachsen (18. Nov.). Bestätigung vom Staatsgerichtshof (15. März 1923).

1922 In Dresden wirkt **Generalmusikdirektor Fritz Busch** (1922–1933).

1922 **Wilhelm Furtwängler** Dirigent des Gewandhausorchesters (1922–1928), ihm folgt **Bruno Walter** (1929–1933).

1923 Am 21. März bestätigt der Landtag, in dem die Vereinigte Sozialdemokratische Partei Deutschlands und die KPD die Mehrheit besitzen, ein **Minderheitskabinett linker Sozialdemokraten unter Erich Zeigner.** Diese Regierung ist möglich geworden im Bewußtsein der wachsenden Gefahr von rechts. Die Unsicherheiten der politischen und der Wirtschaftslage legt vielen den Gedanken radikaler Änderung der bestehenden Ordnung nahe und verstärkt sichtlich die Reihen der unter verschiedenen Voraussetzungen angetretenen nationalen Opposition.

Beschluß der sächsischen SPD, mit der KPD gemeinsame proletarische Abwehrverbände zu bilden (17. Mai).

Bei Unruhen in Sachsen sind zahlreiche Tote und Verletzte zu beklagen (6. Juni).

Nach der Trennung von Staat und Kirche wird infolge der damit verbundenen veränderten Aufgabenzuordnung das **Kultusministerium in Volksbildungsministerium umbenannt** (18. Juli).

Neue **Gemeindeordnung vom 1. Aug.** 1923 (in seiner endgültigen Form verkündet am 15. Juni 1925): **Es ist die erste demokratische Gemeindeordnung Sachsens, die gleichermaßen für Städte und Landgemeinden gilt.** – Die Gemeinden sind Körperschaften des öffentlichen Rechts und haben das Recht der Selbstverwaltung. Die staatliche Oberaufsicht ist stark eingeschränkt. Gemeindemitglieder sind **alle** Einwohner des Gemeindebezirkes. Das Gemeindewahlrecht besitzt jeder in der Gemeinde wohnende Deutsche vom 21. Lebensjahr an. Die Gemeinde übt die Polizeigewalt aus. Gemeinden können sich zur Erfüllung bestimmter Aufgaben (z. B. Wasserleitungsbau) zu Zweckverbänden zusammenschließen. Die Bürgermeister werden auf 6 Jahre gewählt und können ihr Amt berufsmäßig ausüben. – Die selbständigen Gutsbezirke werden bis 31. Dez. 1924 aufgehoben und mit benachbarten Gemeinden vereinigt. – Den Status einer **kreisfreien Stadt** (unmittelbare Unterstellung unter die Kreishauptmannschaft) besitzen Bautzen, Chemnitz, Dresden, Freiberg, Meißen, Leipzig, Plauen, Zittau und Zwickau.

Ende September wird über das Reich der Ausnahmezustand verhängt. Als Folge davon schließen sich die Linkskräfte enger zusammen. – Wegen befürchteter Unruhen verbietet die sächsische Regierung die Sedanfeier.

In Dresden versammeln sich ca. 8 000 Angehörige kommunistischer und sozialdemokratischer Abwehrorganisationen zum Schutz der Republik gegen die »Hitlerbanden« (9. Sept.).

Am 10. Okt. treten die Kommunisten Fritz Heckert und Heinrich Brandler dem sozialdemokratischen Kabinett Zeigner bei. – Eine revolutionäre Erhebung der Linkskräfte steht kurz bevor (proletarische Hundertschaften wurden schon seit Febr. gebildet). Ein provisorischer Zentralausschuß der sächsischen Hundertschaften setzt am 12. Okt. eine gemeinsame sozialdemokratisch-kommunistische Kampfleitung ein. Da sich Sachsen gegen das Reich stellt, wird **die Reichsexekution angeordnet. Am 22. Okt. rücken Reichswehrverbände in Leipzig und Dresden ein, übernehmen die vollziehende Gewalt und besetzen bis 6. Nov. ganz Sachsen.** Es kommt zu blutigen Zusammenstößen. **Reichspräsident Friedrich Ebert löst die Regierung Zeigner am 29. Okt. auf** und bestimmt den früheren Ministerpräsidenten **Heinze zum Reichskommissar für Sachsen** (29. Okt. bis 31. Okt. 1923). – Die offene Aufforderung der kommunistischen Regierungsmitglieder zum Widerstand gegen die Reichsgewalt hatte zu diesen Schritten der Reichsregierung geführt. Ein Generalstreik für den 29. Okt. wird nicht allgemein befolgt. – **Auch Sachsen befindet sich um diese Zeit auf dem Höhepunkt der Inflation. Die Arbeitslosigkeit nimmt zu. Im Freistaat Sachsen liegt die Arbeitslosigkeit über dem Durchschnitt der Arbeitslosigkeit im Reich.**

Am 1. Nov. bildet die SPD eine Übergangsregierung, **die Minderheitsregierung mit Alfred Fellisch** als Ministerpräsidenten, **die sich nur bis Ende des Jahres halten kann.** – Nach fünfjähriger sozialdemokratischer Herrschaft (1918–1923) kommt es danach bis 1929 zur Bildung von Koalitionsregierungen der SPD mit jeweils wechselnden Koalitionspartnern, von 1929 bis 1933 regieren Kabinette, die sich vor allem aus Mitgliedern der Deutschen Volkspartei und der Deutschnationalen Volkspartei zusammensetzen.

1924 Die bürgerlichen Parteien siegen bei den Gemeinderatswahlen (13. Jan.).

Der ehemalige sächsische Ministerpräsident Erich Zeigner wird wegen Vernichtung amtlicher Akten und Amtsbestechlichkeit zu 3 Jahren Gefängnis verurteilt (29. März).

Ab 1. April erhalten weitere Städte den Status einer **kreisfreien Stadt:** Aue, Crimmitschau, Döbeln, Freital, Glauchau, Meerane, Mittweida, Pirna, Reichenbach, Werdau, Wurzen. – 1935 folgen Radebeul und Riesa. – Sachsen besitzt jetzt 22 kreisfreie Städte, die gleichrangig neben den Amtshauptmannschaften stehen.

Im April Höhepunkt der Streiks dieses Jahres mit dem **Streik der Bergarbeiter** gegen die Verlängerung der Arbeitszeit. 25 000 Bergarbeiter werden ausgesperrt.

Der sächsische Landtag stimmt der Auseinandersetzung des Freistaates Sachsen mit dem vormals regierenden Königshaus (»Verein Haus Wettin«) zu. Dieses erhält u. a. die Moritzburger Domänengrundstücke einschließlich des Schlosses Moritzburg unter Vorbehalt des Vorkaufsrechtes des Staates (10. Juli).

Die **Büchergilde Gutenberg** wird in Leipzig als gewerkschaftliche Buchgemeinschaft gegründet (29. Aug.).

In Leipzig tagen erstmalig Deutschlands Gerichtssachverständige. Sie gründen den Bund der gerichtlichen Sachverständigen und Berufsgraphologen (6. Sept.).

Fürstlicher Privatbesitz wird auf der 2. Dresdner Kunst- und Antiquitäten-Auktion versteigert (3. Nov.).

Meyers Lexikon wird im Bibliogr. Institut Leipzig in der 7. Auflage mit 12 Bänden herausgebracht (2. Dez.). Der 1. Band kostet 30 RM.

1924 **Gründung der Sächsischen Werke AG** mit 100% Staatsbeteiligung mit Sitz in Dresden, die eine Monopolstellung auf dem Sektor der Energieversorgung erlangen.

1925 Der **Kyffhäuserbund**, die Dachorganisation der deutschen Krieger- und Militärvereine, lädt zum **»1. Reichskriegertag«** nach Leipzig ein.

1925 Wohlfahrtspflegegesetz vom 28. März.

Gründung der Deutschen Handelsgesellschaft mit Sitz in Leipzig (8. Juni).

Gemeindeordnung für den Freistaat Sachsen vom 1. Aug. 1923 in der Fassung vom 15. Juni 1925 verkündet (am 30. Jan. 1935 durch die reichseinheitliche Deutsche Gemeindeordnung ersetzt).

1926 Erstmals übernimmt die Luft-Hansa einen Sonderflugdienst anläßlich der Leipziger Messe (1. März).

Der Maler Otto Dix wird an die Akademische Hochschule Dresden berufen (5. Okt.).

Ergebnis der Landtagswahlen (31. Okt.):
SPD 31 Mandate, ASPD 4, KPD 14, DDP 5, DVP 12, DNVP 14, NSDAP 2, WP 10, Aufwertungspartei 4. – Die NSDAP erringt 2 von 96 Mandaten (im Mai 1929 sind es 5, im Juni 1930 sind es bereits 14). – 1925 war das Verbot der NSDAP in Sachsen aufgehoben worden.

Im Juni **Eröffnung der Höheren Fachschule für Wirkerei- und Strickereiindustrie, der damals größten Textilfachschule der Welt.**

1927 Mit der **Berufung Werner Heisenbergs an die Leipziger Universität** wird diese ein Zentrum der theoretischen Physik in Deutschland.

1927 Sachsen hebt das Redeverbot für Adolf Hitler auf (1. Febr.).

Große Chemnitzer Funkausstellung (2. Febr.).

Die Luft-Hansa nimmt den Flugbetrieb auf der Strecke Berlin–Dresden–Prag–Wien auf (21. März).

Bei Schkeuditz wird der neue Flughafen Leipzig–Halle in Betrieb genommen (18. April).

In Leipzig tritt das neu gebildete **Reichsarbeitsgericht** zu seiner ersten Sitzung zusammen (26. Okt.).

1928 In der sächsischen Metallindustrie werden alle 160 000 Arbeiter wegen ihrer Lohnforderungen von 15 % ausgesperrt. Es kommt zu harten Tarifverhandlungen (12. April).

Anläßlich der **Hundertjahrfeier der Sächsischen Technischen Hochschule Dresden** wird hier die Ausstellung »Die Technische Stadt« eröffnet (20. Mai). Attraktion ist ein **Kugelhaus.**

Im ehemaligen Radebeuler Wohnhaus von Karl May wird ein **völkerkundliches Indianermuseum** eingerichtet (Karl-May-Museum).

1928 Der **Staatlichen Akademie für Technik (bis dahin Chemnitzer Gewerbeakademie)** wird eine Prüfstelle für Kraftfahrzeuge und Fernmeldegeräte angegliedert.

1928 Anschluß der Forstakademie Tharandt an die Technische Hochschule Dresden.

1928 **Einrichtung der Arbeitsämter** in Sachsen. Diese unterstehen bis 1929 dem sächsischen Arbeits- und Wohlfahrtsministerium und danach dem Reichsarbeitsministerium.

1929 Der **Große Brockhaus** ist im Druck (April).

Ergebnis der Landtagswahlen (12. Mai):
SPD 33 Mandate, ASPD 2, KPD 12, DDP 4, DVP 13, DNVP 8, NSDAP 5, Wirtschaftspartei 11, Aufwertungspartei 3, Sächs. Landvolk 5.

1930 Die Weltwirtschaftskrise trifft Sachsen besonders hart.

1930 Anläßlich des kommunistischen Reichsjugendtages in Leipzig kommt es zu Krawallen, wobei mehrere Demonstranten und Polizeibeamte getötet werden (20. April).

Anläßlich der II. Internationalen Hygiene-Ausstellung **Eröffnung des Deutschen Hygienemuseums in Dresden** (16. Mai). Der Architekt ist Wilhelm Kreis, seit 1926 Professor an der Technischen Hochschule und an der Kunstakademie Dresden.

Ergebnis der Landtagswahlen (22. Juni):
SPD 32 Mandate, KPD 13, Deutsche Staatspartei 3, DVP 8, DNVP 5, NSDAP 14, Wirtschaftspartei 10, Aufwertungspartei 2, Sächs. Landvolk 5, Sonstige 4. – Die NSDAP erringt ihren ersten spektakulären Wahlerfolg in Sachsen.

25jähriges Jubiläum des Deutschen Städtetages am 26. Sept. in Dresden.

Die Sächsischen Gußstahlwerke Döhlen in Dresden schließen wegen schlechter Absatzlage. 800 Arbeiter werden entlassen (14. Nov.). Weitere Betriebsstillegungen folgen.

1930 Eröffnung des neuen **Grassimuseums** in Leipzig.

1931 Bei einem von der KPD veranstalteten Weltarbeitslosentag in Leipzig kommt es zu blutigen Zusammenstößen mit Rechtskreisen und mit der Polizei (25. Febr.).

Die Maschinenfabrik Kappel in Chemnitz-Kappel stellt die Lohnzahlungen ein (7. Juli).

Die Leipziger Kreditbank muß wegen Illiquidität die Schalter schließen (21. Okt.).

Im Nov. 589 000 Arbeitslose, das sind 11,8 % (im Reich sind es mit durchschnittlich 7,8 % deutlich weniger Arbeitslose).

1932 Der ehemalige sächsische König Friedrich August III. stirbt auf seinem Jagdschloß Sybillenort (18. Febr.) bei Breslau in Schlesien und wird am 23. Februar unter großer Anteilnahme der Bevölkerung (einige hunderttausend Personen am Weg zwischen Hauptbahnhof und Katholischer Hofkirche) in der Katholischen Hofkirche zu Dresden beigesetzt. Das militärische Ehrengeleit befehligen Generalmajor Beck und Oberstleutnant Olbricht. – Beide Offiziere sind am 20. Juli 1944 an führender Stelle am Attentat auf Hitler beteiligt und werden hingerichtet.

1932 Die Kreishauptmannschaft Bautzen wird aufgehoben.

Ihr Gebiet kommt zur Kreishauptmannschaft Dresden.

1932 Die vier größten Automobilwerke Sachsens schließen sich zur Auto Union A. G. zusammen. – Standorte der Kraftfahrzeugindustrie in Sachsen sind Chemnitz, Zwickau, Zschopau, Plauen und Zittau.

1933–1945

Die Faschistische Diktatur

1933 Im Jan. 718 000 Arbeitslose, das sind 14,3 %.

Auf der Grundlage der Verordnung zum Schutz von Volk und Staat vom 28. Febr. wird die **gewählte sächsische Regierung abgesetzt.** Der Kapitänleutnant a. D. von **Killinger (NSDAP)** wird am 10. März zum **Reichskommissar für Sachsen ernannt.**

Bei den **Reichstagswahlen** am 5. März erhält die NSDAP 45 % der Stimmen, SPD und KPD verlieren jedoch fast keine Stimmen.

Umbildung des Landtages (4. April) auf der Grundlage eines neuen Reichsgesetzes (Vorläufiges Gesetz zur Gleichschaltung der Länder mit dem Reich vom 31. März 1933). Die Parteien entsenden die Abgeordneten entsprechend ihrem Stimmenanteil bei der letzten Reichstagswahl in den Landtag. Für die inzwischen verbotenen Parteien trifft das nicht zu (KPD, SAP).

Im Verlaufe des nationalsozialistischen Umsturzes (zweites Gesetz zur Gleichschaltung der Länder vom 7. April) wird **Martin Mutschmann NSDAP-Reichsstatthalter** in Sachsen (5. Mai).

Reichsstatthalter Mutschmann setzt am 6. Mai eine neue sächsische Regierung unter dem Ministerpräsidenten Killinger (NSDAP) ein.

Nach dem Tode des Landesbischofs Ihmels (7. Juni) wird mit Verordnung des sächsischen Innenministeriums vom 30. Juni der Dresdner deutschchristliche Pfarrer Coch mit der Wahrnehmung der Befugnisse des Landesbischofs betraut. Dieser wird von einer neu zusammengetretenen Synode am 11. Aug. förmlich zum Landesbischof gewählt. An Stelle des Landeskonsistoriums tritt ein **Landeskirchenamt** mit neuer personeller Besetzung.

1934 Durch das Gesetz über den Neuaufbau des Reiches vom 30. Jan. wird der **sächsische Landtag aufgelöst.** Die Landesregierung wird der Reichsregierung unterstellt. Die Hoheitsrechte gehen an das Reich über. – **Der Freistaat Sachsen hört staatsrechtlich auf zu bestehen. – In der Verwaltungsstruktur tritt jedoch keine Änderung ein.**

Ab Ende Okt. kommt es zu öffentlichen Gehorsamsverweigerungen von Pfarrern gegenüber der deutschchristlichen Kirchenleitung. Eine führende Rolle nimmt dabei der Superintendent von Dresden-Land, Hugo Hahn, ein, der den Vorsitz im Landesbruderrat der Bekennenden Kirche und im Pfarrernotbund innehat.

1935 Die **Deutsche Gemeindeordnung vom 30. Jan.** löst die Sächsische Gemeindeordnung von 1923/25 ab. Eine gewählte Gemeindevertretung gibt es nicht mehr. Der Bürgermeister wird von der staatlichen Aufsichtsbehörde auf Vorschlag des Beauftragten der NSDAP eingesetzt. Die Leitung der Gemeindeangelegenheiten liegt in den Händen der Staatspartei.

Das Gesamtministerium hört auf zu bestehen. Das Amt des Ministerpräsidenten wird nicht wieder besetzt. Der **Reichsstatthalter** Martin Mutschmann wird als Vertreter der NSDAP und des Reiches **»Führer der**

Sächsischen Landesregierung« (28. Febr.). Er untersteht der Dienstaufsicht des Reichsministers des Innern.

Mit Wirkung vom 1. April geht die Justizpflege an das Reichsjustizministerium über.

Ein am 21. Nov. vom Reichskirchenministerium eingesetzter **Landeskirchenausschuß** leitet die sächsische Landeskirche. Er setzt sich zusammen aus Vertretern der Bekennenden Kirche, der »Mitte« und der gemäßigten Deutschen Christen. Die innerkirchlichen Kämpfe kommen zur Ruhe, und die beurlaubten Pfarrer können wieder ihr Amt ausüben. – Der Landesbischof tritt im Rahmen der Kirchenverwaltung kaum noch in Erscheinung. – Am 9. Aug. 1937 erzwingt der im Landeskirchenamt tätige Parteibeauftragte Klotsche mit Waffengewalt den Rücktritt des Landeskirchenausschusses. Klotsche wird vom Reichskirchenministerium zum Präsidenten des Landeskirchenamtes ernannt. – Die Bekennende Kirche organisiert sich erneut im Landesbruderrat.

1939 **Mit Wirkung vom 1. Jan. verschwinden die Bezeichnungen Amtshauptmannschaft und Kreishauptmannschaft. An ihre Stelle treten Landkreis und Regierungsbezirk.** Der Landrat und der Regierungspräsident verkörpern das »Führerprinzip« in der Verwaltung. In der praktischen Verwaltungstätigkeit ändert sich hingegen wenig.

Das Land Sachsen

1945 **Im April / Mai rücken sowjetische und amerikanische Truppen in Sachsen ein.** – Noch kurz vorher waren Dresden am 13. Febr. und Chemnitz im Febr. / März durch angloamerikanische Bombenangriffe sinnlos zerstört worden. Die Bombenangriffe auf Leipzig begannen bereits am 4. Dez. 1943.

Nach dem Abzug der Amerikaner (13. Juni bis 1. Juli) beauftragt die sowjetische Militäradministration am 29. Juni den damaligen Oberbürgermeister von Dresden, Rudolf Friedrichs (SPD, später SED), mit der Bildung einer Landesverwaltung unter Einschluß der westlich der Neiße gelegenen Gebiete Niederschlesiens um Hoyerswerda und Görlitz und ernennt ihn zum Präsidenten der Landesverwaltung. Diese tritt am 9. Juli zu ihrer ersten Sitzung zusammen und wird am 18. Juli feierlich eingewiesen. – Sachsen besteht jetzt aus 30 Landkreisen und 23 Stadtkreisen.

Am 9. Juli nimmt ein Beauftragter der Sowjetischen Militäradministration mit einem Vertreter für zivile Angelegenheiten zur Kontrolle der örtlichen Selbstverwaltungsorgane im Bundesland Sachsen (offizielle Bezeichnung in den ersten Monaten nach Kriegsende) seine Tätigkeit auf.

Am 17. Dez. wird die Landesverwaltung umstrukturiert.

1946 **Verordnung über den Aufbau der Verwaltung im Lande Sachsen vom 25. Juli:**
Bis auf die Städte Leipzig, Dresden, Chemnitz, Zwikkau, Plauen und Görlitz werden die Stadtkreise aufgelöst und den jeweiligen Landkreisen angegliedert. Aus den Kreisen Görlitz und Weißwasser wird der Landkreis Görlitz–Weißwasser mit Sitz in Görlitz gebildet.

Am 1. Sept. finden in Sachsen Gemeindewahlen statt.
Die Gemeinden erhalten wieder das Recht der Selbstverwaltung.

Die Landkreise werden wieder Kommunalverbände mit einem Kreistag als oberstem Organ. Die Kreistagswahlen finden zusammen mit den Landtagswahlen statt (20. Okt.).

Landtagswahlen in Sachsen (20. Okt.):
Von 120 Sitzen erhalten die SED 59, die LDPD 30, die CDUD 28, die Bauernhilfe 2 Mandate und der Kulturbund 1 Mandat.

Am 11. Dez. wird der Präsident der Landesverwaltung vom Landtag zum Ministerpräsidenten der neuen Landesregierung gewählt.

1947 **Der Sächsische Landtag beschließt am 28. Febr. die neue Verfassung des Landes Sachsen.**
Auf der Grundlage eines von der SED gesteuerten »Demokratischen Blocks« bildet Max Seydewitz (SED) am 31. Juli eine Landesregierung.

1949 Nach Gründung der Deutschen Demokratischen Republik (7. Okt.) wird Sachsen ein Land der DDR.

1950 **Gesetz über die Änderung der Kreis- und Gemeindegrenzen vom 24. April:**

Der Kreis Stollberg wird aufgelöst. An den Kreisgrenzen treten erhebliche Änderungen ein. Durch Zusammenlegung von Gemeinden verringert sich ihre Zahl um 352 (1951 nimmt die Zahl der Gemeinden durch Zusammenlegung nochmals um 28 ab).

1951 Aus den beiden Landkreisen Aue und Schwarzenberg werden zeitweise die Stadtkreise Johanngeorgenstadt und Schneeberg herausgelöst.

1952 Im Rahmen einer Verwaltungsreform **am 23. Juli Auflösung der Länder in der DDR und damit auch Auflösung des Landes Sachsen.**
Letzter sächsischer Ministerpräsident ist Max Seydewitz.
Aufteilung des Landes Sachsen in die Bezirke Dresden, Leipzig und Karl-Marx-Stadt (Chemnitz).

Wende und Neubeginn: Der Freistaat Sachsen

1989 **Die machtvollen Demonstrationen im Oktober in Sachsen (Leipzig und Dresden) bringen die oppositionellen Kräfte in der DDR in Bewegung und tragen wesentlich zum Sturz des SED-Regimes bei.**

1990 Am **3. Oktober**, dem Tag der Deutschen Einheit, wird mit einer Feierstunde **im Festsaal der Albrechtsburg zu Meißen der Freistaat Sachsen neu begründet.**

Am **14. Oktober** finden die ersten freien **Landtagswahlen** nach 1933 in Sachsen statt.
Ergebnis (Sitze im Landtag): CDU 92, SPD 32, PDS 17, Bündnis 90/Grüne 10, F.D.P. 9.
Die CDU erreicht damit **die absolute Mehrheit.**

Am **27. Oktober tritt der Sächsische Landtag in der Dreikönigskirche in Dresden zu seiner konstituierenden Sitzung zusammen. Zum Ministerpräsidenten wird Prof. Dr. Kurt Biedenkopf** (CDU) **gewählt.** Vereidigt wird er durch den Präsidenten des Sächsischen Landtages, **Erich Iltgen** (CDU). Letzterer war zuvor durch den Alterspräsidenten, **Dr. Heinz Böttrich** (CDU), vereidigt worden.

Am **8. November** wird durch den Ministerpräsidenten das **Kabinett vorgestellt und** vom Landtagspräsidenten **vereidigt.**

1991 **Am 16. April beschließt die Staatsregierung die Durchführung der Kreisgebietsreform.** Ziel ist u. a. die Einsparung von Verwaltungspersonal durch Zusammenlegung von Landkreisen.

Am 30. April Vereinbarung der Sächsischen und der Baden-Württembergischen Regierung über die Zusammenarbeit beider Bundesländer.

In diesem Jahr finden 36 reguläre **Plenarsitzungen und 4 Sondersitzungen des Landtages** statt. **Den Schwerpunkt der Arbeit des Sächsischen Landtages bildet die Gesetzgebung.** Vom Oktober 1990 bis Dezember 1991 wurden 48 Gesetze verabschiedet. Im Vergleich dazu sind es in den alten Bundesländern jährlich 6 bis 9 Gesetze.

1992 Am **27. Mai** unterzeichnen der Präsident des Sächsischen Landtages, Erich Iltgen, und der Ministerpräsident des Freistaates Sachsen, Prof. Dr. Kurt Biedenkopf, die **Verfassung des Freistaates Sachsen**, welche am 6. Juni in Kraft tritt.

Der **Landtag verabschiedet** in diesem Jahr **56 Gesetze** und die Geschäftsordnung des Sächsischen Landtages.

1993 Am **25. Mai** (70. Sitzung des Sächsischen Landtages) **wird das Gesetz zur Kreisgebietsreform** mit 84 Stimmen bei 44 Gegenstimmen und zwei Enthaltungen angenommen. Danach soll es künftig 23 Landkreise und 6 kreisfreie Städte geben.

Am **3. Oktober** findet die **erste Sitzung des Sächsischen Landtages im neuerbauten Plenarsaal** am Elbufer gegenüber dem Landtagsgebäude an der Holländischen Straße statt. – Baudaten: 1. Spatenstich 11. Dezember 1991; Grundsteinlegung 19. Mai 1992; Richtfest 2. Oktober 1992.

LITERATUR

Albert Prinz von Sachsen, Die Albertinischen Wettiner, Geschichte des sächsischen Königshauses 1763–1932, Bamberg 1989

Bachmann, Manfred (Hrsg.), Der silberne Boden – Bergbau und Kunst in Sachsen, Stuttgart/Leipzig 1990

Blaschke, Karlheinz, Geschichte Sachsens im Mittelalter, Berlin 1990

Blaschke, Karlheinz, Historisches Ortsverzeichnis von Sachsen, Leipzig 1957

Blaschke, Karlheinz, Verwaltungsgeschichte für Stadt- und Kreisarchivare im Gebiet des ehemaligen Landes Sachsen, Dresden 1962

Blaschke, Karlheinz, Die Periodisierung der Landesgeschichte, Blätter für deutsche Landesgeschichte, 106. Jg., S. 76–93, Wiesbaden 1970

Blaschke, Karlheinz, Der Fürstenzug zu Dresden – Denkmal und Geschichte des Hauses Wettin, Leipzig/Jena/Berlin 1991

Czok, Karl (Hrsg.), Geschichte Sachsens, Weimar 1989

Czok, Karl, August der Starke und Kursachsen, Leipzig 1987, 3. Aufl. 1990

Czok, Karl, Am Hofe Augusts des Starken, Leipzig 1989

Flathe, Theodor (Bearb.), C. W. Böttiger's Geschichte von Sachsen, 3 Bände., 2. Aufl. Gotha 1870 ff.

Gretschel, C., Geschichte des sächsischen Volkes und Staates, 3 Bände, Leipzig 1862

Groß, Reiner (Hrsg.), Sachsen und die Wettiner – Chancen und Realitäten, Internationale wissenschaftliche Konferenz Dresden 27./29.Juni 1989, Kulturakademie des Bezirkes Dresden (Eigenverlag), Dresden 1990

Grossmann, Karl, Sachsen – 1000 Jahre Deutscher Kultur, Berlin/München 1929

Heckmann, Hermann (Hrsg.), Sachsen – Historische Landeskunde Sachsens, 2. Aufl. Würzburg 1990

Junghans, Helmar (Hrsg.), Das Jahrhundert der Reformation in Sachsen, Berlin 1989

Kaemmel, Otto, Sächsische Geschichte, 2. Aufl. Berlin/Leipzig 1912

Kaemmel, Otto (Hrsg.), Festschrift zur 800 Jaehrigen Jubelfeier des Hauses Wettin, Dresden 1889

Kötzschke, Rudolf und Hellmut *Kretzschmar*, Sächsische Geschichte, 2 Bände, Dresden 1935

Lau, Franz (Hrsg.), Herbergen der Christenheit, Berlin 1973

Lexikon Kursächsische Postmeilensäulen (Autorenkollektiv), Berlin 1989

Machatschek, Eduard, Geschichte der Bischöfe des Hochstifts Meißen, Dresden 1884

Overesch/Saal, Droste Geschichtskalendarium – Chronik deutscher Zeitgeschichte – Bd. 1: Die Weimarer Republik, Düsseldorf 1982

Patze, Hans und Peter *Aufgebauer* (Hrsg.), Handbuch der historischen Stätten Deutschlands, Bd. 9 Thüringen, 2. Aufl. Stuttgart 1989

Polenz, Hans Assa v. und Gabriele v. *Seydewitz* (Hrsg.), 900-Jahr-Feier des Hauses Wettin – Festschrift Bamberg 1989

Pose, Hugo v., Handbuch der Geographie, Statistik und Topographie des Königreichs Sachsen, Dresden 1845

Posse, Otto, Die Wettiner – Genealogie des Gesamthauses Wettin, Leipzig/Berlin 1897

Posse, Otto, Die Markgrafen von Meißen und das Haus Wettin, Leipzig 1881

Sante, Georg Wilhelm (Hrsg.), Geschichte der deutschen Länder, »Territorienploetz«, Würzburg 1964 (Bd. 1) und 1971 (Bd. 2)

Schlesinger, Walter, Kirchengeschichte Sachsens im Mittelalter, 2 Bände, Köln/Graz 1962

Schlesinger, Walter, Handbuch Historischer Stätten Deutschlands, Bd. 8 Sachsen, Stuttgart 1965

Schwineköper, Berent (Hrsg.), Handbuch Historischer Stätten Deutschlands, Bd. 11 Provinz Sachsen Anhalt, 2. Aufl. Stuttgart 1987

Sturmhoefel, Konrad, Illustrierte Geschichte der Sächsischen Lande und ihrer Herrscher, 4 Bände, Leipzig 1898 ff.

Wartenberg, Günther, Landesherrschaft und Reformation, Weimar 1988

Zimmermann, Ingo, Sachsens Markgrafen, Kurfürsten und Könige, Berlin 1990

HERRSCHER IM MEISSNISCHEN RAUM

Mark Meißen, Kurfürstentum Sachsen,
Kurfürstentum Sachsen Ernestinische Linie,
Herzogtum Sachsen Albertinische Linie,
Kurfürstentum Sachsen Albertinische Linie,
Königreich Sachsen

MARKGRAFEN VON MEISSEN

1. Wigbert (?) (?–971)
2. Thietmar (?–978)
3. Rikdag (?–985)

Ekkehardiner

4. Ekkehard I. (985–1002)
5. Gunzelin (1002–1010), Bruder von 4.
6. Hermann I. (1011–1031), Sohn von 4.
7. Ekkehard II. (1031–1046), Bruder von 6.

Grafen von **Weimar-Orlamünde**

8. Wilhelm (1046–1062)
9. Otto (1062–1067), Bruder von 8.

Grafen von Braunschweig **(Brunonen)**

10. Ekbert I. (1067–1068)
11. Ekbert II. (1068–1089/90), Sohn von 10.

Wettiner

12. **Heinrich I. von Eilenburg**
(um 1070 / *1089–1103*)
13. **Heinrich II. von Eilenburg**
(1103 od. 1104 / *1103–1123*), Sohn von 12.
14. **Konrad der Große**
(1098 / *1123–1156* / 1157), Neffe von 12.
15. **Otto der Reiche**
(vor 1130 / *1156–1190*), Sohn von 14.

16. **Albrecht** (I.) **der Stolze**
(? / *1190–1195*), Sohn von 15.
17. **Dietrich der Bedrängte**
(? / *1197–1221*), Sohn von 15.
18. **Heinrich der Erlauchte**
(1218? / 1221–*1230–1288*), Sohn von 17.
19. **Albrecht** (II.) **der Entartete**
(1240 / *1288–1291 / 1315*), Sohn von 18.
20. **Friedrich (I.) der Freidige** (der Gebissene)
(1257 / *1291–1323*), Sohn von 19.
21. **Friedrich II. der Ernsthafte**
(1310 / *1323–1329–1349*), Sohn von 20.
22. **Friedrich III. der Strenge**
(1332 / *1349–1381*), Sohn von 21.
23. **Wilhelm I. der Einäugige**
(1343 / *1382–1407*), Bruder von 22.
24. **Friedrich IV. der Streitbare**
(1370 / *1407–1423–*), Sohn von 22.

KURFÜRSTEN VON SACHSEN

24. **Friedrich I. der Streitbare**
(*–1423–1428*), siehe oben
25. **Friedrich II. der Sanftmütige**
(1412 / *1428–1464*), Sohn von 24.
26. **Ernst**, Kurfürst
(1441 / *1464–1485–*), Sohn von 25.
Begründer der Ernestinischen Linie
27. **Albrecht** (III.) **der Beherzte**, Herzog
(1443 / *1464–1485–*), Sohn von 25.
Begründer der Albertinischen Linie

KURFÜRSTEN ERNESTINISCHE LINIE

26. **Ernst**
(*–1485–1486*), siehe oben
27. **Friedrich der Weise**
(1463 / *1486–1525*), Sohn von 26.
28. **Johann der Beständige**
(1468 / *1525–1532*), Bruder von 27.
29. **Johann Friedrich der Großmütige**
(1503 / *1532–1547* / 1554), Sohn von 28.

HERZÖGE ALBERTINISCHE LINIE

27. **Albrecht** (III.) **der Beherzte**
(– *1485–1500*), siehe oben
30. **Georg der Bärtige**
(1471 / *1500–1539*), Sohn von 27.
31. **Heinrich der Fromme**
(1473 / *1539–1541*), Bruder von 30.
32. **Moritz**
(1521 / *1541–1547–*), Sohn von 31.

KURFÜRSTEN ALBERTINISCHE LINIE

32. **Moritz**
(*–1547–1553*), siehe oben
33. **August**
(1526 / *1553–1586*), Bruder von 32.
34. **Christian I.**
(1560 / *1586–1591*), Sohn von 33.
35. **Christian II.**
(1583 / *1591–1601–1611*), Sohn von 34.
36. **Johann Georg I.**
(1585 / *1611–1656*), Bruder von 35.
37. **Johann Georg II.**
(1613 / *1656–1680*), Sohn von 36.
38. **Johann Georg III.**
(1647 / *1680–1691*), Sohn von 37.
39. **Johann Georg IV.**
(1668 / *1691–1694*), Sohn von 38.
40. **Friedrich August I. der Starke**
(1670 / *1694–1733*), Bruder von 39.
Ab 1697 als August II. König von Polen.
41. **Friedrich August II.**
(1696 / *1733–1763*), Sohn von 40.
August III. als König von Polen.
42. **Friedrich Christian**
(1722 / *1763*), Sohn von 41.
43. **Friedrich August III.** der Gerechte
(1750 / *1763–1768–1806–*), Sohn von 42.

KÖNIGE VON SACHSEN

43. **Friedrich August I.** der Gerechte
(*–1806–1827*), siehe oben
44. **Anton** der Gütige
(1755 / *1827–1836*), Bruder von 43.
45. **Friedrich August II.**
(1797 / *1836–1854*), Neffe von 43.
Seit 1830 Mitregent
46. **Johann**
(1801 / *1854–1873*), Bruder von 45.
47. **Albert**
(1828 / *1873–1902*), Sohn von 46.
48. **Georg**
(1832 / *1902–1904*), Bruder von 47.
49. **Friedrich August III.**
(1865 / *1904–1918* / 1932), Sohn von 48.

Erläuterung zur Darstellung der Lebensdaten der Herrscher:

(a / b–c–d/e):	a	Geburtsjahr
	b–c	Zeitspanne der vormundschaftlichen Regierung
	c–d	Regierungszeit
	e	Todesjahr
(a / c–d)	a	Geburtsjahr
	c–d	Regierungszeit (endet mit dem Tode)
(–c–d–d)	–d–	im Jahre d Änderung des Titels

DEUTSCHE KÖNIGE UND KAISER AB 919

919–1024 Sachsen

919– 936 Heinrich I.
936– 973 Otto I., 962 Kaiser
973– 983 Otto II., Kaiser
983–1002 Otto III., 996 Kaiser
1002–1024 Heinrich II., 1014 Kaiser

1024–1125 Franken oder Salier

1024–1039 Konrad II., 1027 Kaiser
1039–1056 Heinrich III., 1046 Kaiser
1056–1106 Heinrich IV., 1084 Kaiser
1106–1125 Heinrich V., 1111 Kaiser

1125–1137 Lothar von Sachsen, 1133 Kaiser

1138–1254 Hohenstaufen

1138–1152 Konrad III.
1152–1190 Friedrich I., Barbarossa, 1155 Kaiser
1190–1197 Heinrich VI., 1191 Kaiser
1198–1208 Philipp von Schwaben,

1198–1215 Otto IV. von Braunschweig, 1209 Kaiser

1212–1250 Friedrich II., 1220 Kaiser
1250–1254 Konrad IV.
1247–1256 Wilhelm von Holland
Konradin (hingerichtet 1268)

1256–1273 Interregnum

1273–1347 aus verschiedenen Häusern

1273–1291	Rudolf von Habsburg
1292–1298	Adolf von Nassau
1298–1308	Albrecht I. von Österreich
1308–1313	Heinrich VII. von Luxemburg, 1312 Kaiser
1314–1347	Ludwig der Bayer, 1328 Kaiser

1347–1437 Luxemburger

1347–1378	Karl IV., 1355 Kaiser
1378–1400	Wenzel
1400–1410	Ruprecht von der Pfalz
1410–1437	Sigmund, 1433 Kaiser

1438–1740 Habsburger

1438–1439	Albrecht II.
1440–1493	Friedrich III., 1452 Kaiser
1493–1519	Maximilian I., 1508 Kaiser
1519–1556	Karl V.
1556–1564	Ferdinand I.
1564–1576	Maximilian II.
1576–1612	Rudolf II.
1612–1619	Matthias
1619–1637	Ferdinand II.
1637–1657	Ferdinand III.
1658–1705	Leopold I.
1705–1711	Joseph I.
1711–1740	Karl VI.
1742–1745	Karl VII. von Bayern

1745–1806 Lothringer

1745–1765	Franz I.
1765–1790	Joseph II.
1790–1792	Leopold II.
1792–1806	Franz II.

1871–1918 HOHENZOLLERN
(Deutsches Kaiserreich)

1871–1888	Wilhelm I., Kaiser
1888	Friedrich III., Kaiser
1888–1918	Wilhelm II., Kaiser

Anmerkung: Für die Erlangung des römisch-deutschen Kaisertitels (800–1806) war von Anfang an die Kaiserkrönung durch den Papst in Rom erforderlich (einigen deutschen Königen gelang dies nicht), Maximilian ernannte sich erstmals selbst zum Kaiser, ab Karl V. berechtigte die Königskrönung gleichzeitig zur Führung des Kaisertitels.

Die Wettiner ab 1089

(gekürzte Darstellung)

Ziffer bezieht sich auf die Herrschertabellen Seite 271–274

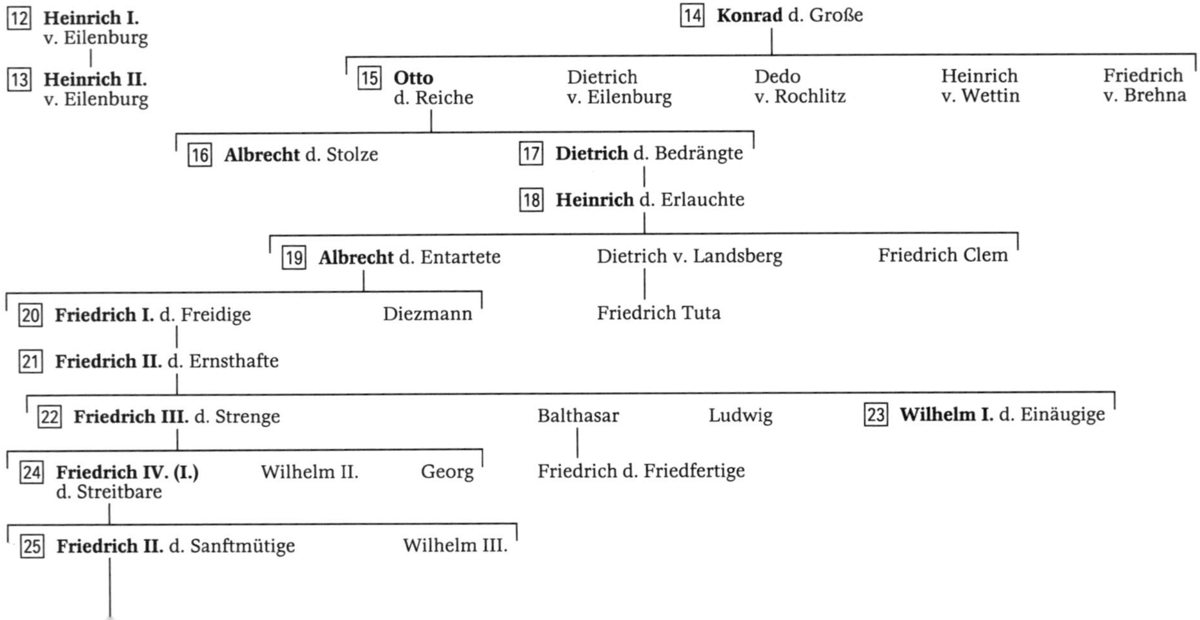

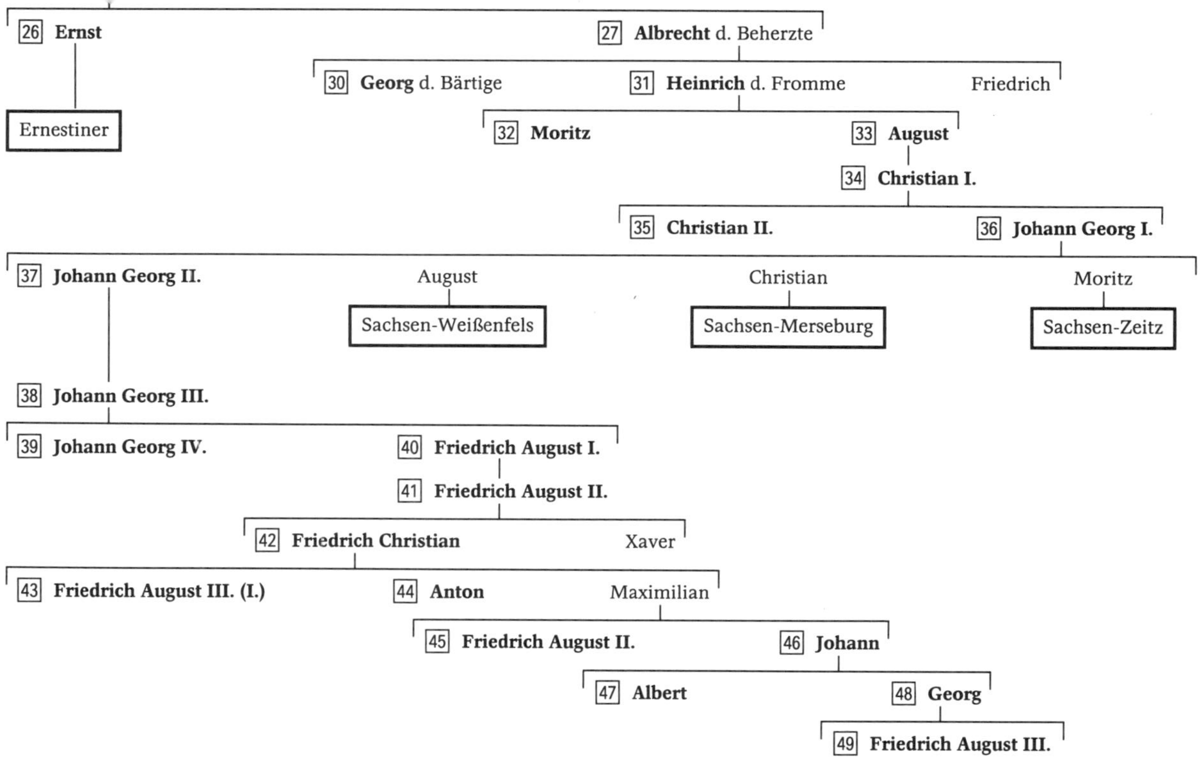
26 Ernst
27 Albrecht d. Beherzte
Ernestiner
30 Georg d. Bärtige
31 Heinrich d. Fromme
Friedrich
32 Moritz
33 August
34 Christian I.
35 Christian II.
36 Johann Georg I.
37 Johann Georg II.
August
Sachsen-Weißenfels
Christian
Sachsen-Merseburg
Moritz
Sachsen-Zeitz
38 Johann Georg III.
39 Johann Georg IV.
40 Friedrich August I.
41 Friedrich August II.
42 Friedrich Christian
Xaver
43 Friedrich August III. (I.)
44 Anton
Maximilian
45 Friedrich August II.
46 Johann
47 Albert
48 Georg
49 Friedrich August III.

REGISTER

Anmerkung: Unter der jeweils angegebenen Jahreszahl finden sich im Text Angaben zu dem dazugehörigen Stichwort. Stichwort und Jahreszahl brauchen aber nicht einander zu entsprechen, da unter einer Jahreszahl zwecks Wahrung des sachlichen Zusammenhanges oft mehrere Sachverhalte (mit den dazugehörigen Jahreszahlen) verzeichnet sind. **Das Register ist also nicht als Geschichtszahlentabelle verwendbar!**

Ablösung der Feudallasten 1831, 1855, 1858
Absolutismus 1586, 1656, 1682, 1694...1763
Absolutismus (aufgeklärter) 1763
Adolf v. Nassau, dt. Kg. 1291, 1292, 1293, 1294, 1295
Adorf 1354 / 59, 1559
Agricola, Georgius 1518, 1556
Akademien 1764, 1815, 1816
Albert, Kg. v. Sachsen 1849, 1870 / 71, 1873, 1882, 1884, 1902
Albertinische Wettiner 1485, 1547, 1554, 1566 / 67
Albrecht I. v. Habsburg. dt. Kg. 1298, 1304, 1305, 1306, 1307
Albrecht d. Bär 1034, 1123
Albrecht d. Beherzte, Hz. v. Sachsen 1455, 1464, 1466, 1471, 1475, 1476, 1477, 1482, 1483, 1485, 1487, 1488, 1491, 1498, 1500
Albrecht d. Entartete, Ldgf. v. Thür. u. Mkgf. v. Meißen 1254, 1256, 1259, 1263, 1270, 1288, 1289, 1290, 1291, 1293, 1306, 1314
Albrecht d. Stolze, Mkgf. v. Meißen 1188, 1190, 1195
Albrechtsburg zu Meißen 1471, 1881
Altenberg 1440, 1502
Altenburg 1170, 1295, 1329, 1429 / 30, 1445, 1455, 1554, 1741
Altzella 1161, 1162, 1168, 1241, 1493
Ämter (Verwaltungsbezirke) 1379, 1547, 1559
Amtmänner 1547
Amtsgerichte 1879
Amtshauptmänner, Amtshauptleute 1547, 1764, 1817, 1835
Amtshauptmannschaften 1874, 1878, 1879, 1880, 1900, 1909, 1919

Anna (Gemahlin d. Kurf. August v. Sachsen) 1553, 1572 / 75, 1581
Annaberg (s. a. Pöhlberg) 1442, 1469, 1491, 1498, 1518, 1524, 1561
Annaberg-Buchholz 1898
Anton, Kg. v. Sachsen 1827, 1830, 1836
Appellationsgericht 1559, 1605
Arbeiterbewegung 1846, 1849, 1851, 1870, 1872, 1874, 1876, 1887, 1890, 1903, 1918
Arbeiterorganisationen 1849, 1836, 1866, 1870, 1918
Arbeiter- und Soldatenräte 1917, 1918, 1919, 1920
Arbeiterunruhen, Streiks, Demonstrationen (s. a. Generalstreik, kommunistische Unruhen, politische Demonstrationen) 1838, 1844, 1848, 1865, 1903, 1917, 1918, 1919, 1923, 1924
Arbeitervereine 1848, 1849, 1864
Arbeitsämter 1928
Arbeitsgerichte 1904
Arbeitslosigkeit 1923, 1930, 1931, 1933
Arbeits- und Wirtschaftsministerium 1918
Arbeits- und Wohlfahrtsministerium 1918
Archidiakonate (Ersterwähnung) 1140
Archive 1293, 1834
Armee s. u. Defensionswesen, Heer, Heeresreform
Armenfürsorge 1717, 1772, 1834, 1840
Arnold v. Westfalen 1464
Arnshaug 1566 / 67
Auerbach 1503
August, Kurf. v. Sachsen 1544, 1553, 1554, 1555, 1556, 1558, 1559, 1560, 1563, 1565, 1566 / 67, 1568 / 73, 1568, 1569, 1570, 1579, 1580, 1581, 1582, 1586
Augustusburg 1563 / 69, 1568 / 73
Avenarius, Ferdinand 1887
Bach, Johann Sebastian 1723
Bad Elster 1902
Balthasar (Bruder Mkgf. Friedr. III. v. Meißen) 1349, 1368, 1382
Bankwesen 1698, 1832, 1838, 1856, 1858, 1865, 1901, 1919, 1921, 1931
Banner der freiwilligen Sachsen 1813
Baptisten 1860
Bär, George 1726, 1732
Bärenstein 1502
Barock in Sachsen 1678 / 83, 1718, 1723, 1775
Bauausstellungen 1913
bäuerliche Besiedlung 1105, 1154, 1186, 1198
Bauernkrieg 1525
Bauernunruhen 1790
Baugesetzgebung 1900, 1909
Bautzen (Stadt) 1346, 1921
Bautzener Land 1018, 1046, 1319, 1347
Bauwesen (Organisation) 1462, 1464, 1518
Bayrischer Erbfolgekrieg 1778 / 79
Bebel, August 1861, 1866, 1867, 1872, 1874, 1877
Beck, Ludwig 1932
Beeskow 1477, 1512

Bekennende Kirche 1934, 1935
Benno, Bischof v. Meißen 1075, 1523
Berg 1483, 1609 / 14
Bergakademie Freiberg 1765, 1774, 1920, 1921
Bergbau (s. a. Silberbergbau) 1230, 1240, 1241, 1324, 1346, 1384, 1440, 1500, 1502, 1503, 1504, 1510, 1522, 1527, 1542, 1555, 1570, 1869
Bergbau (Ausbildung, Schulen usw.) 1702, 1765, 1775
Bergbauliteratur 1501, 1556, 1700, 1785
Bergbautechnik 1504, 1507, 1641, 1768, 1788 / 89, 1808, 1844
Bergleute (Unruhen, Aufstände) 1444 / 67, 1469, 1498, 1586, 1659, 1790, 1924
Bergordnungen 1492, 1509, 1548, 1554, 1589
Bergratskollegium 1660, 1782
Bergrecht 1233, 1255, 1294, 1307, 1346, 1856, 1868, 1910
Bergwerksverwaltung (s. a. Bergordnungen, Bergratskollegium, Oberbergamt)
Bernstadt 1424
Beust, Friedrich Ferdinand v. 1850, 1864, 1866
Bezirks-Appellationsgerichte 1835
Bezirksgerichte 1855
Bibelübersetzung 1521
Bibliotheken 1560, 1828
Biedenkopf, Kurt 1990
Billung, Hermann Mkgf. 936
Bischofswerda 1361
Bitterfeld 1657
Blankenhain 1660
Bleichmonopol für Leinwand 1357, 1587
Bleyl, Franz 1905
Blindenanstalt 1809
Blum, Robert 1846, 1848
Boleslaw I., Hz. d. Böhmen 936, 950
Boleslaw II., Hz. d. Böhmen 984
Boleslaw Chrobry, Hz. d. Polen 985 / 1002, 1002
Böhme, Jakob 1619
Böhmen (s. a. Habsburger, Österreich) 928 / 929, 936, 984, 985, 1040 / 41, 1034, 1046, 1075, 1076 / 81, 1086, 1123, 1292, 1298, 1304, 1319, 1353, 1404, 1406, 1420, 1443, 1459, 1547, 1619, 1620, 1722
Böhmische Brüder 1722
Boritz 983
Börsenverein 1825
Boso (Mönch) 950
Böttger, Johann Friedrich 1710
Brand b. Freiberg 1500
Brand-Erbisdorf 1912
Brandenburg (Bischofssitz) 983
Brandenburg (Mkgfsch.; Kurfürstentum) 1165, 1240, 1291, 1301, 1312, 1317, 1324, 1347, 1367, 1395 / 98; 1417, 1477, 1579, 1609 / 14
Brandenburg (Ort) 928 / 929
Brandler, Heinrich 1923
Braun, Alexander Carl Hermann 1836, 1848
Brehna 1089, 1123, 1156, 1290, 1423
Breitkopf, Bernhard Christoph 1719
Bretislaw, Hz. d. Böhmen 1040 / 41
Breuer, Peter 1521

»Brockhaus« 1812 / 19, 1929
»Brücke« (Künstlergemeinschaft) 1905
Brüderlicher Vertrag 1505
Brühl, Heinrich v. 1738, 1763
Brunnenbauwerke 1563 / 1569
Brüx 1438, 1459
Buch 1192
Büchergilde Gutenberg 1924
Buchholz 1491, 1898
Bundesoberhandelsgericht 1869
Burg 1657
Bürgel 1133
Bürger- und Gemeindewehren 1848
bürgerliche Parteien (s. a. Landtag, Wahlgesetze) 1923, 1924
Burggraf v. Meißen 1068, 1197, 1426, 1547, 1569
Burggrafen 1198
Burggrafendinge, Burggrafengerichte 1185, 1428
Burgward, Burgwardbezirke 968
Burschenschaften 1819
Busch, Fritz 1922
Callnberg 1620
Camburg 1123, 1156, 1195
Canaletto 1746
Carus, Carl Gustav 1822
Celtis, Konrad 1486
Chemnitz 1143, 1170, 1329, 1357, 1414, 1526, 1535, 1741, 1822, 1836, 1848, 1849, 1870, 1890, 1916, 1918, 1919
Christian I., Kurf. v. Sachsen 1586, 1589, 1591
Christian II., Kurf. v. Sachsen 1591, 1595, 1608, 1609 / 14, 1611
Christiansdorf 1168
»Christliche Wissenschaft« (religiöse Gemeinschaft) 1898
Chroniken 967 / 68, 1009 / 18, 1154 / 55, 1243, 1420, 1590
Churprinzer Bergwerkskanal 1788 / 89
Cleve 1609 / 14
Coburg 1353
Codex Augusteus 1724
Colditz 1158, 1348, 1404, 1429 / 30, 1547
Collmberg b. Oschatz 1185
Corpus evangelicorum 1653, 1697
Coswig b. Dresden 1902
Cotta, Heinrich v. 1816
Cottbus 1367
Cottbuser Kreis 1807
Cracau, Georg 1580
Cranach d. Ä., Lucas 1505
Crell, Nicolaus 1586, 1590 / 91
Crimmitschau 1228, 1870, 1803
Dahme 1657
Daleminzer 805 / 806, 905, 928 / 929
Dänemark 1849, 1863, 1864
Dedo V. d. Feiste (Sohn Mkgf. Konrads d. Gr.) 1156, 1174
Defensionswesen 1613
Delitzsch 1557
Demokratischer Verein 1848
Denkmalpflege 1825, 1881, 1883, 1908
Deutsch-Französischer Krieg 1870 / 71
Deutsch-Katholiken 1843, 1846
Deutsche Bücherei in Leipzig 1912
Deutsche Handelsgesellschaft 1925
Deutsche Vereine 1848
Deutsche Werkstätten Hellerau 1908

Deutscher Bund 1815, 1819, 1848, 1849, 1850, 1863, 1864
Deutscher Fürstenbund 1785
Deutscher Krieg 1866
Deutscher Städtetag 1930
Deutscher Zollverein 1833, 1834, 1853, 1862
Deutsches Hygienemuseum 1930
Deutschritterorden 1498
Dietrich (Bruder von Mkgf. Heinrich d. Erl.) 1224
Dietrich (Sohn Mkgf. Konrads d. Gr.) 1156, 1165
Dietrich d. Bedrängte, Mkgf. v. Meißen 1188, 1190, 1195, 1197, 1198, 1205, 1210, 1213, 1217, 1220, 1221
Dietrich v. Landsberg (Bruder Albrechts d. Entarteten) 1259, 1263
Diezmann (Bruder Friedr. I. d. Freid.) 1288, 1291, 1293, 1301, 1306, 1307
Dinglinger, Melchior 1698
Dippoldiswalde 1266, 1559
Dix, Otto 1919, 1926
Döbeln 1288
Döben b. Grimma 1188
Doberlug 1165
Dohnaer Fehde 1402, 1406
Dombauhütten 1518
Doppelstädte 1898
Dörschnitz b. Lommatzsch 1233
Dreikönigsbündnis 1849
Dreißigjähriger Krieg 1619, 1620, 1631, 1632, 1635, 1636, 1645, 1648
Dresden 1206, 1230, 1275, 1285, 1288, 1289, 1291, 1292, 1393, 1412, 1455, 1674, 1678, 1718, 1738, 1760, 1780, 1785, 1809 / 31, 1828, 1830, 1831, 1848, 1849, 1887, 1888, 1890, 1916, 1918, 1920, 1921, 1924, 1927, 1989, 1990
Dresden (Bauwerke) 1533, 1548, 1559, 1586, 1674 / 76, 1678 / 83, 1707, 1718, 1726, 1732, 1755, 1776, 1834, 1872, 1878, 1928, 1930
Dresden (Künstler, Musiker) 1575, 1617, 1689, 1718, 1746, 1816, 1819, 1842, 1872, 1905, 1908, 1922, 1926
Dresden (Sammlungen, Kunstsammlungen, Bibliotheken) 1559, 1560, 1723 / 24, 1754
Dresden (Theater) 1667, 1669, 1731, 1734, 1763, 1816, 1842, 1878, 1882, 1901
Dresden-Neustadt (früher Alt-Dresden) 1403, 1429 / 30
Dux 1459
Ehrenfriedersdorf 1240
Eilenburg 1089, 1123, 1156, 1210, 1348, 1402, 1547
Einsiedel, Detlev v. 1763, 1817, 1830
Eisenbahnen 1835, 1836, 1839, 1840, 1844, 1846, 1869, 1876, 1920
Eisenbahnbrücken 1835, 1836
Eisenbahntunnel 1835
Eisenberg 1554
Ekbert I., Mkgf. v. Meißen 1067 / 68
Ekbert II., Mkgf. v. Meißen 1068, 1075, 1076, 1081, 1086, 1088
Ekkehard I., Mkgf. v. Meißen 985 / 1002, 1002
Ekkehard II., Mkgf. v. Meißen 1034, 1046

Elbekommission 1921
Elbeschiffahrt 1835, 1836, 1863, 1869
Elbslawen s. u. Slawen, Sorben
Elisabeth (Tochter d. Mkgf. Friedr. II. v. Meißen, »Stamm-Mutter« der Hohenzollern) 1350
Ephorien 1879
Erbamtsbücher 1547
Erbfolgestreit um Jülich-Cleve-Berg 1609 / 14
Erbuntertänigkeit (Abschaffung der) 1832
Erfurt 1482, 1667
Ernesti, Johann August 1734
Ernestinische Wettiner 1485, 1547, 1554, 1566 / 67
Ernst, Kurf. v. Sachsen 1455, 1464, 1476, 1482, 1485, 1486
Ernstthal 1620, 1898
Evangelisch-Lutherische Landeskirche 1525, 1526, 1527, 1541, 1545, 1697
evangelische Reichsstände 1526, 1527, 1530, 1541, 1547, 1551, 1580, 1586, 1591, 1608, 1631, 1653, 1697
Exulanten 1620, 1654
Fachschulwesen 1813, 1867, 1878, 1927
Feldmarschallamt 1684
Felixmüller, Conrad 1919
Fellisch, Alfred 1923
Ferdinand II., Kg. 1619
Fernhandel 983, 1119, 1143, 1241, 1265, 1291, 1318
Feudallasten, feudale Verhältnisse (Abschaffung) 1832, 1834, 1848, 1855, 1858, 1867
Finanzverwaltung (s. a. Bergratskollegium, Geheimes Finanzkollegium, Geheimes Kammerkollegium, Kammermeister, Kammerrat, Kammerverwaltung, Landrentmeister, Obersteuerkollegium) 1350, 1469, 1487, 1547, 1586, 1707
Finsterwalde 1367
Flöha 1902
Flugverkehr 1921, 1926, 1927
Forstakademie Tharandt 1816, 1928
Francke, August Hermann 1684
Frankenberg 1561
Frankfurter Beschlüsse 1819
Frankfurter Bundestag 1819, 1848
Frankfurter Nationalversammlung 1848, 1849
Frauenrechte, Frauenrechtsbew. 1838, 1865, 1906
Frauenstein 1426, 1711
Freiberg 1168, 1210 / 18, 1230, 1236, 1248, 1283, 1294, 1296, 1318, 1455, 1501, 1505, 1636, 1741, 1765
Freimaurerlogen 1738, 1741
Freundbrüderlicher Hauptvergleich zu Dresden 1657
Frieden von Altranstädt 1706
Frieden von Bautzen 1018, 1031
Frieden von Breslau 1742
Frieden von Campo Formio 1797
Frieden von Dresden 1745
Frieden von Hubertusburg 1763
Frieden von Luneville 1801
Frieden von Magdeburg 1317
Frieden von Naumburg 1446 / 51
Frieden von Nystadt 1721
Frieden von Preßburg 1809

Frieden von Teschen 1778 / 79
Frieden von Tilsit 1807
Friedensdemonstrationen 1916
Friedensschluß von Prag 1635
Friedensvertrag von Posen 1806
Friedrich (Sohn Mkgf. Konrads d. Gr.) 1156
Friedrich I. Barbarossa, dt. Kg. 1144, 1158, 1162, 1170
Friedrich II., dt. Kg. 1213, 1217, 1254
Friedrich I. d. Freidige, Mkgf. v. Meißen 1268, 1270, 1288, 1291, 1294, 1295, 1298, 1306, 1307, 1310, 1312, 1317, 1323
Friedrich I. d. Ernsthafte, Mkgf. v. Meißen 1324, 1329, 1342 / 46, 1344, 1347, 1348, 1349
Friedrich III. d. Strenge, Mkgf. v. Meißen 1349, 1353, 1365, 1368, 1369 / 72, 1381
Friedrich IV. (I.) d. Streitbare, Mkgf. (Kurf.) v. Meißen (Sachsen) 1382, 1307, 1410, 1415, 1417, 1420, 1423, 1425, 1428
Friedrich II. d. Sanftmütige, Kurf. v. Sachsen 1428, 1438, 1445, 1446 / 51, 1455, 1458, 1459, 1464
Friedrich d. Friedfertige (Sohn Balthasars) 1407, 1410, 1440
Friedrich d. Weise, Kurf. v. Sachsen 1486, 1489 / 1507, 1493, 1502, 1512, 1519, 1521, 1525
Friedrich August I. (August II.), Kurf. (Kg.) v. Sachsen (Polen) 1687 / 89, 1689 / 91, 1694, 1695, 1695 / 96, 1697, 1698, 1700, 1701, 1703, 1706, 1707, 1709, 1710, 1711, 1719, 1721, 1722, 1730, 1733
Friedrich August II. (August III.), Kurf. v. Sachsen (Kg. v. Polen) 1712, 1719, 1733, 1738, 1740, 1742, 1754, 1756, 1763
Friedrich August III. (I.), Kurf. v. Sachsen (Kg. v. Sachsen) 1763, 1768, 1776, 1791, 1806, 1807, 1809, 1813, 1815, 1827
Friedrich August II., Kg. v. Sachsen 1830, 1836, 1849, 1854
Friedrich August III., Kg. v. Sachsen 1904, 1913, 1918, 1932
Friedrich Christian, Kurf. v. Sachsen 1762, 1763
Friedrich Clem (Bruder Albrechts d. Entarteten) 1288, 1289, 1291
Friedrich Tuta (Neffe Albrechts d. Entarteten) 1288, 1289, 1291
Friedrich II., Kg. v. Preußen 1730, 1742, 1745
Friedrich Wilhelm I., Kg. v. Preußen 1730
Friedrichs, Rudolf 1945, 1946
Friesland 1498, 1504, 1505, 1515
Fritsch, Thomas v. 1763
Fürstenberg, Anton Egon, Fürst zu 1697
Fürstenschulen s. u. Landesschulen
Fürstenstollen 1384
Furtwängler, Wilhelm 1922
Gana 928 / 929
Gasanstalt 1816
Gefecht bei Lucka 1307
Gefecht bei Sievershausen 1553
Geheime Kanzlei 1642

Geheime Kriegskanzlei 1634
Geheimer Rat 1556, 1574, 1586, 1697, 1706, 1817
Geheimes Consilium 1706, 1817
Geheimes Finanzkollegium 1782
Geheimes Kabinett 1706, 1817
Geheimes Kammerkollegium 1586, 1782
Geheimes Kriegsratskollegium 1684
Geißler, Christian Benjamin 1790
Geldverkehr s. u. Münzwesen
Gellert, Christian Fürchtegott 1734
Gemeindeordnung (s. a. Städteordnungen, Landgemeindeordnungen) 1923, 1925
Generalakziskollegium 1782
Generalkonsumptionsakzise 1694, 1703, 1707
Generalgouvernement Sachsen 1813, 1815
Generalstreik 1919, 1920
Georg (Bruder d. Mkgf. Friedr. IV. v. Meißen) 1382
Georg d. Bärtige, Hz. v. Sachsen 1488, 1500, 1502, 1504, 1505, 1509, 1515, 1518, 1519, 1522, 1523, 1525, 1533, 1538, 1539
Georg, Kg. v. Sachsen 1870 / 71, 1881, 1902, 1904
Georg Podiebrad, böhm. Kg. 1459, 1466
Gerichtsämter 1855, 1874
Gero, Mkgf. 937, 955, 965
Gerung, Bischof v. Meißen 1154
Gesellschaften (wissenschaftliche) 1774, 1822, 1825, 1846
Gesetzbücher 1220, 1572, 1724, 1856, 1862, 1865, 1900
Gesindeordnung 1835
Gesindezwang 1568
Gesundheitsbehörden 1765, 1840, 1865
Gesundheitswesen 1778, 1809, 1871
Gewaltenteilung 1831, 1835
Gewerbefreiheit 1861, 1867
Gewerbegerichte 1890
Gewerbehausorchester Dresden 1870
Gewerbevereine 1848
Geyer 1240
Giselher, Bischof von Merseburg 981, 1004
Glashütte 1506, 1845
Glasindustrie 1700, 1706
Glauchau 1740, 1878
Gleichen 1660
Goethe, Johann Wolfgang 1765 / 68
Gommern 1657
Görlitz (Herzogtum) 1377
Görlitz (das Land) 1046, 1319, 1347
Görlitz (Stadt) 1339, 1346, 1369, 1423, 1424, 1526, 1619
Göschen, Georg Joachim 1785
Gotik in Sachsen 1407, 1423, 1471, 1472, 1489 / 1507, 1501, 1518, 1521
Gottleuba 1404
Gottsched, Johann Christoph 1725
Grablegen d. Wettiner 1124, 1162, 1407, 1541, 1733, 1755
Gradnauer, Georg 1919
Graupen/Erzgeb. 1230
Grenze zu Böhmen 1443, 1459
Grimma 1165, 1287, 1543
Groitzsch (Linie), (s. a. Wiprecht v. Groitzsch) 1136, 1210

Groitzsch-Rochlitz, Gfsch. 1156, 1210
Groschenprägung 1338
Großenhain 1240, 1312, 1475, 1918
Großschönau 1666
Grubenunglück 1869
Grumbachsche Händel 1566 / 67
Grundbuchordnung 1899
Grünhain 1235, 1525
Grünthal 1537, 1567
Guben 1230
Günther, Mkgf. 968
Gurlitt, Cornelius 1883
Gustav Adolf, Kg. v. Schweden 1631, 1632
Habsburger 1586, 1591, 1612, 1619, 1672 / 78, 1719, 1725, 1740, 1778 / 79, 1785
Hagedorn, Christian Ludwig 1764
Hahn, Hugo 1934
Hähnel, Ernst 1842
Hahnemann, Samuel Friedrich Christian 1810
Halberstadt (Bistum) 1476, 1543
Handelsschulen 1831, 1836, 1898
Handwerk (in den Dörfern) 1555, 1838
Handwerkeraufstände 1367, 1369, 1393, 1414
Hartenstein 1559, 1740, 1878
Hasse, Johann Adolph 1731, 1734, 1763
Hausen, Max Freiherr v. 1914
Havelberg (Bischofssitz) 983
Heckel, Erich 1905
Heckert, Fritz 1923
Hedwig (Gemahlin Mkgf. Ottos d. Reichen) 1162
Heer 1707, 1729, 1730, 1738, 1821, 1822, 1825, 1834, 1835, 1848, 1899, 1913, 1919
Heeresreform 926, 1613, 1682, 1722, 1850, 1867
Heidenau 1902
Heimatgesetz 1834
Heinrich I., dt. Kg. 905 / 906, 919, 926, 928 / 929, 929, 932, 933
Heinrich IV., dt. Kg. 1068, 1075, 1089
Heinrich V., dt. Kg. 1123
Heinrich VI., dt. Kg. 1190, 1195, 1197
Heinrich VII. v. Luxemburg, dt. Kg. 1310
Heinrich I. v. Eilenburg, Mkgf. v. Meißen 1089, 1123
Heinrich II. v. Eilenburg, Mkgf. v. Meißen 1123
Heinrich d. Erlauchte, Mkgf. v. Meißen 1221, 1230, 1237, 1242, 1243, 1247, 1249, 1254, 1259, 1263, 1265, 1266, 1268, 1288
Heinrich d. Fromme, Hz. v. Sachsen 1505, 1521, 1537, 1539, 1539 / 40, 1541
Heinrich (Sohn Mkgf. Konrads d. Gr.) 1156
Heinrich (Bruder d. Kurf. Friedr. II. v. Meißen) 1428, 1445
Heinrich II., Burggf. v. Meißen 1426
Heinrich v. Plauen, Burggrafen v. Meißen 1426
Heinrich VII. Reuß v. Plauen 1569
Heinrich d. Kind v. Hessen 1247, 1249
Heinrich d. Zänker, Hz. v. Bayern 984

Heinrich Raspe, Ldgf. v. Thür. 1247
Heinrich v. d. Lausitz (Sohn Wiprechts v. Groitzsch) 1133, 1136
Heinrich v. Mohrungen 1217 / 18
Heinze, Rudolf 1918, 1923
Heisenberg, Werner 1927
Henneberg (Gfsch.) 1583, 1657, 1660
Herbisleben 1554
Hermann, Ldgf. v. Thür. 1197
Herrnhuter Brüdergemeine 1722
Herzog v. Braunschweig-Oels 1809
Heveller 928 / 929, 937, 983
Heynitz, Anton v. 1765
Hochgerichtsbarkeit (s. a. Städte-Selbstverwaltung) 1423
Hochschulen 1765, 1815, 1816, 1828, 1889, 1890, 1898, 1920, 1921
Hofgericht 1158, 1485, 1547
Hofkapelle, Hofkapellmeister 1548, 1617, 1816, 1842
Hofmarschall (Hofamt) 1560
Hofmeister (Hofamt) 1266
Hofrat 1547
Hohenstein-Ernstthal 1898
Hohnstein 1443
Hölz, Max 1920, 1921
Hubertusburg 1743 / 51, 1763, 1872
Hussitenkriege 1420, 1421, 1424, 1426, 1429 / 30, 1431, 1433, 1438
Hüttenindustrie 1526, 1537, 1539, 1554, 1556, 1567, 1581, 1787 / 91, 1823
Hygieneausstellungen 1911, 1930
Hygienemuseum 1930
Ibrahim Ibn Jacub 983
Immissionsrezeß 1623
Indianermuseum 1928
Industrievereine 1764, 1829
Industrialisierung (s. a. Glasindustrie, Hüttenwesen, Keramikindustrie, Metallindustrie, Maschinenbau, Textilerzeugung, Uhrenindustrie) 1820, 1822, 1888, 1889, 1895, 1911, 1924, 1932
Industriedorf 1883
Innungen 1283, 1386
Jeschke v. Dohna, Burggrf. 1406
Johann d. Beständige, Kurf. v. Sachsen 1486, 1525, 1526, 1527, 1529, 1530, 1532
Johann, Kg. v. Sachsen 1830, 1845, 1854, 1865, 1866, 1873
Johann (Sohn Kaiser Karls IV.) 1377
Johann Friedrich d. Großmütige, Kurf. v. Sachsen 1532, 1533, 1542, 1543, 1547, 1552, 1554
Johann Friedrich d. Mittlere (Sohn Johann Friedr. d. Großmütigen), Hz. 1566 / 67
Johann Georg I., Kurf. v. Sachsen 1611, 1612, 1619, 1620, 1631, 1632, 1635, 1645, 1652, 1653, 1654, 1656
Johann Georg II., Kurf. v. Sachsen 1656, 1659, 1664, 1667, 1680
Johann Georg III., Kurf. v. Sachsen 1680, 1682, 1683, 1686, 1688, 1691
Johann Georg IV. 1691, 1693, 1694
Johanngeorgenstadt 1620, 1654, 1662

Juden 1349, 1368, 1411, 1465
Judenordnung 1265
Jülich 1483, 1609 / 14
Justiz s. u. Rechtsprechung
Justizreformen 1835, 1855, 1874, 1879
Jüterbog 1657
Jutta (Mutter Mkgf. Heinrichs d. Erl.) 1221
Kabinettskanzlei 1831
Kalvinismus 1580, 1586, 1590 / 91, 1591, 1593, 1608, 1609 / 14, 1635, 1702
Kamenz 1346, 1424
Kammerkanzlei 1574
Kammermeister 1350, 1570
Kammerrat 1570, 1586
Kammersekretär 1556, 1574
Kammerverwaltung 1350, 1570
Kändler, Johann Joachim 1731
Kanzlei (wettinische) 1196, 1266, 1291, 1339, 1353
Kanzleiordnung 1556
Kanzleisprache (obersächsische) 1521
Kanzler (Hofamt) 1339, 1574, 1586
Kapp-Putsch 1920
Kapp, Wolfgang 1922
Karl der Große, Kg. der Franken 805 / 806
Karl IV., dt. Kg. 1329, 1347, 1348, 1350
Karl V., dt. Kaiser 1542, 1547, 1550 / 51, 1551, 1552
Karlsbader Beschlüsse 1819
kartographische Landesaufnahme 1566, 1586, 1711, 1721, 1844, 1871
Katharina v. Mecklenburg (Gemahlin Hz. Heinr. d. Fr.) 1537
Katholisch-Apostolische Gemeinde 1871
katholische Reichsstände 1525, 1538
Katholizismus (Übertritt der Albertinischen Wettiner zum) 1697, 1712
Katholizismus (nach 1697 in Sachsen) 1699, 1707, 1755, 1807, 1811, 1843, 1921
Kaufmannsgerichte 1904
Keller, Friedrich Gottlob 1843
Keramikindustrie 1710, 1856
Killinger, Manfred v. 1933
Kirchberg, Konrad v. 1339
Kirchenbauten 1230, 1407, 1501, 1518, 1755
Kirchenordnungen 1580, 1865
Kirchenverwaltung, evangel. s. u. Ephorien, Evang.-Luth. Landeskirche, Kirchenordnungen, Landeskirchenamt, Landeskirchenausschuß, Landeskonsistorium, Konsistorien, Trennung von Staat und Kirche
Kirchenvisitationen 1527, 1539 / 40
Kirchner, Ernst Ludwig 1905
Klengel, Caspar v. 1674 / 76
Klostergründungen 1096, 1114, 1119, 1124, 1133, 1143, 1162, 1174, 1192, 1195, 1205, 1213, 1220, 1223, 1226, 1228, 1230, 1233, 1234, 1235, 1236, 1240, 1241, 1248, 1266, 1268, 1287
Klotzsche 1902
Koalitionskriege gegen Frankreich 1791, 1797, 1801, 1803
Koch, Philipp 1501
kollegialische Landesregierung 1486

Kommerziendeputation 1704, 1735
Kommerzienkollegium 1703
Kommunalgarden 1830, 1845
Kommunisten 1917, 1919, 1920, 1923, 1933, 1946, 1947
kommunistische Unruhen 1919, 1923, 1931
Königgrätz 1866
Königliches Hoftheater (s. a. Dresden – Theater) 1878, 1918
Königlich-sächsische Chirurgisch-medizinische Akademie 1815
Königlich-sächsische Gesellschaft der Wissenschaften zu Leipzig 1846
Königlich-sächsische Kommission für Geschichte 1896
Königlich-sächsischer Altertumsverein 1825, 1881
Königstein (Burg, Festung) 1406, 1563 / 69, 1589, 1706, 1790
Konkordienbuch, Konkordienformel 1580, 1586, 1591
Könneritz, Traugott v. 1843
Konrad d. Große, Mkgf. v. Meißen 1123, 1124, 1136, 1136 /37, 1143, 1144, 1145 / 46, 1147, 1156, 1157
Konrad III., dt. Kg. 1123, 1143
Konrad, Bischof v. Meißen 1250
Konservatorium 1843
Konsistorien 1545, 1580, 1586, 1697, 1835
Konstitutionen 1572
Konzil zu Basel 1433
Konzil zu Konstanz 1417
Kottwitz, Heinrich v. 1353
Kötzschenbroda 1645, 1898, 1902
Kranichfeld 1660
Krankenkassen 1899
Kreisdirektionen 1835, 1874
Kreise (Bezirke der Regionalverwaltung) 1547, 1764
kreisfreie Städte 1923, 1924
Kreishauptmannschaften 1874, 1900, 1932
Kreuzkirche (Dresden) 1100
Kreuzzüge gegen die Wenden u. Pruzzen 1147, 1237
Kriegszüge im Auftrage des Kaisers 1475, 1483, 1487, 1488, 1542, 1543, 1550 / 51, 1566 / 67, 1620, 1672 / 1678, 1683, 1688, 1689 / 91, 1691, 1693, 1695 / 96
Kühren b. Wurzen 1154
Künstlergemeinschaften 1905
Kunstsammlungen 1560
Kunstvereine 1828
Kunz v. Kaufungen 1455
Kyffhäusersage 1268
Lampadius, Wilhelm August 1816
Landbaumeister 1464
Landdinge 1185, 1250
Landesbischof 1919
Landesfarben 1815
landesfürstliches Urbar 1379
Landesgeschichten s. u. Chroniken
Landesgesetzbücher s. u. Gesetzbücher
Landeskirchenamt 1933, 1935
Landeskirchenausschuß 1935
Landeskonsistorium 1873, 1919
Landesordnungen 1482, 1543, 1555
Landesregierung (s. a. Sächsische Landesregierung, Staatsregierung) 1574, 1831, 1946, 1947

Landesschulen 1543, 1741
Landesteilungen 1156, 1263, 1288, 1291, 1379, 1410, 1415, 1445, 1485, 1652, 1657
Landesverein Sächsischer Heimatschutz 1908
Landesverfassung 1831, 1919, 1947
Landesverwaltung 1945
Landfriedensordnungen 1289, 1384
Landgemeindeordnung (s. a. Gemeindeordnung) 1838, 1873, 1913
Landgerichte 1879
Landkreise 1939, 1946, 1950, 1951
Landrentenbank 1831, 1855
Landrentmeister 1469, 1570
Landsberg (Mkgfsch.) 1263, 1291, 1312, 1317
Landsberg (Gfsch.) 1210
Landstände (s. a. Landtage) 1350, 1376, 1438, 1445, 1451, 1458, 1542, 1548, 1570, 1586, 1591, 1660, 1661, 1694, 1709
Landsteuer s. u. Steuererhebung
Landtag (sächsischer), Landtagswahlen 1776, 1817, 1831, 1833, 1836, 1848, 1849, 1850, 1861, 1891, 1918, 1919, 1920, 1922, 1924, 1926, 1929, 1930, 1933, 1934, 1946, 1947, 1990
Landvögte von Bautzen und Görlitz 1261
Landwirtschaft (Neuerungen in der) 1553, 1680, 1765, 1770, 1772, 1787, 1790, 1855
Lauban 1346
Lausick 1105, 1158
Laußnitz 1564
Lauterstein 1559
Lechfeld 955
Lehnbuch Friedrichs des Strengen 1376
Leibniz, Gottfried Wilhelm 1682, 1687
Leipzig 1165, 1217, 1220, 1226, 1230, 1291, 1307, 1346, 1359, 1483, 1488, 1519, 1523, 1524, 1593, 1595, 1626, 1636, 1778, 1813, 1830, 1845, 1848, 1849, 1861, 1863, 1865, 1887, 1913, 1916, 1917, 1918, 1919, 1921, 1926, 1927, 1930, 1989
Leipzig (als Buchstadt) 1481, 1491, 1594, 1678, 1719, 1721, 1732, 1785, 1811, 1812 / 19, 1825, 1828, 1874, 1924
Leipzig (als Handelsstadt) 1230, 1359, 1458, 1495, 1497, 1507, 1678, 1765 / 68, 1831, 1898, 1925
Leipzig (als Musikstadt, Theater) 1723, 1766, 1781, 1833, 1835, 1843, 1819, 1922
Leipzig (als Universitätsstadt) 1409, 1486, 1514, 1515, 1687, 1725, 1734, 1810, 1819, 1834, 1846, 1865, 1927
Leipziger Konvent 1631
Leisnig 1158, 1365, 1547
Lesczynski, Stanislaus 1704
Lessing, Gotthold Ephraim 1741
liberale Opposition 1836
Lichtenstein 1740, 1878
Lichtenstein-Callenberg 1898
Lichtenwalde 1561
Lichtfreunde 1843, 1846
Liebknecht, Wilhelm 1866, 1872, 1874, 1877
Limbach-Oberfrohna 1898
Lindenau, Bernhard August v. 1830, 1831, 1834, 1848

Lingner, August 1911
Liubusua 932
Liudolfinger 905 / 906
List, Friedrich 1835
Löbau 1346, 1424
Lochau, Martin v. 1493
Lommatzsch 1555, 1790
Lortzing, Albert 1833, 1843
Lothar v. Süpplingenburg, dt. Kg. 1123, 1136 / 37
Lotter, Melchior 1491
Lucka 1307
Ludwig IV. d. Heilige, Ldgf. v. Thür. 1221
Ludwig d. Bayer, dt. Kg. 1323, 1324, 1347
Ludwig (Bruder Mkgf. Friedr. III. v. Meißen) 1349, 1368, 1374
Lusizer 932
Luther, Martin 1502, 1517, 1519, 1521
Lutheranerverein 1868
Luthertum (orthodoxes) 1580, 1586, 1591, 1608
Lutizen 983
Magdeburg (Burggfsch.) 1423, 1579
Magdeburg (Erzbistum, Erzstift) 968, 1476, 1543, 1545, 1579, 1628, 1635, 1648, 1657
Magdeburg (Stadt) 1429 / 30, 1550 / 51, 1631
Magdeburg, Hiob 1566
Mainz (Erzbistum) 1482, 1667
Mansfeld 1570, 1579
Margarethe (Gemahlin Albrechts d. Entarteten) 1254, 1268, 1270
Marienberg 1518, 1521
Marienstern b. Kamenz 1248
Marienthal/Neiße 1234
Markkleeberg 1902
Markneukirchen 1350
Maschinenbau 1811, 1826, 1828, 1837, 1855, 1862
May, Karl 1912, 1928
Mechthild (Gemahlin Mkgf. Friedrichs II.) 1324, 1329
Meinher von Werben 1197
Meißen (Bistum, Hochstift, Klöster, Dom) 968, 1114, 1205, 1220, 1230, 1250, 1356, 1399, 1407, 1421, 1428, 1481, 1485, 1491, 1542, 1559, 1581, 1921
Meißen (Burg u. Stadt) 929, 932, 984, 1161, 1263, 1349, 1429 / 30, 1471, 1543, 1636, 1710
Meißen (Markgrafschaft) 968, 984, 1075, 1076, 1076 / 81, 1081, 1086, 1195, 1197, 1198, 1215, 1288, 1289, 1291, 1292, 1295, 1298, 1304, 1307, 1310, 1415, 1445
Melanchthon, Philipp 1502, 1525, 1528, 1530
Mencke, Otto 1682
Mendelssohn Bartholdy, Felix 1835
Mergenthal, Johann v. 1469
Merseburg (Bistum, Hochstift) 968, 981, 1004, 1186, 1544, 1565, 1657
Merseburg (Burg und Stadt) 926, 1263
Merseburg (Markgrafschaft) 968
Metallindustrie (s. a. Maschinenbau) 1703, 1784, 1809, 1823, 1907
»Meyers Großes Konversationslexikon« 1874, 1924
Militärakademie 1816

Militärverwaltungen (s. a. Heer) 1684, 1918, 1920
Milzener 932, 985 / 1002
Milzenerland (s. a. Bautzener Land) 1144
Minister, Ministerium (s. a. Landesregierung, Sächsische Landesregierung, Staatsregierung) 1831
Mißernten 1771 / 72, 1845 / 46
Mitteldeutscher Handelsverein 1828
Mittweida 1288, 1867
Moritz, Hz. (Kurf.) v. Sachsen 1541, 1542, 1543, 1544, 1545, 1547, 1548, 1550 / 51, 1551, 1552, 1553
Moritzburg 1542, 1699
Mormonen 1890
Mosellanus, Petrus 1515
Mueller, Otto 1905
Mügeln 1250, 1581
Mühlberg b. Torgau 1230, 1348, 1547, 1559
Mühlhausen 1329
Muldenhütten 1825
Müntzer, Thomas 1521, 1525
Münzwesen (s. a. unter den einzelnen Städten) 985 / 1002, 1230, 1244, 1338, 1465, 1500, 1519, 1529, 1547, 1551, 1556, 1558, 1570, 1621 / 23, 1772, 1775, 1838, 1864, 1867, 1873
Muthesius, Hermann 1908
Mutschmann, Martin 1933, 1935
Mutzschen 1559
Napoleon I. 1806, 1809, 1812, 1813, 1815
Napoleonische Kriege 1806...1813
Nationalsozialismus (s. a. Landtag) 1921, 1922, 1927, 1930, 1933, 1934, 1935
Nationalversammlung 1919
Naturschutz 1908
Naumburger Vertrag 1554
Naumburg-Zeitz (Bistum, Hochstift, Dom) 1028, 1140, 1215, 1230, 1242, 1259, 1542, 1565, 1657
Neuber, Karoline 1725
Neuring, Gustav 1919
Neusalza 1620
Neustadt/Orla 1657
Neustädter Kreis 1547, 1566 / 67, 1815
Neuzelle/Niederlausitz 1268
Niederlande 1488
Niederlausitz (Mark) 995, 1018, 1034, 1136, 1156, 1210, 1288, 1301, 1312, 1317, 1353, 1367, 1526, 1620, 1623, 1635, 1648, 1657, 1815
Nisan (Gau) 1144
Nolde, Emil 1905
Norddeutscher Bund 1866, 1867, 1870 / 71
Nordhausen 1263, 1329
Nordischer Krieg 1700, 1702, 1704, 1706, 1709, 1721
Nordmark 965
Nosseni, Giovanni Maria 1575
Notare s. u. Kanzlei
Oberappellationsgericht 1835
Oberbergamt Freiberg 1542
Oberfrohna 1902
Oberhofgericht 1483, 1488, 1548
Oberkonsistorium s. u. Konsistorium
Oberlandgerichte 1879
Oberlausitz 1253, 1261, 1319, 1367, 1424, 1521, 1526, 1547, 1620, 1623, 1635, 1648, 1815, 1817, 1821, 1831, 1832, 1835

Oberlausitzer Städtebund 1346, 1547
Oberlungwitz 1902
Oberrechnungsdeputation 1831
Oberrechnungskammer 1707
Oberschlema 1556
Obersteuerkollegium 1570
Oberverwaltungsgericht 1904
Oberwiesenthal 1527, 1559, 1898
Obodriten 937, 955, 983
Öder, Matthias 1586
Oederan 1288
Oelsnitz 1354 / 59, 1510, 1559, 1902
Oken, Lorenz 1822
Olbernhau 1902
Olbricht, Friedrich 1932
Oppel, Friedrich Wilhelm 1765
Orden vom Goldenen Vlies 1722
Ordnungen (Untersetzung der Landesordnungen) 1556, 1560, 1562, 1570, 1575, 1586
Orlamünde 1344
Örterung von Neustadt 1379
Osterland 1291, 1298, 1382, 1415
Österreich 1719, 1740, 1778 / 79, 1792, 1804, 1806, 1809, 1815, 1864, 1866
Ostmark (sächsische) 965
Ostmark s. u. Niederlausitz
Otto I. d. Große, dt. Kg. 936, 937, 950, 955, 965, 968
Otto II., dt. Kg. 983
Otto III., dt. Kg. 984, 985 / 1002, 1002
Otto d. Reiche, Mkgf. v. Meißen 1156, 1162, 1165, 1168, 1188, 1190
Otto, Hz. d. Sachsen 905 / 906
Otto v. Braunschweig, dt. Kg. 1210
Otto von Weimar-Orlamünde, Mkgf. v. Meißen 1062 / 1068
Otto, Julius 1843
Otto-Peters, Luise 1842, 1865
Palitzsch, Johann Georg 1758
Palucca, Gret 1920
Papierherstellung 1540, 1843
Patrimonialgerichtsbarkeit 1428, 1548, 1855
Pegau 1096, 1123, 1154 / 55
Peitz 1367
Permoser, Balthasar 1689, 1718
Peter I. v. Rußland 1698, 1709
Peters, Otto 1861
Petersberg b. Halle 1124, 1156, 1157
Peuker, Caspar 1580
Pfeilhammer 1823
Pforta 1543
Philipp v. Hessen 1525, 1526, 1542, 1547, 1552
Philipp v. Schwaben, dt. Kg. 1198
Pietismus 1684, 1686
Pilgerfahrten ins Hl. Land 1145 / 46, 1197, 1476, 1493
Pillnitzer Treffen 1791
Pirna 1230, 1292, 1299, 1404, 1518, 1636, 1916
Planer, Martin 1563 / 1569
Planitz 1902
Plauen 1266, 1348, 1429 / 30, 1466, 1559, 1569, 1741
Plauenscher Grund b. Dresden 1542
Pleißenland 1158, 1170, 1254, 1263, 1290, 1292, 1294, 1298, 1307, 1311, 1324, 1329, 1382, 1415
Pöhlberg b. Annaberg 1442, 1469
Polen 985 / 1002, 1002, 1015, 1018, 1029, 1031, 1123

politische Massendemonstrationen 1916, 1918, 1923, 1989
politische Vereine 1846, 1848, 1859, 1861
polnische Königskrone 1697, 1704, 1706, 1709, 1763, 1765
Pönfall 1547
Pöppelmann, Matthäus Daniel 1706, 1718, 1732
Poppo v. Henneberg 1221
Porzellanerfindung 1687, 1700, 1701, 1710
Porzellanmanufaktur 1710, 1731 / 75, 1828, 1872
Postwesen 1595, 1661, 1713, 1721, 1850, 1871
Pressefreiheit 1848, 1850
Pressegesetz 1869
Preußen 1722, 1740, 1742, 1745, 1756, 1759, 1760, 1763, 1785, 1791, 1792, 1797, 1806, 1807, 1813, 1815, 1849, 1864, 1866, 1867
Priebus 1353, 1367, 1547
Prinzenraub zu Altenburg 1455
proletarische Hundertschaften 1923
protestantische Reichsstände s. u. evangelische Reichsstände
Pulsnitz 1355
Purschenstein 1251
Quedlinburg 926
Rabener, Gottlob Wilhelm 1741
Radebeul 1898, 1902, 1912, 1928
Rastatter Kongreß 1797
Räte 1291
Rathausbauten 1403, 1472, 1555, 1556
Rauenstein 1559
Rechtsprechung (s. a. Appellationsgericht, Bergrecht, Gesetzbücher, Hofgericht, Oberhofgericht, Patrimonialgerichtsbarkeit, Stadtgericht, Städte-Selbstverwaltung) 1185, 1220, 1423, 1428, 1432, 1455, 1574, 1622, 1710, 1784, 1822, 1835, 1848, 1855, 1862, 1869, 1874, 1878, 1879, 1890, 1904, 1921, 1927
Reclam, Anton Philipp 1828
Redarier 936
Reformation 1517, 1519, 1521, 1522, 1524, 1525, 1526, 1527, 1529, 1530, 1532, 1533, 1537, 1538, 1539 / 40, 1542, 1543, 1544, 1545, 1555, 1559, 1565, 1568, 1581, 1582, 1620, 1623, 1635
Reformation (Einführung in Sachsen) 1521, 1527, 1537, 1539 / 40
Reformen (wirtschaftliche, soziale) 1763
Regensburg 1089
Regierungsbezirk 1939
Regis-Breitingen 1912
Reichenbach 1424
Reichsarbeitsgericht 1927
Reichsdeputationshauptschluß 1803
Reichsfeldherr (sächs. Herrscher als) 1487, 1635, 1688, 1695 / 96
Reichsgericht 1869, 1879
Reichskirchenstaat 968
Reichstag 1866, 1874, 1877, 1890, 1903
Reichstag zu Augsburg 1555, 1582
Reichstag zu Regensburg 1792
Reichstag zu Speyer 1526, 1529
Reichstag zu Worms 1519

Religionsfrieden 1532, 1552, 1555
Renaissance in Sachsen 1523, 1526, 1533
Repnin-Wolkonski, Fürst v. 1813
Restaurationskommission 1762
Retablissement 1763
Revisionsrat 1697
revolutionäre Unruhen 1830, 1831, 1848, 1849, 1918, 1923
Rezeßherrschaften 1740
Riade 933
Richter, Adrian Ludwig 1828
Riemerschmied, Richard 1908
Ries, Adam 1524
Riesa 1119, 1875, 1907
Rietschel, Ernst 1842
Rikdag, Mkgf. v. Meißen 1089
Rittergüter, Gutsbezirke 1563, 1848, 1855, 1918
Rochlitz 1143, 1288, 1537, 1790
Röckel, August 1849
Rodewisch 1902
Romanik in Sachsen 1174, 1230
Roßmäßler, Emil Adolph 1861
Rothschönberger Stollen 1844
Rudolf I. v. Habsburg, dt. Kg. 1289, 1290, 1291
Rülein v. Calw, Ulrich 1501, 1514, 1521
Rutowski, August v. 1738
Sachsen (die Alt-Sachsen, Herzogtümer bis 1422) 905 / 906, 1423
Sachsen (Pfalzgrafschaft) 1230, 1247, 1249, 1256, 1263, 1291, 1317, 1347, 1423
Sachsenburg 1554
Sachsengeschichte 967 / 968
Sachsen-Merseburg 1657
Sachsen-Weißenfels 1657
Sachsen-Wittenberg (Hztm.) 1423
Sachsen-Zeitz 1657
sächsische Geschichte (Literatur) 1590, 1834
Sächsische Landesbibliothek 1560
Sächsische Landesbühne 1919
Sächsische Landesregierung 1919, 1920, 1923, 1933, 1934, 1935, 1946, 1952
Sächsische Volkskammer 1919, 1920
Sächsische Werke AG 1924
Sächsischer Bruderkrieg 1446 / 51
Sächsischer Kunstverein 1828
Sächsischer Landtag s. u. Landtag
Sächsisches Landestheater 1918
Sächsstadt 1168
Sagan 1472, 1547
Sangerhausen 1369 / 72
Sanitätskollegium 1765
Sankt Emmeram b. Regensburg 950
Sankt Thomas/Leipzig 1213
Sayda 1251, 1465
Scheibenberg 1522, 1559
Schicketanz, Hans 1518, 1533
Schiedsspruch von Preßburg 1426
Schill, Ferdinand v. 1809
Schilling, Johannes 1873
Schkölen b. Naumburg 1185
Schlacht am Weißen Berge bei Prag 1620
Schlacht bei Frankenhausen 1525
Schlacht bei Mühlberg 1547
Schlacht vor Aussig 1426
Schlacht vor Prag 1420

Schleinitz, Hugold III. v. 1485
Schlesien 1620
Schlesische Kriege (s. a. Siebenjähriger Krieg) 1740, 1742, 1745, 1756...1763
Schloßbauten 1471, 1489 / 1507, 1533, 1542, 1548, 1743 / 51, 1881
Schmalkaldischer Bund 1530, 1537, 1542, 1545, 1547
Schmidt-Rottluff, Karl 1905
Schneeberg (Berg und Stadt) 1443, 1470 / 71, 1477, 1483, 1518
Schneeberg-Neustädtel 1898
Schöffengerichte s. u. Rechtsprechung
Schönburgische Herrschaften 1348, 1559, 1740, 1776, 1778 / 79, 1878
Schöppenstuhl zu Leipzig 1574
Schösser (Beamte) 1547
Schreiber, Christian, Bischof v. Meißen 1921
Schriftstellervereine 1842
Schubert, Johann Andreas 1836
Schulordnungen 1528, 1580, 1724, 1734, 1773
Schulwesen (s. a. Landesschulen, Schulordnungen, Stadtschulen) 1778, 1785, 1805, 1824, 1828, 1835, 1846, 1858, 1860, 1873, 1876, 1919, 1921, 1922
Schumann, Klara 1843
Schumann, Robert 1834, 1843
Schütz, Heinrich 1617
Schwarzenberg 1533
Schweden (die) 1631, 1632, 1636, 1645, 1700, 1702, 1704, 1706
Seiffen/Erzgeb. 1324
Semmig, Hermann 1848
Semper, Gottfried 1834, 1849, 1878
Seußlitz b. Meißen 1268
Seydewitz, Max 1947, 1952
Siebenjähriger Krieg 1756, 1759, 1760, 1763
Siebenlehn 1346
Siebenten-Tags-Adventisten 1898
Siegmar 1902
Sievershausen 1553
Sigismund (Bruder d. Kurf. Friedr. II. v. Meißen) 1428, 1445
Sigmund, dt. Kg. 1417, 1420, 1423
Silberbergbau 1168, 1266, 1346, 1442, 1443, 1469, 1470 / 71, 1477, 1506, 1521, 1530, 1580, 1662
Silbermann, Gottfried 1711
Slawen 805 / 806, 919, 928 / 929, 932, 936, 937, 955, 968, 983, 985 / 1002, 1154, 1428
Sonnewalde 1367
Sophie v. Brabant 1249
Sorau 1477
Sorben s. u. Slawen
Sornzig 1241
Sozialdemokratie (bis 1918 s. u. Arbeiterbewegung, Arbeiterorganisationen, Landtag, Reichstag) 1918, 1919, 1923
soziale Einrichtungen (s. a. Armenfürsorge, Arbeits- und Wohlfahrtsministerium, Wohlfahrtsgesetz, Wirtschafts- und Arbeitsministerium) 1858, 1899
Spalatin, Georg 1512
Spener, Philipp Jacob 1686
Staatsfinanzen 1763, 1789, 1901

Staatsgerichtshof 1921
Staatsrat 1831
Staatsregierungen 1831, 1843, 1848, 1849, 1850, 1918
Stadtgerichte (s. a. Städte-Selbstverwaltung) 1547, 1855
Stadtgründungen (erste, allgem.) 1186, 1198
Stadtschulen 1254
Stadtsiegel, ältestes 1168
Städte (Selbstverwaltung) 1292, 1299, 1301, 1346, 1385, 1412, 1423, 1484, 1626, 1832
Städteordnung 1832, 1873
Stände s. u. Landstände
Statistischer Verein 1831
Staucha b. Lommatzsch 1223
Stein 1740, 1878
Steuern (s. a. Landstände) 1314, 1376, 1379, 1470, 1694, 1697, 1703, 1707, 1834, 1844, 1845, 1878, 1920
Stollberg 1559
Stolpen 1250, 1491, 1542, 1559
Storkow 1477, 1512
Strafgesetzbücher 1822, 1835, 1838
Strafvollzug 1770
Strauss, Richard 1901
Strehla 1348
Sulkowski 1738
Sybillenort 1884, 1932
Taubenheim b. Meißen 1186
Taubstummeninstitut 1778
Technische Hochschule Dresden 1828, 1890, 1928
Tessenow, Heinrich 1908
Tetzel, Johann 1519
Teubner, Benedikt Gotthelf 1811
Textilerzeugung 1535, 1561, 1578, 1666, 1674, 1678, 1791, 1818, 1829
Tharandt 1816, 1928
Thietmar v. Merseburg 1009 / 1018
Thomasius, Christian 1687
Thüringen (Landgrafschaft) 1230, 1243, 1247, 1249, 1250, 1259, 1263, 1289, 1293, 1294, 1295, 1306, 1310, 1382, 1440, 1482
Thüringer Grafenfehde 1342 / 46
Thüringischer Kreis 1815
Tieck, Ludwig 1819
Todt, R. 1836, 1848
Torgau 1119, 1482, 1533
Torgauer Bündnis 1526
Torgauer Vertrag 1551
Trennung von Staat und Kirche 1873, 1919, 1921, 1923
Tschirnhaus, Ehrenfried Walther 1687, 1701, 1710
Tylich, Johannes 1420
Tzschirner, Samuel Erdmann 1849
Uhrenindustrie 1845
Ukranen 937
Ungarn 906, 919,926, 933, 955
Universitäten 1409, 1502, 1525, 1694, 1906
Uttmann, Barbara 1561
Vaterlandsvereine 1848
Väterliche Ordnung 1500
Verein für sächsische Volkskunde 1897
Vereins- und Versammlungsfreiheit 1848, 1850
Versicherungen 1778
Vertrag von Chemnitz 1382
Vertrag von Eger 1459
Vertrag von Eisenach 1290
Vertrag von Krummhennersdorf 1241
Vertrag von Naumburg 1410

Vertrag von Passau 1552
Vertrag von Tangermünde 1312
Vertrag von Triptis 1293
Verwaltung (s. a. Amtshauptmannschaften, Amtshauptmänner, Ämter, Burgward-Organisation, Finanzverwaltung, Geheimes Consilium, Geheimes Kabinett, Geheimer Rat, Gemeindeordnungen, Hofrat, Justizreformen, kollegialische Landesregierung, Landkreis, Kreisdirektionen, kreisfreie Städte, Landgemeindeordnungen, Kreishauptmannschaften, Räte, Rechtsprechung, Städteordnungen, Regierungsbezirk, Städte/Selbstverwaltung, Vogteien) 968, 1198, 1266, 1379, 1576, 1764, 1784, 1878, 1918
Verwaltung (in den beiden Lausitzen) 1261, 1648, 1817, 1821, 1835
Verwaltungsreform 1547, 1556, 1574, 1706, 1817, 1835, 1874
Veterinärwesen 1780, 1889
Viertelsmeister 1385
Vogteien (Verwaltungsbezirke) 1198, 1230
Vögte von Weida, Gera und Plauen 1254, 1354 / 59
Vogtland 1254, 1382, 1466, 1547, 1657
Vogtländischer Krieg 1354 / 59
Voigtsberg 1354 / 59, 1559, 1569
Völkerschlacht bei Leipzig 1813
Völkerschlachtdenkmal 1913
Volksbeauftragte 1918, 1919
Volksbildungsministerium 1923
Volksbühne Leipzig 1919
Volkshochschule 1919
Wagio 984
Wagner, Richard 1842, 1849
Wahlgesetze, Wahlrecht 1831, 1848, 1850, 1868, 1896, 1909, 1918, 1920
Waidhandel 1339, 1475
Waldenburg 1348, 1740, 1848, 1878
Waldheim 1288, 1849
Walter, Bruno 1922
Walther, Christoph 1533
Walther, Wilhelm 1872
Wappen (sächsische) 1423, 1806, 1889
Warschau (Herzogtum, Großherzogtum) 1807, 1809, 1815
Wartburg 1247, 1306
Wassergesetz 1909
Weber, Carl Maria v. 1816
Weida 1566 / 67
Weinbau 1161, 1586, 1684
Weltkrieg (1.) 1914
Wenzel II., Kg. v. Böhmen 1292, 1298, 1304, 1305
Werner, Abraham Gottlob 1774
Westfälischer Frieden 1648
Wettin 1089, 1156, 1288
Wettiner (Abfindung nach Abdankung) 1924
Wettiner (Aussichten und Absichten auf den Kaiserthron bzw. Königsthron) 1268, 1270, 1347, 1348, 1471, 1519, 1619, 1711, 1740
Wettiner (Herkunft) 1089
Wettiner (Herrschaftsjubiläum) 1889
Widukind v. Corvey 967 / 968
Wiegbert, Mkgf. 968
Wiener Kongreß 1815
Wigger, Mkgf. 968
Wigman, Mary 1920

Wildenstein 1443
Wilhelm I. d. Einäugige, Mkgf. v. Meißen 1349, 1368, 1382, 1402, 1404, 1407
Wilhelm II. (Bruder d. Mkgf. Friedr. IV. v. Meißen) 1382, 1395 / 98, 1407, 1410, 1415, 1425
Wilhelm III. (Bruder d. Kurf. Friedr. II. v. Meißen) 1428, 1445, 1446 / 51, 1482
Wilhelm v. Weimar-Orlamünde, Mkgf. v. Meißen 1046 / 1062
Wilkau-Haßlau 1902
Wilzen 955
Wiprecht v. Groitzsch 1034, 1046, 1096, 1105, 1123
Wirtschaftsförderung 1703, 1704, 1734, 1763, 1764
Wirtschaftsministerium 1918
Wittelsbacher 1324, 1347
Witten, Hans 1501
Wittenberg 1489 / 1507, 1502, 1505, 1512, 1517, 1525, 1815
Wittenberger Kapitulation 1547, 1554
Wittig, Ludwig 1849
Wohlfahrtspflegegesetz 1925
Woldemar, Mkgf. v. Brandenburg 1312, 1319
Wolkenstein 1505
Wratislaw II. Hz. u. Kg. v. Polen 1034, 1046, 1075
Wurzen (Stadt und Stiftsgebiet) 1114, 1250, 1491, 1542, 1581
Wurzener »Fladenkrieg« 1542
Wüstungen 1788
Xantener Teilungsvertrag 1609 / 14
Xaver (Bruder d. Kurf. Friedr. Christian) 1763, 1768
Zadel b. Meißen 1161
Zagost (Gau) 1144
Zedler, Johann Heinrich 1732
Zedlersches Universallexikon 1732
Zeigner, Erich 1923, 1924
Zeithainer Lager 1730
Zeitz (Bistum) 968, 1028
Zeitz (Markgrafschaft) 968
Zeitschriften (wissenschaftliche, Musik-) 1682, 1785, 1834, 1908
Zeitschriften (sonst.) 1853, 1887, 1919
Zeitungen 1660, 1839, 1870, 1876, 1887, 1919
Zensur 1569, 1836, 1843
Ziegenrück 1566 / 67
Zimmermann, Balthasar 1586
Zinzendorf, Nikolaus Ludwig v. 1722
Zittau (das Land) 1319
Zittau (Stadt) 1346, 1367, 1424, 1425
Zivilliste 1831
Zollpolitik 1828, 1833, 1834, 1853, 1863, 1867
Zörbig 1089, 1657
Zschillen-Wechselburg 1174
Zünfte s. u. Innungen
Zunftkämpfe s. u. Handwerkeraufstände
Zunftordnung 1386
Zürner, Adam Friedrich 1711, 1721
Zwickau 1170, 1198, 1329, 1403, 1437, 1445, 1518, 1521, 1555, 1636, 1921